山西大同大学专项经费资助

北朝研究

（第十四辑）

中 国 魏 晋 南 北 朝 史 学 会
山西大同大学云冈文化生态研究院　编
大 同 平 城 北 朝 研 究 会

科学出版社
北 京

内 容 简 介

本书为北朝（含十六国与南朝）历史研究论文集，共收录 15 篇文章。分别从不同视角对该时期的政治、经济、军事、文化等进行了新的探索，在一定程度上代表了近几年该领域的研究成果和学术水平。

本书可供历史学、考古学、民族学等相关研究者阅读、参考。

图书在版编目（CIP）数据

北朝研究. 第十四辑 / 中国魏晋南北朝史学会，山西大同大学云冈文化生态研究院，大同平城北朝研究会编. —北京：科学出版社，2023.12
  ISBN 978-7-03-077292-3

Ⅰ.①北… Ⅱ.①中…②山…③大… Ⅲ.①中国历史–北朝时代–文集
Ⅳ.①K239.207-53

中国国家版本馆CIP数据核字（2023）第251748号

责任编辑：郝莎莎 / 责任校对：邹慧卿
责任印制：肖　兴 / 封面设计：陈　敬
封面题字：周谷城

科学出版社 出版
北京东黄城根北街 16 号
邮政编码：100717
http://www.sciencep.com

北京厚诚则铭印刷科技有限公司印刷
科学出版社发行　各地新华书店经销

*

2023 年 12 月第　一　版　　开本：787 × 1092　1/16
2023 年 12 月第一次印刷　　印张：12 1/4
字数：298 000

定价：185.00 元
（如有印装质量问题，我社负责调换）

目　　录

鲜卑部落联盟构成分析

杨昕沫

（黑龙江省社会科学院历史研究所　哈尔滨　150028）

摩尔根将人类社会的政治组织发展归纳为氏族—胞族—部落—部落联盟—国家五个不同的阶段，其中部落联盟正处于原始社会结束和国家兴起的关键时期，也是古代民族兴起和发展的关键时期。鲜卑族自从东胡分裂出来后，便开始了分部发展，随着部落的不断壮大，最终组建了部落联盟，为日后鲜卑的发展以及鲜卑国家的建立奠定了基础。

关于鲜卑部落联盟的发展，林干[①]和申宪[②]两位先生早已有所论述，笔者试从鲜卑部落联盟构成角度，通过其由地域关系取代血缘关系的变化，考察鲜卑部落发展壮大的原因，进而展现建立在此基础上的鲜卑国家的特征。

一、鲜卑部落联盟的部落构成

秦汉之交，匈奴、东胡和月氏是当时我国北方地区势力最大的三个民族，其中以东胡势力最强，匈奴次之，月氏又次之。随后，匈奴在其领袖冒顿单于的带领下突袭东胡，东胡由于事先没有任何准备而战败，继而迅速分裂。随即冒顿单于又"西击走月氏，南并楼烦、白羊河南王，悉复收秦所使蒙恬所夺匈奴地者"[③]。由此，匈奴成为当时北方地区势力最大的一个民族。东胡部落联盟被匈奴打败后，其内部民族分裂出来各自迁徙，开始了独自发展的历程。其中一支到达了鲜卑山，便因山为号，鲜卑族由此产生。

在东胡分散后，匈奴迅速壮大，他们不断侵扰东汉边郡，"杀略吏人，无有宁岁"[④]。最终在东汉的打击之下，匈奴分裂为南北二部，其中南匈奴内附、北匈奴西

---

① 林干：《鲜卑拓跋、秃发、乞伏三部的早期历史及其南迁路线的初步探索》，《北方文物》1989年第3期，第66～73页。

② 申宪：《试论拓跋鲜卑部落联盟中的匈奴、高车、柔然族成分》，《北方文物》2006年第4期，第64～66页。

③ 《史记》卷一一〇《匈奴列传》，中华书局，1963年，第2890页。

④ 《后汉书》卷九十《乌桓鲜卑列传·鲜卑传》，中华书局，1965年，第2985页。

迁，鲜卑尽占匈奴故地，"称兵十万，才力劲健，意智益生"①，并迅速发展起来，其"兵利马疾，过于匈奴"②。

鲜卑部落在首领檀石槐的带领下，"南抄缘边，北拒丁零，东却夫余，西击乌孙，尽据匈奴故地，东西万四千余里，南北七千余里，网罗山川水泽盐池"③。建立起了鲜卑历史上第一个部落军事大联盟。其时，在檀石槐部落联盟中，不仅有由拓跋邻④和慕容等率领的鲜卑部落，亦有以宇文莫槐⑤为代表的留居匈奴故地并自号鲜卑的匈奴部落，还有部分乌桓部落及其他民族部落加入其中。

为了实现对统治区域的有效控制，檀石槐借鉴了匈奴冒顿单于将统治区划分为单于庭、左地和右地三大部，以单于掌管单于庭，左贤王、右贤王分管左地和右地的做法，并对该方式进行了改进，使之更适宜当时鲜卑族的实际情况。

檀石槐将整个统治区域分为东、中、西三大部，并使三部"割地统御，各有分界"⑥，互不隶属。《三国志》卷三十《乌桓鲜卑东夷列传·鲜卑传》注引王沈《魏书》载：

> 从右北平以东至辽，（辽）〔东〕接夫余、〔濊〕貊为东部，二十余邑，其大人曰弥加、阙机、素利、槐头。从右北平以西至上谷为中部，十余邑，其大人曰柯最、阙居、慕容等，为大帅。从上谷以西至燉煌，西接乌孙为西部，二十余邑，其大人曰置鞬落罗、曰律推演、宴荔游等，皆为大帅，而制属檀石槐。

檀石槐在三大部中，每部设三四位大人，分管所在地域的"邑落"。在当时的部落联盟中，中部地区是整个部落联盟的中心，也是鲜卑王庭所在地；东部是鲜卑族传统的统治区，也是鲜卑势力最集中的部位；而西部则是新近归附的地带，存在着匈奴残余势力。有鉴于此，在与东汉形成相持局面后，檀石槐出于军事考量，对部落联盟进行了重新调配，以起到维护和巩固部落联盟的作用。

檀石槐死后，其部落联盟随之瓦解，其中部分鲜卑部落逐渐发展壮大，并形成了

---

① 《后汉书》卷九十《乌桓鲜卑列传·鲜卑传》，第2991页。

② 《后汉书》卷九十《乌桓鲜卑列传·鲜卑传》，第2991页。

③ 《后汉书》卷九十《乌桓鲜卑列传·鲜卑传》，第2989页。

④ 檀石槐部落联盟中西部大人推寅者，乃鲜卑历史上的第二推寅，即拓跋邻。参看苗霖霖、杨昕沫：《鲜卑部落联盟研究》，黑龙江人民出版社，2015年，第32页。

⑤ 檀石槐部落联盟中东部大人中的槐头即宇文莫槐。参看姚薇元：《北朝胡姓考》，中华书局，2007年，第182页。

⑥ 《三国志》卷二六《田豫列传》，中华书局，1959年，第727页。

新的部落联盟，主要包括拓跋部落联盟、秃发部落联盟、乞伏部落联盟和吐谷浑部落联盟等。这些部落联盟也延续了檀石槐部落联盟以地域为中心的特征，在部落联盟中实现了不同民族的部落共同发展。其分部大人体制也为这些新型部落联盟所继承，以拓跋部落联盟为例介绍如下。

拓跋禄官继任部帅后，延续了檀石槐时期将部落分为东、中、西三部的做法，其"自以一部居东，在上谷北，濡源之西，东接宇文部；以文帝之长子桓皇帝讳猗㐌统一部，居代郡之参合陂北；以桓帝之弟穆皇帝讳猗卢统一部，居定襄之盛乐故城"①。在拓跋禄官、拓跋猗㐌相继逝世后，拓跋猗卢"遂总摄三部，以为一统"②。拓跋部再度统一。

拓跋什翼犍继任部帅后，仍延续这一做法，只是将原部帅直属、居于王庭的部落作为其中的一部，与其他三部并列，从而将拓跋部落联盟划分为东、南、北、中四部，由于此时的乌桓已经成为"诸方杂人来附者"的总称，"各以多少称酋、庶长，分为南北部，复置二部大人以统摄之"③。由于部落联盟的中心在今山西北部，这一地区就成为南部大人所统治区域，并由王位继承人拓跋寔君担任南部大人，北部大人乃由拓跋什翼犍的弟弟拓跋孤担任，其保障权力传承的意味不言而喻。东部大人的担任者乃拓跋部的姻亲部落宇文和贺兰部的部帅，中部是拓跋本部的直接控制区，其部落大人也分别是拓跋部的姻亲广宁王氏家族成员以及部落联盟中"世典畜牧""富拟国君"的庚氏家族成员。东部和中部大人也都与拓跋部帅关系密切，进而能够保证部落联盟的稳定。

鲜卑族的分部大人制，无论是三部大人还是四部大人，都是根据自身统治的需要设置，目的在于巩固对所属部落的控制，保证部落联盟的领土安全，其部落大人的名称也按照统治区方位设置，即多采用东、西、南、北、中等方位词，其担任者也由最初的从部落联盟中选取势力较大部落的部帅，变为部帅家族成员或与之关系密切者。分部大人身份的转变，对于维系部落稳定和权力的顺利交接，都起到了重要的作用。

二、鲜卑部落联盟的民族构成

檀石槐所建立的部落联盟以地域为基础，涵盖所控区域内的各民族部落，其中不仅有拓跋部、慕容部等鲜卑部落，也有宇文部等匈奴部落，更有乌桓和高车势力存在。为了便于对部落的管控，他将部落联盟分为东、中、西三部，并对这些部落进行

---

① 《魏书》卷一《序纪·昭帝纪》，中华书局，1974年，第5、6页。
② 《魏书》卷一《序纪·穆帝纪》，第7页。
③ 《魏书》卷一一三《官氏志》，第2971、2972页。

了重新调配和管理，开鲜卑部落联盟多民族部落共存、共生的先河，也为后期鲜卑部落联盟多民族共同发展打下了基础。

檀石槐逝世后，鲜卑部落大联盟迅速瓦解，其加盟部落纷纷从中分离出来，开始了独自发展。随着部落势力的发展，其中部分部落也建立起了以自己为中心的新的部落联盟。

拓跋部原是檀石槐部落联盟中的西部部落之一，其首领拓跋邻在部落联盟解散后，率部迁往匈奴故地，并在此发展了部落势力。至拓跋力微继任部帅后，建立起了以拓跋部为中心的部落联盟。拓跋部落联盟建立于匈奴故地，导致其部落联盟中存在着较多的匈奴部落。拓跋力微时期内入诸姓中的贺赖氏、须卜氏、丘林氏、独孤氏；四方诸姓中的贺兰氏①、兰氏②、宇文氏等都是加入拓跋部落联盟的匈奴部落。

除匈奴本部外，匈奴的远亲高车部落在拓跋邻担任部帅时期也加入拓跋部。为了拓跋部的发展，拓跋邻还通过"七分国人"，将自己的亲族派到分支担任部帅，此七姓分别是纥骨氏、普氏、拔拔氏、达奚氏、伊娄氏、丘敦氏和俟亥氏，其中纥骨氏是高车部落。拓跋力微统部时，解枇部、奇斤部③以及屋引部④等新的高车部落也加入拓跋部落联盟之中。

拓跋部落联盟中，为数最多的是源自乌桓和鲜卑两族的部落。乌桓与鲜卑原本都是东胡部落联盟成员，魏晋以来，乌桓已经逐渐成为"其诸方杂人来附者"⑤的统称，并出现部落与家族同时存在的现象。由于鲜卑族与乌桓族在血缘上有近亲关系，加之他们又有着共同对外的利益关系，他们更容易缔结联盟，以壮大自身的实力，在势力纷繁复杂的北方地区获得发展。其中，以王龙后人为代表的乌桓王氏成员不仅较早与拓跋郁律及其后人联姻，更是加入拓跋部落联盟之中。此外，乌桓族中的祁氏⑥和薄奚氏也于拓跋力微任部帅时加入拓跋部落联盟，成为其内入诸部之一。

鲜卑部落更是拓跋部落联盟的基石，拓跋邻时期，通过"七分国人"形成的七个部落中，除纥骨氏为高车部落外，其他六部皆为鲜卑部落。拓跋力微建立部落联盟

---

① 贺赖氏和贺兰氏在孝文帝姓氏改革时都被改为贺氏，姚薇元的《北朝胡姓考》中指出：贺赖即贺兰，本一氏也。只是该部落后来分裂为两部，并分先后加入拓跋部落联盟。北魏建立后，为了对同一部落先后加入者进行区分，多采用同音或读音相近的字加以称呼，贺兰部和贺赖部之名也由是产生。

② 《魏书·皇后列传》记载拓跋力微子沙漠汗的"次妃兰氏，生二子，长子曰蓝，早卒；次子，思帝也"（第322页）；《魏书·官氏志》亦载"乌洛兰氏，后为兰氏"（第3014页）。

③ 《魏书》卷一百三《高车列传》，第2307页。

④ 《魏书》卷一一三《官氏志》，第3011页。

⑤ 《魏书》卷一一三《官氏志》，第2971页。

⑥ 田余庆先生根据祁氏主政后依赖的外力即东方的宇文部和慕容部，推断祁氏很可能出自广宁乌桓。参看田余庆：《拓跋史探》，生活·读书·新知三联书店，2011年，第20页。

后，地处代郡、盛乐乃至平城一线的鲜卑部落，也都纷纷主动加入其中。其中，丘穆陵、步六孤两个部落的部帅由于在北魏建立过程中功勋卓著，其家族还被孝文帝列入鲜卑八姓世族，成为北魏鲜卑贵族的卓越代表。

秃发部源自拓跋部，乃拓跋邻庶长子拓跋匹孤建立起的部落，后按照拓跋的音译，以秃发为姓及部落名，其居地"东至麦田、牵屯，西至湿罗，南至浇河，北接大漠"①。由于其地多鲜卑部落，因而该部落联盟内部以鲜卑部落为主。叠掘（即折掘）、麦田、车盖、乙弗等都是其中势力较大的鲜卑部落。此外，秃发乌孤在位期间，秃发部还"降（吕）光乐都、湟河、浇河三郡，岭南羌胡数万落皆附之"②，或是由于当地的羌族尚未形成实力较大的部落，故其虽在秃发部落联盟中没有过多的影响，但也造成了秃发部落联盟中出现了多民族共存的状态；或是由于当地的羌族尚未形成实力较大的部落，从而造成该部落联盟民族成份也相对单一。

乞伏部落联盟建立于陇西地区，其主要部落如弗斯、出连、叱卢三部都曾是檀石槐部落联盟中的加盟部落，在该部落联盟解散后，他们踏上了西迁之路，并在迁徙过程中与乞伏部联合建立起了部落联盟。在进入陇西地区后，乞伏部落联盟先后兼并了高平川的鹿结部七万余人口以及吐赖、尉迟部部众五万余人，而后他们又先后将周边的匹兰、密贵、裕苟、提伦、越质叱黎等人率领的鲜卑部落征服，将整个陇西地区的鲜卑部落都纳入部落联盟中。乞伏国仁继任部帅后，"南安秘宜帅羌、胡五万余人攻乞伏国仁，国仁将兵五千逆击，大破之"③。最终也导致了"秘宜与莫侯悌眷帅其众三万余户降于乞伏国仁"④。由是也造成乞伏部落联盟中以鲜卑和羌族成分最多。

吐谷浑源自鲜卑慕容部，乃慕容部部帅慕容涉归庶长子慕容吐谷浑建立的部落联盟。在慕容廆继任慕容部部帅后，由于慕容廆、慕容吐谷浑二人所领部落游牧地点相近而引发了"马斗"，并由此导致慕容吐谷浑率部西迁，定居于"张掖之南，陇西之西，在河之南，故以为号。其界东至垒川，西邻于阗，北接高昌，东北通秦岭，方千余里"⑤，这一区域也是氐族、羌族部落的聚居区。吐谷浑子叶延继任部帅后，改"以王父字为国氏，因姓吐谷浑，亦为国号"⑥。至叶延曾孙阿豺为部帅时，率领所部"兼并羌氐，地方数千里，号为强国"⑦。不仅建立了以拓跋部为中心的部落联盟，更将当

---

① 《晋书》卷一二六《秃发乌孤载纪》，中华书局，1974年，第3141页。

② 《晋书》卷一二六《秃发乌孤载纪》，第3142页。

③ 《资治通鉴》卷一百六《晋纪二八》"孝武帝太元十一年"条，中华书局，1956年，第3358页。

④ 《资治通鉴》卷一百六《晋纪二八》"孝武帝太元十一年"条，第3367页。

⑤ 《梁书》卷五四《诸夷列传·西北诸戎传》，中华书局，1973年，第810页。

⑥ 《梁书》卷五四《诸夷列传·西北诸戎传》，第810页。

⑦ 《魏书》卷一百一《吐谷浑列传》，第2235页。

地的氐族、羌族部落也纳入部落联盟之中，从而使吐谷浑部落联盟中的民族成份较其他鲜卑部落联盟更为复杂。

氐族自汉代以来就已在陇西一带生活，"或号青氐，或号白氐，或号蚺氐，……即其服色而名之也"[1]。最高统治者称氐王。根据"鲜卑慕容廆庶兄吐谷浑为氐王"[2]的记载可知，慕容吐谷浑到达陇西后，征服了氐族部落联盟，使氐族部落加入其所统部落中。与氐族不同，这一地区的羌族部落"各有酋豪，北与诸国接，不知其道里广狭"[3]。他们在酋帅的带领下各自为政，并未建立起统一的部落组织，但最终也被吐谷浑部落联盟以武力兼并，成为该部落联盟的成员。

综上可知，鲜卑部落联盟中一般都存在着鲜卑、匈奴部落，这些部落也成为鲜卑部落联盟中的基本民族。在部落联盟建立后，为了自身的发展，他们还会吸纳周边部落加入其中，进而造成不同地域的部落联盟中的民族各有不同。其中拓跋部落联盟中存在着乌桓、高车等部落，秃发部落联盟中增加了羌族部落，乞伏部落联盟增加了羌族部落，而吐谷浑部落联盟不仅有其他部落联盟固有的民族，还同时增加了很多的氐族和羌族部落，进而使该部落联盟中的民族成份更为复杂。

三、鲜卑部落联盟的等级构成

部落联盟是部落体制走向国家体制的最关键阶段，也是其中最重要的环节之一，很多时候部落联盟还在发展到高级阶段后，建立起行国政权，甚至更借此发展为王权国家，实现了自身的飞跃。

最初的鲜卑族基层社会组织是邑落，"各有小帅……数百千落自为一部"[4]，部落大人由全体部民选举产生。在部落联盟建立后，部落联盟的领袖就成为鲜卑部落的最高领袖。这样在鲜卑部落联盟中就形成了部落联盟—部落—邑落三层组织。在檀石槐部落联盟建立后，为了便于对归附部落和部民的管理，又按照方位，将所属部落分为东中西三大部，每部设置三四位部落大人进行管理，这也就在部落联盟与部落之间形成了一个新的"部落大人"阶层，首次建立起了部落联盟的四级管理体系。随着部落联盟与中原政权的接触日益增多，他们也逐渐产生了王权化倾向，并进入了行国时代。其中部落联盟领袖转变为封建君主，四部大人转化为主要的辅佐官员，普通部落大人变为了中高级官吏，而邑落的领袖则转变为基层官吏。

拓跋部早期的部帅拓跋邻乃檀石槐部落联盟中的西部部落大人之一，他不仅亲

① 《三国志》卷三十《乌丸鲜卑东夷列传》注引《魏略·西戎传》，第858页。
② 《南齐书》卷五九《河南列传》，中华书局，1972年，第1025页。
③ 《三国志》卷三十《乌丸鲜卑东夷列传》注引《魏略·西戎传》，第859页。
④ 《三国志》卷三十《乌丸鲜卑东夷列传·乌丸传》注引《魏书》，第832页。

身参与了檀石槐部落联盟的管理和改革，也承担起了捍卫部落联盟的任务，这也为他将檀石槐的管理制度引入拓跋部提供了条件。在檀石槐部落联盟解体后，拓跋部不仅从中分离出来，而且还不断发展和壮大，建立起了以拓跋部为中心的新的部落联盟。

至拓跋什翼犍继位时，拓跋部的实力较以往有所发展，加之什翼犍在广宁乌桓成长时期接受了良好的教育，此时已经具备了部落联盟国家的基本条件，因而他"始置百官，分掌众职"①，开始了对部落联盟的封建化变革。在对国内官员的任命中，什翼犍一方面要顾及部落大人的权益，避免他们由于权益受到侵害而心生不满，进而威胁到国家的安定；另一方面也要对部落大人的权力进行抑制，逐渐实现中央集权，巩固拓跋皇权统治。于是，他取西晋官制之所长，并将其与鲜卑部落管理的传统相结合，制定出了适合自身部落联盟实际的胡汉杂糅的新官制。

继任之初，拓跋什翼犍便继承了檀石槐的分部大人管理机制，任命弟弟拓跋孤担任北部大人，儿子拓跋寔君担任南部大人，而东部和中部则分设两位大人，由与之关系密切者担任，以此实现了对部落联盟的有效管辖和权力的逐渐集中。为了实现将部落联盟向王权国家的转变，他还注重引入汉人参与建设。

早在拓跋猗卢为部帅时，汉人莫含、燕凤、许谦等人就已经进入部落联盟，并受到了他的倚重，这些汉官也运用自身渊博的学识和丰厚的财富，为部落联盟的发展出谋划策，不仅推进了部落联盟的官制改革，将其推入国家门槛之中，甚至还为培养部落继承人做出过贡献。

拓跋什翼犍还按照中原官制，设置了长史、郎中令、内侍长等官职，且官员以"诸部大人及豪族良家子弟仪貌端严，机辩才干者应选"②，这无疑给良家子弟和部落贵族提供了同样的晋升机会，为部落联盟吸引和选拔了大批人才。其他鲜卑部落联盟及其所建立的行国中，也都采取了相似的"胡汉杂糅"的选官方式，只是由于史料记载所限，对于这些部落联盟中的部落官职状况记载较少，而是较多记载了其对汉官的选任。

在秃发部落联盟中，秃发乌孤为部帅时，已经开始为秃发部积聚人才，使境内的有才学者能够"官方授才，咸得其所"③。并初步仿照晋制设立官员，"署弟利鹿孤为骠骑大将军、西平公，镇安夷，傉檀为车骑大将军、广武公，镇西平。以杨轨为宾客"。其部落联盟中还有很多杰出的汉人官吏"内居显位，外宰郡县"④。在秃发利

---

①　《魏书》卷一《序纪·昭成帝纪》，第12页。

②　《魏书》卷一一三《官氏志》，第2971页。

③　《晋书》卷一二六《秃发乌孤载纪》，第3143页。

④　《晋书》卷一二六《秃发乌孤载纪》，第3143页。

鹿孤在位时期，还"建学校，开庠序，选耆德硕儒以训胄子"①，开始着手培养自己的人才。

乞伏部落联盟建立后，也由于受到邻近政权封建制度的影响，开始有了初步的皇权化倾向。早在乞伏述延为部帅时就开始仿照汉官体系设置官员，"以叔父轲塈为师傅，委以国政，斯引乌塈为左辅将军，镇蔡园川，出连高胡为右辅将军，镇至便川，叱卢那胡为率义将军，镇牵屯山"②。此外，乞伏部落联盟还非常注重对部落领袖授予官职，如太元十二年（387年），乞伏乾归征服密贵、裕苟、提伦三部后，分别册封三部的部帅为建义将军、六泉侯，建忠将军、兰泉侯和建节将军、鸣泉侯，从而使他们由鲜卑部帅转变为西秦的武职官员。这样不仅便于西秦对三部部民进行控制，增加了国家的有生军事力量，还可以削弱他们所领部落的反抗情绪，有利于国家的社会稳定和军事力量的增长。

相较于其他部落联盟，吐谷浑发展得较慢。慕容吐谷浑孙叶延在位期间，改以吐谷浑为姓。叶延子辟奚继任后，为了获取前秦的庇护，主动遣使献马五十匹，金银五十斤，坚大悦，拜为安远将军③。辟奚接受了苻坚的册封，与前秦为藩属关系。

前秦覆灭后，乞伏部落联盟迅速壮大并建立了西秦，乞伏乾归"遣使拜视罴沙州牧、白兰王，视罴不受"④。进而引发了双方的战争，但此战吐谷浑却战败，实力受到了折损，只能退往白兰。阿柴继任部帅后，自号骠骑将军、沙州刺史，他还仿照中原政权建立起了国家官制，并通过"兼并羌氐，地方数千里，号为强国"⑤，壮大了吐谷浑的实力。关于其国内官员的任免，史书记载较少，但根据其领袖已经由代表北方民族部落领袖的"可汗"改为代表封建政权最高领袖的"王"，足以说明其政权内部已经开始了封建化变革。

鲜卑部落联盟内部部落众多，民族构成复杂，在部落联盟发展过程中，地缘因素与血缘因素发挥着同等重要的作用，这也造成建立于部落联盟之上的鲜卑国家大都能够正确处理国内民族问题，其政权内部的民族矛盾较少。此外，由于部落联盟建立于部落制基础之上，在发展过程中又受到了汉族封建制度的影响，因而在其内部不仅存在着部落制的印记，也有封建政权的特征，进而在其官制中表现出了明显的"胡汉杂糅"特质，这不仅是部落联盟的重要特征，也是早期鲜卑政权摆脱部落特质，实现向封建政权转变中急需解决的重要问题，更成为鲜卑政权能够存续和发展的关键。

---

① 《晋书》卷一二六《秃发利鹿孤载纪》，第3146页。

② 《晋书》卷一二五《乞伏国仁载纪》，第3114页。

③ 《晋书》卷九七《四夷列传·西戎传》"吐谷浑"条，第2539页。

④ 《资治通鉴》卷一百七《晋纪二九》"孝武帝太元十五年"条，第3398页。

⑤ 《魏书》卷一百一《吐谷浑列传》，第2235页。

历史记忆整合与文化族群选择视角下的北魏奚智、奚真父子墓志研究

王 萌

（内蒙古大学历史与旅游文化学院 呼和浩特 010070）

一、《奚智墓志》《奚真墓志》发现及内容

《奚智墓志》，1926年出土于洛阳孟津县城西20千米西沟南岭田沟[①]，志石现藏西安碑林博物馆；志石高57、宽40厘米，全文14行，满行17字，楷体书写。《洛阳出土北魏墓志选编》[②]、《汉魏南北朝墓志汇编》[③]、《汉魏六朝碑刻校注》[④]、《洛阳出土少数民族墓志汇编》[⑤]收录该墓志志文，《北京图书馆藏中国历代石刻拓本汇编》[⑥]、《鸳鸯七志斋藏石》[⑦]、《西安碑林全集》[⑧]、《洛阳出土北魏墓志选编》[⑨]、《汉魏六朝碑刻校注》[⑩]收录该墓志拓片。

《奚真墓志》，1926年出土于洛阳孟津西瀍水发源地田沟村南岭[⑪]，志石现藏西安碑林博物馆；志石边长47厘米，全文20行，满行20字，楷体书写。《洛阳出土北魏墓志选编》[⑫]、《汉魏南北朝墓志汇编》[⑬]、《汉魏六朝碑刻校注》[⑭]、《洛阳

① 毛远明：《汉魏六朝碑刻校注》（第四册），北京线装书局，2008年，第75页。

② 洛阳市文物局：《洛阳出土北魏墓志选编》，科学出版社，2001年，第15、16页。

③ 赵超：《汉魏南北朝墓志汇编》，天津古籍出版社，2008年，第50页。

④ 毛远明：《汉魏六朝碑刻校注》（第四册），第75页。

⑤ 洛阳市文物管理局：《洛阳出土少数民族墓志汇编》，河南美术出版社，2011年，第306页。

⑥ 北京图书馆金石组：《北京图书馆藏中国历代石刻拓本汇编》（第三册），中州古籍出版社，1989年，第98页。

⑦ 赵力光：《鸳鸯七志斋藏石》，三秦出版社，1995年，第22页。

⑧ 高峡：《西安碑林全集》（第59卷），广东经济出版社、海天出版社，1999年，第92页。

⑨ 洛阳市文物局：《洛阳出土北魏墓志选编》，第236页，图版二二。

⑩ 毛远明：《汉魏六朝碑刻校注》（第四册），第74页。

⑪ 毛远明：《汉魏六朝碑刻校注》（第五册），第243页。

⑫ 洛阳市文物局：《洛阳出土北魏墓志选编》，第70、71页。

⑬ 赵超：《汉魏南北朝墓志汇编》，第142页。

⑭ 毛远明：《汉魏六朝碑刻校注》（第五册），第243页。

出土少数民族墓志汇编》①收录该墓志志文，《北京图书馆藏中国历代石刻拓本汇编》②、《鸳鸯七志斋藏石》③、《西安碑林全集》④、《汉魏六朝碑刻校注》⑤收录该墓志拓片。

奚智、奚真父子二人未见于史籍，《奚智墓志》《奚真墓志》可补史籍记载之缺失。奚智生于北魏太延元年（435年），卒于北魏正始四年（507年）。奚真生于北魏和平五年（464年），卒于北魏正光四年（523年）。奚智、奚真出身北魏帝室十姓，属胡族贵族。墓志着重记述奚智、奚真出身与事迹，透露出北魏平城至洛阳时代，处于华夏文化氛围中的胡族贵族的发展趋向。为研读之便利，以《汉魏南北朝墓志汇编》所录志文为准，将《奚智墓志》《奚真墓志》抄录标点如下：

《奚智墓志》（图一）录文如下：

故徵士奚君讳智，字洪筹者，恒州樊氏嶰山浑人也，始与大魏同先，仆脸可汗之后裔。中古迁移，分领部众，遂因所居，改为达奚氏焉。逮皇业徙嵩，更新道制，敕姓奚氏。君故大人大莫弗乌洛头之曾孙，内行羽真散骑常侍镇西将军云中镇大将内亦干之孙，兖州治中卫将军府长史步洛汗之子。头年者多策，每蒙引议，下关之谋，时亦预焉。干受任偏戍，雄名远振，为夷之俗，以为誓首，虽郊都守边，何以过也。君秉直私闾，不求朝利，故无任焉。卒于洛阳，时年七十三矣。葬在麈泉之源。

妻燉煌宋氏、妻南阳宗氏，俱合葬焉。

大魏正始四年岁在丁亥三月庚申朔十三日壬申记。

《奚真墓志》（图二）录文如下：

魏故孝廉奚君墓志铭

君讳真，字景琳，河阴中练里人也。其先盖肇侯轩辕，作蕃幽都，分柯皇魏，世庇琼荫，绵弈部民，代匡王政。可谓芬桂千龄，松茂百世者矣。高祖大人乌筹，量渊凝雅，若岳镇瞩，国祚经始，百务急殷，怦谋幄议，每蒙列预，故外抚黎庶，内赞枢衡。又尝为昭成皇帝尸，位尊公傅，式拟王仪，蒙赐鸡人之官，肃旅之卫。曾祖使持节镇西将军云中镇大将干，气略勇毅，

---

① 洛阳市文物管理局：《洛阳出土少数民族墓志汇编》，第307页。
② 北京图书馆金石组：《北京图书馆藏中国历代石刻拓本汇编》（第四册），第156页。
③ 赵力光：《鸳鸯七志斋藏石》，第64页。
④ 高峡：《西安碑林全集》（第61卷），第350页。
⑤ 毛远明：《汉魏六朝碑刻校注》（第五册），第242页。

咸偃边夷，并流声所莅，勋刊秘牒。祖治中长史翰，弱冠多艺，书剑两闲，佐州翼府，每著能迹。父徽君智，自生简亮，卷默玄赜，养德闾簷，不干荣利。君资累叶之桢，禀气而慧，内穆宗门，外和乡邑。故为邦人所宗，本郡察孝焉。恕保永算，位登邦社，如何不吊，瘿兹患祸。春秋六十，卒于河阴西乡。宗亲嗥愕，朋故悲恻，子思礼等既倾穹旻，结楚山河，乃刊玄石，悕铭不朽。其辞曰：

庆自福生，验若符契，君禀先灵，诞降而慧。易色奉亲，肃躬当世，治家外接，两修能济。如何不吊，遘患殂弊，山宇长沦，泉门永翳。

大魏正光四年岁在癸卯十一月癸未朔廿七日己酉葬于洛京西瀍泉之源。夫人乐安孙氏合葬。

图一　北魏《奚智墓志》拓片①

图二　北魏《奚真墓志》拓片②

　　奚智、奚真，生活于北魏平城前期至洛阳时期，而此时段北魏国家与胡族面貌经历着质的改变。《奚智墓志》《奚真墓志》刊刻于汉化风气全面影响胡族的洛阳时代，墓志在记载墓主人生前追忆先祖北方塞外生活经历的同时，又极力彰显墓主人的家族世系背景、学识事迹与婚姻，而上述三方面原本为中原门阀世族所固有之理念。因此，只有从迁洛胡族的历史记忆以及在华夏文化影响下的文化与族群塑造、选择的角度出发，方可洞悉墓志的价值。

---

① 赵力光：《鸳鸯七志斋藏石》，第22页。
② 赵力光：《鸳鸯七志斋藏石》，第64页。

二、《奚智墓志》《奚真墓志》刊刻的时代背景

北魏孝文帝在迁都洛阳之际，逐步实行推广汉服与汉语、改迁洛胡族籍贯为洛阳、引入门阀制度与改定姓族、提倡门第婚姻等汉化措施。史载，孝文帝"钦明稽古，协御天人，帝王制作，朝野轨度，斟酌用舍，焕乎其有文章，海内生民咸受耳目之赐"①，开启了北魏由胡族政权全面向汉族正朔政权转变、汉化风气全面影响迁洛胡族的洛阳时代。宣武帝即位后，"承圣考德业"②，汉化流风甚嚣洛阳尘上。孝明帝时期，多数洛阳胡族贵族文质色彩颇浓、尚武气质大为减弱。

《奚智墓志》刊刻于宣武帝正始四年，《奚真墓志》刊刻于孝明帝正光四年。上述二方墓志刊刻的时段，正值北魏转变为中原正朔政权、洛阳胡族汉化颇深且赢得汉族世族认同、融入中原社会的洛阳时代中后期。所以，墓志自然反映出墓主人生前效仿中原高门之事迹，诸如炫耀家世背景、重视自身修养与门第婚姻等汉化气息。

三、原本族属的北方历史记忆与家世背景

（一）原本族属的北方历史记忆——奚氏族源的追溯

结合《魏书》卷一一三《官氏志》所载"（献帝拓跋邻以）弟为达奚氏，后改为奚氏"与《奚智墓志》所云"始与大魏同先，仆脍可汗之后裔。中古迁移，分领部众，遂因所居，改为达奚氏焉。逮皇业徙嵩，更新道制，敕姓奚氏"可知：首先，奚智、奚真出自帝室十姓，与北魏皇室有着血缘之亲；奚氏虽为北魏皇室的血缘远支，仍不失为胡族贵族。其次，奚氏原本为达奚氏，拓跋邻为部落首领时奚智、奚真先祖始得达奚为姓氏，得姓之原因与所居之地有关。按《魏书》之《奚牧传》《奚斤传》《奚康生传》皆未载奚氏得姓之缘由，《奚智墓志》可补史籍之缺失。最后，《奚智墓志》"皇业徙嵩，更新道制，敕姓奚氏"所指为史籍所载"（太和）二十年春正月丁卯，（孝文帝）诏改姓为元氏"③，即孝文帝所实行的促进迁洛胡族面貌气质趋向汉族社会措施中的改胡族复姓为汉族单姓的政策。

《奚智墓志》云"始与大魏同先，仆脍可汗之后裔。中古迁移，分领部众，遂因所居，改为达奚氏焉"，《奚真墓志》云"作蕃幽都，分柯皇魏，世庇琼荫，绵弈部民，代匡王政"，流露出奚智、奚真对先祖功业的欣羡之情。由《魏书》卷一一三《官氏志》所载拓跋邻为拓跋部首领时以"弟为达奚氏"、拓跋邻子拓跋诘汾继为拓

---

① 《魏书》卷七下《孝文帝纪下》，中华书局，1974年，第187页。
② 《魏书》卷八《宣武帝纪》，第215页。
③ 《魏书》卷七下《孝文帝纪下》，第179页。

跋部首领后"献帝命南移，山谷高深，九难八阻，于是欲止。有神兽，其形似马，其声类牛，先行导引，历年乃出，始居匈奴之故地"，可知志文"中古迁移"所指为拓跋诘汾率众迁移至匈奴故地这一影响拓跋部后来发展的重要迁徙活动。"分领部众""作蕃幽都"所指相同，即奚智、奚真先祖作为所部首领，跟随拓跋首领迁移，成为拓跋首领的重要辅弼之臣。

《奚真墓志》又云奚真高祖达奚乌筹"量渊凝雅，若岳镇瞩，国祚经始，百务愆殷，帏谋幄议，每蒙列预，故外抚黎庶，内赞枢衡。又尝为昭成皇帝尸，位尊公傅，式拟王仪，蒙赐鸡人之官，肃旅之卫"，所涉达奚乌筹活跃之时间，包括代国拓跋什翼犍与北魏道武帝两个时段。首先，代国拓跋什翼犍中后期，达奚乌筹参与当时重要的军政决策，成为拓跋什翼犍宠信之臣；其次，北魏初建，曾为代国旧臣的达奚乌筹又辅佐道武帝拓跋珪，参与道武帝时期的国家祭祀典礼。

（二）活跃于塞外与定居中原后的家世背景

家世背景本为南北朝时期汉族世族炫耀门第、在高门群体中确立家族地位的重要依凭。所以，逐渐受华夏文化影响、谙熟汉族世族社会运行规则的胡族群体，一方面，效仿中原大族，以家世自夸进而塑造自己的高贵出身；另一方面，通过追溯家族先祖，不忘自己所出。更为重要的是，迁洛胡族重视家世背景，亦基于当时现实因素的考虑，即太和十九年（495年），孝文帝根据胡族先祖仕宦资历所实行改定胡族姓族之措施，即北魏孝文帝将汉族社会的门阀制度引入胡族社会，也就是说，国家政策的驱动，使众多胡族贵族亦紧跟汉化步伐，重视家世背景。

《奚智墓志》云"始与大魏同先，仆脍可汗之后裔"。《魏书》卷一《序纪》载拓跋部落居于大泽，部落最高首领有"威皇帝讳侩"。罗振玉在《丙寅稿》中的《征士奚智墓志跋》认为："序纪献帝考曰威皇帝讳侩，志所谓仆脍可汗即侩也。"据此，本文认为《奚智墓志》所云"仆脍可汗"即《魏书》所载之威皇帝拓跋侩。

《奚智墓志》所云奚智曾祖"大人大莫弗乌洛头"与《奚真墓志》所云奚真高祖"大人乌筹"为同一人之不同称谓。另据《奚真墓志》所云乌筹"量渊凝雅，若岳镇瞩，国祚经始，百务愆殷，帏谋幄议，每蒙列预，故外抚黎庶，内赞枢衡。又尝为昭成皇帝尸，位尊公傅，式拟王仪，蒙赐鸡人之官，肃旅之卫"可见，首先，北魏初建，达奚乌筹便侍从道武帝，参与军政决策，任中央与地方要职，进入统治集团核心层。其次，志文所云达奚乌筹"尝为昭成皇帝尸"，指北魏道武帝祭祀昭成帝拓跋什翼犍时，达奚乌筹代表故去的拓跋什翼犍接受众人献祭。拓跋珪初建北魏，追尊拓跋什翼犍庙号为高祖、谥号为昭成帝，并且规定"国之丧葬祠礼，非十族不得与也"①。

---

① 《魏书》卷一一三《官氏志》，第3006页。

达奚乌筹还担任执掌鸡牲以供祭祀、明辨国家重要祭祀时辰的礼仪职官，充分表明其在北魏初期所拥有的重要政治地位。

《奚智墓志》所云奚智祖父"内行羽真散骑常侍镇西将军云中镇大将内亦干"即《奚真墓志》所云奚真曾祖"使持节镇西将军云中镇大将干"。根据志文所云奚智、奚真生卒年，达奚内亦干仕途主要在太武帝时展开。①内行、羽真为鲜卑职官，内行诸官为北魏前期皇帝侍从机构，执掌军政文书、侍从皇帝；由北魏《文成帝南巡碑》所载随行官员任羽真者多兼任一品至三品高官来看，如《文成帝南巡碑》载毛法仁"散骑常侍、安南将军、尚书、羽真、南郡公"①，按孝文帝所定《前职员令》，散骑常侍为二品下、安南将军为二品下、尚书为二品中，可见羽真地位颇高，进而反映出达奚内亦干在当时权力核心层根基日益牢固。散骑常侍，为皇帝左右侍从官。②达奚内亦干出镇地方任"使持节、镇西将军、云中镇大将"，北魏继承两晋持节制度，由《晋书》卷二四《职官志》所载"晋受禅……使持节为上，持节次之，假节为下。使持节得杀二千石以下；持节杀无官位人，若军事，得与使持节同；假节唯军事得杀犯军令者"可知，使持节为中央统治者授予出镇地方的官员在地方行使权力的最高节仗，可见达奚内亦干任职云中镇大将期间职权范围颇广。云中镇，位于北魏北部边疆地带，从军事层面而言，云中镇北倚武川镇、南控平城以北，作为连接北魏平城与北部边疆军镇防线的重要中间地带，云中镇形势的稳定与否，牵涉北魏北部边疆西部防线以及首都平城之稳定与安危；以政治层面而论，云中镇地近北魏旧都盛乐、北魏早期皇陵金陵分布所在，具有非常重要的政治意义。正因此，北魏前期统治者对选任云中镇将格外重视。根据《魏书》等史籍与目前所见墓志，北魏前期统治者主要从代人集团与少数汉族贵族心腹成员中选任云中镇将。作为出身帝室十姓、与北魏皇室有血缘之亲的达奚内亦干，被委以镇守云中之重任，可见其受统治者宠信的程度。《奚真墓志》又云达奚内亦干任职云中镇大将期间"气略勇毅，威偃边夷，并流声所莅，勋刊秘牒"，为稳定云中镇地区形势立有殊勋，获得事迹刊于国家机要档案之殊荣。进而可以说，达奚内亦干在太武帝时期中央与地方的仕宦经历、所掌握的军政实权以及功勋，进一步巩固了其所属达奚氏家族在北魏前期的地位。

《奚智墓志》云奚智父"兖州治中卫将军府长史步洛汗"，即《奚真墓志》云奚真祖父"治中长史翰，弱冠多艺，书剑两闲，佐州翼府，每著能迹"。据《魏书》，献文帝天安元年（466年），北魏得刘宋兖州，旋置东兖州；孝文帝太和十八年（494年），东兖州改为兖州。则达奚步洛汗约在孝文帝太和后期任兖州治中与卫将军府长史。兖州为北魏东部临近江南之州，为南北交通冲要之地，北魏得兖州后，多从胡族贵族与汉族心腹中选任兖州刺史及兖州驻军最高长官以加强对当地的军政管理。兖州

---

① 韩理洲等辑校编年：《全北魏东魏西魏文补遗》，三秦出版社，2010年，第48页。

治中，执掌兖州刺史府档案文书事务，为兖州刺史之下的中层枢要职官。卫将军府长史，执掌卫将军府中行政事务与下属官吏，为卫将军府中枢要之职。志文云"佐州翼府，每著能迹"反映出达奚步洛汗颇具吏能（图三）。

拓跋侩 ——→（中间世系暂不明）——→ 达奚乌洛头 ——→ 达奚内亦干 ——→ 达奚步洛汗 ——→ 奚智 ——→ 奚真

图三　《奚智墓志》《奚真墓志》所涉家族世系图

四、奚智、奚真父子的汉化特征——文化、族属与婚姻圈的重新选择

作为与北魏皇室有血缘之亲、出身帝室十姓的奚氏家族成员，定居中原后便长期受华夏文化熏陶。包括奚氏家族在内的北族，面对与自己族属原有文化存在极大差别，且已长时间影响中原社会并在华夏族群中已稳固立足的华夏文化，该何去何从，表面上看似是入乡随俗的问题，但实际上关涉北族与华夏族群在文化上的隔阂能否彻底消除、华夏族群对北族能否真正接受。如果北族固守不适应中原环境的本民族文化，对华夏文化表现出排斥态度，那么由文化的迥然有异所引起的隔阂必然会在北族群体与华夏族群之间长久存在，双方在政治与经济等方面的矛盾会日益尖锐。对北魏胡族统治集团而言，随之产生的问题就是国家认同危机。具体而言，原本心向江南正朔、但在鲜卑武力威慑下不得不服从北魏统治的北方汉族群体尤其是衣冠世族，在内心里继续将北族视为尚武蛮族，在此心态下，华夏族群特别是华夏上层自然不会将北魏政权视为自己的国家、不会对北魏倾力辅佐，进而导致北魏政权无法建立在包括华夏族群在内的更为广阔的基础上。虽然北魏孝文帝在参照汉族社会评定世族标准的基础上，根据北族先祖所立功勋与仕宦资历实行改定姓族之政策，但其实质只是依托国家力量，胡族上层单向地把自己改变成在身份地位等方面等同于汉族世族的新晋高门。但对于胡族而言，身份的转换绝不是单凭一道诏书就能实现的，胡族尚需在文化素养方面努力，打造文士气质，方可获得中原衣冠的认可，最终实现由尚武之武夫向拥有华夏世族身份的转换，进而融入中原汉族高门。中古时期"家门孝友，可为士族之法"[1]的理念就明确反映出素养操守为评定世族的标准之一。现代学者陈寅恪所言"所谓士族者，起初并不专用其先代之高官厚禄为其唯一之表征，而实以家学及礼法等标异于其他诸姓"[2]更进一步指出除家族先祖仕资外，文化素养的提升是决定晋为世族的关键因素。也就是说，奚智、奚真在坐拥先祖仕资基础上，还需在文化素养方

---

① （宋）王谠撰，周勋初校证：《唐语林校证》，中华书局，1987年，第20页。
② 陈寅恪：《唐代政治史述论稿》，《陈寅恪集》，生活·读书·新知三联书店，2009年，第259页。

面努力提升，方可获得世族身份。奚氏家族自定居中原始，对华夏文化就已是耳濡目染，所以，早在平城时期，奚氏家族部分成员就已渐具有汉化特征与汉族士人气质。

（一）文化素养的提升——打造士人身份

由于文化素养是魏晋南北朝时期世族意识的重要组成部分，亦为促使家族长久发展的重要推动力。所以，怀有长久立足中原、追求身份转换与融入中原社会目的的奚氏家族成员在平城时期，就已着手提升文化素养，借此逐渐改变自己在汉族士人眼中的尚武民族的身份。

《奚真墓志》云奚真祖父"治中长史翰，弱冠多艺，书剑两闲，佐州冀府，每著能迹"。据《奚智墓志》，奚智生于太延元年，则达奚翰约在太武帝时期任兖州治中、卫将军府长史。而治中、长史属于中央与地方军政长官府中的高级文职人员，执掌文翰，对任职者的文化素养要求自然较高。所以，达奚翰仕宦履历，透露出他在文化上与汉族士人的差距已开始逐渐缩小，达奚翰以初具汉化之人的身份出现于当时社会上层中。

《奚真墓志》云奚真父奚智"自生简亮，卷默玄赜，养德闲篸，不干荣利"，志文对奚智之天资聪颖虽不免溢美之词，但大体上反映出奚智出生后便受到其父达奚翰的严格教育、汉化程度渐深、日益具备名士气质的史实。志文所云奚智名士气质，包括通晓玄理、重视操守、淡泊名利。"卷默玄赜"，即指奚智著述幽微深奥，其人通晓玄理。魏晋南北朝时期，玄学属于显学，为汉族世族所专有的学术行为；而个人是否精通玄学、善于谈玄，是其能否为汉族世族所认同、进入世族群体的重要文化标准。对于奚智而言，文化素养的提升，自然会使其与汉族士人在文化方面的隔阂逐渐减少；而通晓玄理，使其与汉族世族在文化上自然又多了亲近感，有利于为汉族世族所认可。"养德闲篸，不干荣利"，一方面指奚智重视德行操守之培养；另一方面，指奚智淡泊仕途名利，追求个性率真。总而言之，奚智在家风影响以及与汉族士人交往中，在言行方面的名士化特征日益明显。

《奚真墓志》云奚真"资累叶之桢，禀气而慧，内穆宗门，外和乡邑。故为邦人所宗，本郡察孝焉"。据此可知，奚真自幼天资聪颖，亦和家族长辈的言传身教有关。上述志文以及墓志颂辞"易色奉亲，肃躬当世，治家外接，两修能济"，反映出墓志撰写者对奚真道德操守的高度关注，称颂奚真在维系宗族和睦、友善乡邻中的表现。奚真亦因在道德操守上的卓越表现而被河阴郡"察孝"，即举孝廉。举孝廉，始于西汉，为地方政府由下而上推荐人才之方式与制度；被举孝廉者，需通晓典籍、具备道德操守。所以，奚真被举孝廉，反映出其因文化素养与道德操守极高而为众人所瞩目，透露出其为汉族世族群体所认可。

根据以上论述，可以看出，拓跋氏统治者迁都平城、众多北族成员定居中原后，胡族统治集团在文化素养、言行举止等方面逐渐发生质的变化。孝文帝迁都洛阳，胡族统治集团身处中原腹地、全面受到华夏文化的影响。特别是孝文帝实行诸多汉化改革措施这一外部因素的推动以及胡族成员欣羡华夏文化、追求士人身份这一内部因素的影响，胡族群体在与汉族社会的密切交往中，在文化选择上日益趋向汉族社会，在言行举止上体现出日益明显的汉族士人特征。

（二）攀附华夏先祖——族属的重新塑造

《奚真墓志》云："其先盖肇侯轩辕，作蕃幽都，分柯皇魏，世庇琼荫，绵弈部民，代匡王政。可谓芬桂千龄，松茂百世者矣。"反映出奚真在家族起源上，追溯至上古黄帝，也就是说，本出身胡族的奚真攀附华夏先祖，自认为华夏之裔。

检索北魏洛阳时代墓志，则可发现，攀附华夏先祖的风气盛行于北族群体中。作为胡族集团顶级权贵的北魏宗室成员，将家族起源攀附于华夏社会。如《元详墓志》云："纂乾席圣，启源轩皇，婵联万祀，缅邈百王。"[1]《宁陵公主元氏墓志》云："遥源远系，肇自轩皇。"[2]《元宁墓志》云："其先唐尧之苗裔，汉高之胤胄，孝章帝之后。"[3]《元周安墓志》云："追光辛似，踵迹农轩。"[4]《元瑛墓志》云："行夏乘殷，重基累圣。"[5]《元谧墓志》云："周公之胤，有凡有蒋，昭昭我王，腾风迈响。"[6]其他胡族贵族亦有将家族世系攀附于华夏先贤者，如《陆绍墓志》云："其先盖轩辕之裔胄。"[7]《尔朱绍墓志》云："其先出自周王虢叔之后。"[8]上述墓志所云北魏时期北族成员自认之先祖有黄帝、尧、夏商周王室等。北魏时期众多北族攀附华夏先祖，自认为华夏之裔，将族属由东胡系鲜卑改为汉族，并不是北族成员单纯的自身行为，而是当时历史背景使然。

北魏统治者为营造自己的正统形象、拓展北方胡族群体融入华夏社会的空间，有意宣扬以拓跋氏为核心的北族为华夏人文始祖黄帝之裔。《魏书》卷一《序纪》载："昔黄帝有子二十五人，或内列诸华，或外分荒服，昌意少子，受封北土，国有大鲜卑山，因以为号。其后，世为君长，统幽都之北，广漠之野，畜牧迁徙，射猎为业，淳朴为俗……爰历三代，以及秦汉，猃鬻、猃狁、山戎、匈奴之属，累代残暴，作害

---

① 赵超：《汉魏南北朝墓志汇编》，第54页。
② 赵超：《汉魏南北朝墓志汇编》，第57页。
③ 赵超：《汉魏南北朝墓志汇编》，第157页。
④ 赵超：《汉魏南北朝墓志汇编》，第247页。
⑤ 洛阳市文物管理局：《洛阳出土少数民族墓志汇编》，第68页。
⑥ 洛阳市文物管理局：《洛阳出土少数民族墓志汇编》，第52页。
⑦ 赵超：《汉魏南北朝墓志汇编》，第235页。
⑧ 洛阳市文物管理局：《洛阳出土少数民族墓志汇编》，第195页。

中州，而始均之裔，不交南夏，是以载籍无闻焉。"此史料所载拓跋统治者关于自己族属的追述，属攀附而非事实。拓跋统治者此举之用意在于将黄帝由华夏始祖转变为北方民族与华夏社会的共同先祖，在先祖世系与族源追溯上为北族进入华夏社会扫清来自华夏族群的文化心理隔阂，拓展立足华夏社会的空间，进而通过族源认同，将华夏族群与北方民族有效地凝聚在一起，最终将北魏国家建立在包括胡族与汉族各族群在内的更为广阔的社会基础上。

（三）社会身份的转换

南北朝时期，中原家族门之评判，多参照父亲以上三代仕宦。北魏孝文帝实行改定姓族政策，亦以胡族三代先祖仕宦为标准。《魏书》卷一一三《官氏志》载孝文帝下诏："原出朔土，旧为部落大人，而自皇始已来，有三世官在给事已上，及州刺史、镇大将，及品登王公者为姓。若本非大人，而皇始已来，职官三世尚书已上，及品登王公而中间不降官绪，亦为姓。诸部落大人之后，而皇始已来官不及前列，而有三世为中散、监已上，外为太守、子都，品登子男者为族。若本非大人，而皇始已来，三世有令已上，外为副将、子都、太守，品登侯已上者，亦为族。凡此姓族之支亲，与其身有缌麻服已内，微有一二世官者，虽不全充美例，亦入姓族；五世已外，则各自计之，不蒙宗人之荫也。"明确反映出，北魏洛阳时代胡族成员先祖（至少三代先祖）只要达到官居六品的条件，便可获得新晋胡族世族身份；若想获得新晋胡族世族高门身份，还要看先祖仕资的显赫程度。

我们洞察奚智先祖仕宦，便可知孝文帝改定姓族后，奚智所属奚氏家族在身份转换后所获得的实际地位。奚智曾祖达奚乌洛头为大人、莫弗；奚智祖父达奚内亦干任使持节、散骑常侍（从三品）、镇西将军（从二品）、云中镇大将，奚智父达奚步洛汗任兖州治中（五品）、卫将军府长史（从四品）。由此可见，奚智先祖仕宦存在"降官绪"的现象，对照孝文帝改定姓族诏书中的考量原则可看出，奚智所属奚氏家族进入"族"之行列，即新晋胡族世族的中层。

另由志文所云达奚步洛汗"弱冠多艺，书剑两闲"，"每著能迹"；奚智"卷默玄赜，养德间簪，不干荣利"；奚真因文化素养与道德操守为"邦人所宗，本郡察孝"，鲜明反映出奚真先祖因汉化程度的日益提高而为汉族社会所认可、融入汉族士人群体。至此，本文认为，奚真所属奚氏家族，借助于孝文帝实行改定姓族等推进北族汉化的有利政策以及自身文化素养的提升，实现了将原有胡族显贵与汉族士人身份的结合，将家族身份由尚武家族转换为新晋的中层胡族世族。

（四）婚姻圈的重新塑造

根据志文，可看出奚智、奚真的婚姻，具有如下特点：

首先，志文所记载奚智、奚真的联姻对象均为中原世族中层成员。以奚智、奚真资历以及所属家族地位而论，双方门第几乎是对等的，进而反映出奚智、奚真婚姻具有明显的中原门第婚姻特征，此种现象与当时国家政策影响有关。《魏书》卷二一上《献文六王上·咸阳王禧传》所载孝文帝规定以宗室为代表的胡族上层联姻对象之阶层属性"八族及清修之门"，表面上反映的是孝文帝将胡族上层婚配对象局限在汉族世族与汉化胡族高门群体中，实际上则是孝文帝对胡族各个阶层之婚配对象阶层属性进行全面而严格的限制。

其次，志文所记载奚智、奚真的联姻家族，均为与北魏胡族集团共同生活在平城、洛阳之地，且与北魏胡族集团存有一定利害关系的汉族家族。如《奚智墓志》所云奚智正妻敦煌宋氏，据《魏书》卷五二《宋繇传》所载"宋繇，字体业，敦煌人也……世祖并凉州，从牧犍至京师"，可知奚智妻敦煌宋氏先祖应与宋繇等在北魏灭北凉后被迁徙至平城。另据《魏书》卷五二《宋繇传》，作为亡国之臣的敦煌宋氏家族在平城至洛阳时代，获得出任中央官府中层枢要文官、地方郡县长官的殊荣。本文认为，奚氏家族与宋氏家族联姻，存在双方彼此相互依靠的目的。以奚氏家族而论，奚氏家族在定居中原、长期与中原汉族群体交往过程中，深知汉族社会世族群体重视门第婚姻以及通过门第婚以相互扶持、巩固与提升家族地位之深层目的；所以，在族群选择上趋向于汉族世族且欲融入中原社会的奚智、奚真父子在选择联姻对象时，对联姻家族之门第自然重视；但由于奚智、奚真注意到自己实际身份为新晋胡族世族之中层，因此将联姻对象之族属与阶层局限于汉族中层世族，意在通过与汉族世族中层的婚姻来立足于汉族社会。对于敦煌宋氏家族而论，亦清楚自己作为亡国之臣的实际出身以及在北魏国家中所处的实际地位，所以，敦煌宋氏家族为在北魏立足、获得安身立命之资，在遵循汉族社会重视门第婚姻的基础上，通过联姻胡族中层来巩固自己的地位。

五、奚智、奚真父子葬地

《奚智墓志》云正始四年三月十三日，奚智"葬在廛泉之源"；《奚真墓志》云正光四年十一月廿七日，奚真"葬于洛京西瀍泉之源"。《洛阳出土石刻时地记》记载《奚智墓志》"民国十五年（一九二六年）阴历七月七日，洛阳城北四十里田沟村南岭出土，此地为孟津县境"[1]；《奚真墓志》"民国十五年（一九二六年）阴历七月初十日，洛阳西北瀍水发源处田沟村南岭上出土，无冢，地在孟津县境"[2]。但田沟

---

[1] 郭培育、郭培智：《洛阳出土石刻时地记》，大象出版社，2005年，第13页。

[2] 郭培育、郭培智：《洛阳出土石刻时地记》，第26页。

村之名不见于今河南省洛阳市孟津区辖域。我们可通过出土于瀍水流域的其他北魏贵族墓志来确定此二墓志的出土地点以及在北魏邙山陵墓区之所属。《元思墓志》云："（正始四年）岁次丁亥三月庚申朔廿五日甲申窆于瀍涧之滨，山陵东埠。"①《洛阳出土石刻时地记》记载《元思墓志》"民国五年（一九一六年），洛阳城北徐家沟村出土，无冢"②。《元显俊墓志》云："延昌二年正月丙戌朔十四日己亥卒于宣化里第。粤二月廿九日窆于瀍涧之滨。"③《洛阳出土石刻时地记》记载《元显俊墓志》"民国六年（一九一七年），洛阳城北十三里，蟠龙塚村张西成于洛阳城北后海资村掘出，西距其兄元显魏墓三五步，无冢"④。《元晖墓志》云："（神龟）三年三月甲申迁葬于洛阳西四十里长陵西北一十里西乡瀍源里瀍涧之滨。"⑤《洛阳出土石刻时地记》记载《元晖墓志》"民国十五年（一九二六年）阴历六月十九日，洛阳城北四十里陈凹村西出土，有冢"⑥。《元敷墓志》云："（正光）四年二月廿七日甲申窆于瀍涧之滨。"⑦《洛阳出土石刻时地记》记载《元敷墓志》"民国廿五年（一九三六年）阴历八月十五日，洛阳城北后李村出土"⑧。《元信墓志》云："（建义元年）七月丙辰朔十二日丁卯窆于旧茔。"⑨《洛阳出土石刻时地记》记载《元信墓志》"民国十八年（一九二九年）阴历六月十日，洛阳城西北陈凹村西出土，有冢"⑩。《元悛墓志》云："（建义元年）七月丙辰朔十二日丁卯窆于洛阳西卌里长陵西北一十里西乡瀍原里瀍涧之滨。"⑪《洛阳出土石刻时地记》记载《元悛墓志》"民国十五年（一九二六年）阴历六月廿二日，洛阳城西北陈凹村出土"⑫。上述墓志出土地所涉及的徐家沟、后海资、后李、陈凹等，均在北魏孝文帝长陵、宣武帝景陵东部区域，均属于北魏洛阳时代的北邙山墓区。《洛阳出土石刻时地记》所载郭玉堂撰《洛阳石刻出土地图》将奚智、奚真墓标于元晖、元信墓之西侧，而元晖、元信墓志出土于陈凹村，说明奚智、奚真墓地邻近陈凹村，可见奚智、奚真葬地亦位于北魏洛阳时代的北邙山墓区。从《洛阳出土石刻时地记》所载奚智墓志在"洛阳城北四十里"、奚真墓志在"洛阳

---

① 洛阳市文物管理局：《洛阳出土少数民族墓志汇编》，第26页。
② 郭培育、郭培智：《洛阳出土石刻时地记》，第13页。
③ 洛阳市文物管理局：《洛阳出土少数民族墓志汇编》，第33页。
④ 郭培育、郭培智：《洛阳出土石刻时地记》，第16页。
⑤ 洛阳市文物管理局：《洛阳出土少数民族墓志汇编》，第43页。
⑥ 郭培育、郭培智：《洛阳出土石刻时地记》，第21页。
⑦ 洛阳市文物管理局：《洛阳出土少数民族墓志汇编》，第47页。
⑧ 郭培育、郭培智：《洛阳出土石刻时地记》，第24页。
⑨ 洛阳市文物管理局：《洛阳出土少数民族墓志汇编》，第90页。
⑩ 郭培育、郭培智：《洛阳出土石刻时地记》，第36页。
⑪ 洛阳市文物管理局：《洛阳出土少数民族墓志汇编》，第90页。
⑫ 郭培育、郭培智：《洛阳出土石刻时地记》，第36页。

西北瀍水发源处田沟村南岭上”，有学者推测，奚智、奚真葬地位于“今孟津县城近郊长华村西南”①。

北魏洛阳时代墓葬区，以今“铁谢—上河图—三十里铺—平乐镇”为分界线，以西为“北邙山墓区”，以东为“乾脯山、首阳山墓区”②。北邙山墓区是北魏洛阳时代祖陵孝文帝长陵、宣武帝景陵、孝明帝定陵、孝庄帝静陵所在。目前所见183方北魏宗室墓志，有173方出土于北邙山陵区③。帝室十姓、勋臣八姓、汉族高门成员墓志亦多出土于北邙山墓区。由此可见，北邙山墓区是北魏洛阳时代的核心墓区。奚智、奚真生前虽无仕宦，但因“帝室十姓”之出身，获得卒后葬于北邙山墓区的殊荣。

六、结　语

第一，奚智、奚真墓志的发现与公布，可补充史籍关于北魏“帝室十姓”中奚氏家族记载的缺失，完善了奚氏家族谱系。

第二，奚智、奚真墓志刊刻于汉化流风全面影响胡族群体的北魏洛阳时代，墓志记载的奚智、奚真生前炫耀显赫的家世背景、重视提升文化素养、攀附华夏先祖、构建中原世族式的门第婚姻圈，反映出迁洛北族群体中部分成员在中原文化全面影响自己的精神世界背景下，在文化认同上进行的新选择。

第三，墓志关于奚智、奚真族群归属与认同的记载存在矛盾的现象。一方面，奚真将家族起源攀附于华夏先祖，表明长期处于华夏文化影响、怀有融入中原社会目的的奚氏父子有意打造自己的华夏贵胄之裔身份，向汉族士人宣示自己对华夏族群的认同感；另一方面，积极向华夏族群靠拢的奚氏父子内心深处时刻不忘自己源出东胡。奚氏父子在族群归属上徘徊于新旧这一矛盾现象，应和其与北魏皇室的血缘亲疏关系以及自身仕宦不显有关。奚氏父子虽出身“帝室十姓”，与北魏皇室有血缘之亲，表面上看身份远较其他胡族贵族与汉族世族为贵，但实际上奚氏在血缘方面已超出北魏皇室血缘亲属之范围。《魏书》记载北魏孝文帝将北魏建立者道武帝之裔视为宗室血缘近亲、将道武帝之前的拓跋部落领袖之裔视为宗室血缘远亲，并实行优待宗室血缘近亲、限制宗室血缘远亲的政策。既然北魏洛阳统治者对拓跋宗室成员区别对待，那么对血缘关系极远的奚氏成员，在某种程度上更要区别对待。志文虽云奚智、奚真父子淡泊名利而无仕宦之心，但恐不是其生前真实举动，而是受北魏洛阳统治者部分程度地限制皇室血缘远亲、宗族远亲所影响。与北魏皇室血缘的疏远，使奚氏父子深知

---

①　刘连香：《民族史视野下的北魏墓志研究》，文物出版社，2017年，第199页。

②　刘连香：《民族史视野下的北魏墓志研究》，第141页。

③　刘连香：《民族史视野下的北魏墓志研究》，第142页。

自己在洛阳时代汉化流风中获利必然相对有限，也就是说，积极投身汉化潮流、欲借孝文帝汉化改革运动提升家族地位，但由于家族先祖仕宦存在"降官绪"，奚氏父子最终只进入士流之中层；面对现实中的不得意，迁洛北族成员内心深处的代北情结抑或怀旧情结被逐渐激发，故而促使奚氏父子在追求士人身份的同时又不忘自己的东胡系出身以及家族先祖昔日在拓跋部落联盟、代国时期的荣耀。

北朝史旁注（上）

〔美〕卜弼德　撰　李生平　译

（浙江大学历史学院　杭州　310058）

一、塞奥费拉克图斯·西摩卡塔与中国

众所周知，拜占庭历史学家塞奥费拉克图斯·西摩卡塔（Theophylactus Simocatta，6～7世纪）在其所著《历史》（*Historiae*）[①]第7卷中专门用一段话描述了东亚的一个伟大王国，人们普遍认为，它只能就是中国。这段被赫德逊（G. F. Hudson）精辟地描述为"在马可·波罗之前欧洲文献中对中国最密切的一瞥"[②]的文字，正如在突厥可汗写给君士坦丁堡王廷的一份国书中所展示的那样，这句插入塞奥费拉克图斯对突厥势力在中亚的发展的描述，无疑是拜占庭人从突厥可汗那里获得的[③]。

这一份有关6世纪末期亚洲历史至为重要的资料，为我们提供了下列关于中央王朝的15项讯息：

（1）这个国家及其人民和主要的城市，被称为"桃花石"（Taugast），*Τavγάστ*[④]。

（2）"桃花石"的统治者（*κλιματάρχης*）被称为"太上"（*Ταισάv*），意为"天之子"（*viòς θεοῦ*）。

（3）这个王国并未因王位继承之争而出现混乱，最终，王位继任者仍然出自统治者的家族。

（4）该国盛行偶像崇拜，法度公正，百姓平和而智慧。

（5）尽管该国通过商业贸易获得大量金银，但有一项法律禁止男子佩戴金饰。

（6）一条大河将这个国家的国土一分为二，其中一个国家服色尚黑，另一国服色

---

① 卷7，第9条Bekker, *Corpus Scriptorum Historiae Byzantinae,* v. 46, Bonn 1834, pp. 286-288. Ed. De Boor, Leipzig 1887, pp. 260-262.

② 赫德逊：《欧洲与中国》（G. F. Hudson. *Europe and China*, London, 1931, p. 127）。

③ *Historiae*，卷7，第7～8条，译自沙畹（Chavannes），*Documents sur les Tou-kiue occidentaux,* pp. 246-249.

④ 塞奥费拉克图斯在卷7第7条中首次提及桃花石。沙畹曾对其中奇怪的误译进行了纠正，参见沙畹前揭书第246、247页，注释5。

尚红（κοκκόβαφος）。

（7）在莫里斯（Maurice）皇帝时期（582～602年），黑衣国跨越了这条河，征服了红衣国，一统全国。

（8）据说，亚历山大大帝在征服巴克特里亚人和粟特人之后建造了桃花石城。

（9）在这座城邦里，国王的妻妾乘金车出入，以牛挽车。贵族的妻妾乘坐银车①。

（10）桃花石城当朝临政的君主在晚上（κατεπαννυχιζετο）由七百名妃子侍奉。

（11）国王死后，妃嫔们剃发衣黑致哀，且被禁止离开国王的陵墓②。

（12）在桃花石城几里外有另一座城市，被称为库姆丹（χουβδάν），据说也是曾由亚历山大所建。

（13）有两条大河横贯城中，两岸多有柏树。

（14）桃花石百姓与印度人③的商贸交往频繁，并拥有许多大象。

（15）他们培育蚕蛹，并且擅长养蚕业。

这一混杂着史实和杜撰的文本曾被反复引用并参考，但它却从未被根据中国史料进行批判性地考证。许多的研究者依照的依然仅仅是亨利·裕尔（Henry Yule）④简明注释版的翻译文本，尽管对于当时非汉学研究者来说参阅这一译注本已经足够，但是对于专业学者而言，如果只是重复他的观察并且不明智地引用，只能使自己局限于亨利·裕尔的论说而无法突破。

我们的分析最好从这一文本的第6和第7条开始，尤其是为我们提供了西摩卡塔所述信息大致日期的后者，被所有学者公认为是中国历史上最重要的事件——在经过近3个世纪的分裂后，帝国北部和南部在589年得以重新统一⑤。

然而，正如我们稍后将讨论到的，这一记载可能包含了一个细微的线索，即589年的宏大战役和作为整个中国主宰的隋朝的建立，与塞奥费拉克图斯文本第7条和第6条的记述关系甚密，因此，对二者的阐释往往互相牵连。现在，关于这两个对峙国家的不同服饰颜色，往往被塞奥费拉克图斯之后的学者们所忽略，要么被认为这只是一个寓言故事，这正是备受诟病的拜占庭学者所乐于看到的。现在的学者业已意识到西摩

① 在这一文本第10条的最后一段。

② 在这一文本第11条及第12条，似乎表明统治者的陵墓位于库布丹（Khubdan），而非桃花石。

③ 北部印度，因为生活在北方，故被描述成白人。这无疑指的是中亚居民。

④ 《通往契丹之路》（*Cathay and the Way Thither*, London, 1866, pp. L-LⅡ）。

⑤ 出于各种原因，赫德逊前揭书将588年作为征服的时间。珀西·赛克斯先生的《探索中国》（Sir Percy Sykes. *The Quest for Cathay*, London, 1936, p. 61.）显然只是简单承袭了赫德逊的解释，但他无意间写道："……南边的人过了河，打败了北边的人，成为至高无上的君主。我们认为这是指隋朝和陈朝之间的战争，这场战争以588年隋朝统一中国而告终。"毫无疑问，在上述史家看来，塞奥费拉克图斯这种漫不经心的论述，仅仅是记录了一个谣言（赫德逊）或编造了一个故事（赛克斯）。

卡塔所记故事的这一部分并非虚妄之言，也并非对庞大的中华帝国不同地区形式各异的服装的模糊概括①，而很可能是对敌对双方军服颜色的准确描述。借助中文文本寻找这一假设的证据，是一个漫长而烦琐的过程，但是最终，信息在令人意想不到的地方出现了，其实，它就隐藏于并不习见的关于军事组织的文献记载中。

首先，我们试举一条可能无从查证的传说，来作为这则所谓寓言的旁证。《隋书》卷二三《五行志下》记载了南朝陈最后一位君主陈叔宝②的一件轶事，他曾经做过一个梦，看到他的首都被穿着黄色衣服的人包围着。他深受这个噩梦的影响，下令砍掉所有生长在城墙附近的橘子树，令人们始料未及的是，正如其后史料所言，这个梦预示着他的首都将被隋朝黄衣军队包围。不论是否属实，这个故事本身承载着一个被同时代人所理解的内容。故事的重点是，陈叔宝既不是痴狂，也不是对北方强大劲敌的威胁无动于衷。他并没有马上把围困首都的"黄衣人"与隋军联系起来，因为（那些读过或听过这个故事的人无疑都明白一点）他习惯于把敌人军队与某种颜色联系起来。事实上，就在他即位前的几个月，建立隋朝的皇帝③——整个北方的最高统治者颁布了法令，要求百官在朝着红衣，士兵着黄色军服④。

我们还无法确定陈朝士兵军服的颜色，但从其因循梁朝来看⑤，其服色或为红（包括旗帜等）⑥；除此之外，颜色还会随着年份、季节、方位的不同而变化，这在传统中国文化中是很常见的。因此，在589年的战役中，是"黄衣"（隋）进攻了悬挂红色旌旗⑦的南方国家的领土，而不是"黑衣"军征服一支红衣军队。

另一方面，关于北朝历史的记载为我们提供了大量的证据表明，黑和红（至少有两种不同的颜色）分别是北周和北齐两个国家官服的颜色，两国分别为西魏和东魏的继任者，曾在6世纪的前三分之一时激烈地争夺中国北方的霸主地位。这场角逐终

---

①　参见裕尔（Yule）《通往契丹之路》（*Cathay and the Way Thither*, London 1866, PP. L-L Ⅱ）。然而，正如我们将在后面看到的，裕尔以他一贯的敏锐进行了正确的考察，他曾接触过中国的原始文献，无疑会解决这个问题。

②　生于553年12月10日，582年2月20日登基。他于589年2月被隋军俘虏，604年12月16日在长安去世（据《陈书》卷六、《南史》卷十）。他没有谥号，只被称为"陈后主"。

③　隋文帝杨坚（541～604年），据《隋书》卷一、卷二，《北史》卷十一记载，他于581年3月4日登基。

④　据《隋书》卷一和卷十二载，该法令颁布于581年7月21日。8月22日，皇帝第一次着黄袍现身。这项改革在整个帝国推行之前，一定还需要几个月的时间。

⑤　《隋书》卷十二。

⑥　取代了绿色，即前朝南朝齐所尚服色，见《隋书》卷十，第1页上栏。

⑦　如果南朝陈以任何方式遵循五德终始的一般惯例，他们就应该会采用黄色或白色作为其特定的服色，即对应着土德与金德，而二者中的任何一个都与火德存在关系。在此处，黄色则比白色更有可能，因为白色是一种象征哀悼的颜色。

结于577年，北周黑衣军队最终征服了红衣国。不久，在581年3月4日隋朝正式取代北周，但直到大约4个月后才改变既定的军服样式。中文史料中的记载既包含了明晰的事实，亦如实记录了多种虚构故事的（ὡς ἔπος εἰπεῖν，正如塞奥费拉克图斯所说的）异闻。

我们首先解释《北齐书》卷二、《北史》卷六中介绍东魏权倾朝野的高欢在其最后一次战役中的一段记载。546年10月3日，东魏高欢打破了与魏国两个敌对势力之间3年（543年春季至546年）的停战状态。他在晋阳建立了营帐，为进攻汾河河谷做准备。九月（10月11日之后），他围攻了挡住他西进去路的玉壁城①。守卫玉壁城的韦孝宽②成功地抵抗了高欢一系列的猛攻，在两个月后，忧病交加的高欢被迫放弃此次围攻，折损将士7万余众③。547年2月13日，高欢薨逝④。

据《北齐书》载，高欢的一位将军曹魏祖曾预料到并告知他说，这场短暂的战役终会以灾难性的结局告终，尽管这一预测是徒劳的。此外，高欢似乎没有理会另一个警告。自从东魏、西魏战争开始以来，人们就注意到，每当战役开始之前，黄黑蚁类就会在东魏都城邺的城墙下以方阵进行战斗。占卜者认为，黑蚁代表着西魏的黑色军服，黄蚁代表着东魏的黄色军服。人们纷纷根据蚂蚁打斗的胜负来预测战争的结果。当时，黄蚁被消灭了，这预示着高欢败局已定。

《北齐书》卷四九、《北史》卷八九给我们展现了另一个故事。在543年春季的邙山之战中，高欢有一位名叫綦母怀文的道士侍从⑤。他向高欢指出，高欢的旗帜为红色，几乎没有可能战胜西魏的黑色旗帜（黑色对应水德，克红色的火德），并建议改服色为黄色（黄土能克胜水）。高欢信从了他的劝告，并下令把旌旗染为黄色⑥。

---

① 坐落于现今山西汾河旁的稷山附近。

② 《周书》卷三一、《北史》卷六四载其生卒年为509～580年（据《周书》卷八载，他卒于12月17日）。

③ 据《周书》卷二载，（伤亡人数）占其军队的20%～30%；然而，据《周书》卷三一载，占40%～50%。

④ 即东魏孝静帝元善见武定五年（547年）正月丙午日，参见《北齐书》卷二、《周书》卷二、《北史》卷六、《魏书》卷十二、《北史》卷五。根据《北史》卷五的另一条目所载，是在西魏文帝大统十三年（547年）二月。造成这一差异的原因在于，高欢的死讯曾被封锁，或许他逝世于547年7月19日（《北齐书》卷二），而直至547年7月22日（《魏书》卷十二）才被正式公布，有三天的时间差异被忽略了：第一天去世，第二天朝廷并未发布死讯，是因为高欢特意叮嘱其子秘不发表，直到他们能确定完全控制了东魏的局势。这个消息一定是泄露出去了，因为侯景曾于2月18日起兵反叛，向西魏投降，所以高欢特别怀疑侯景对他的忠诚度（《北齐书》卷三、《魏书》卷十二、《北史》卷五）。从《魏书》卷一百八之四，第8页上栏上可发现，是魏帝泄露了秘密。

⑤ 主要记载来源于《北齐书》，其中高欢的庙号为高祖，东魏军队被称为"官军"。

⑥ 赭黄，可能是一种黄色的原始色，由红色丝绸用黄色染色而成。文中还补充说，旌旗被称为"河阳幡者"。

据《梁书》卷五所载，承圣三年第六个月（554年8月12日），有一团黑气盘旋于宫殿之上，宛如龙形。《隋书》卷二三亦载其事，并补充说道，黑色是北周所尚之色。这一异象即预示着北朝人随后将对梁朝发动进攻。《隋书》同卷亦指出，在547年，在一条河中发现有龙在打斗，之后一条白龙被一条黑龙驱赶着逃向南方。黑龙被认为是侯景的象征，当时的侯景虽在西魏，但最终冒险叛逃，并在当年秋天向梁武帝投降①。

同一史料中亦载，568年，在一棵树上发现一条黄龙，并无意中被伐木人砍伤致死，预示着北齐君主在那一年死亡②。在576年，在北齐发现一条红蛇和一条黑蛇在殊死搏斗，几天之后，红蛇死去。次年，北齐也灭亡了。就在同一年，北周有一条黑龙从天坠落而摔死，这很明显是表明周朝的末日已经临近了。在这两段记载中，史家隐晦地暗示着这些颜色象征着各自的王朝。573年，陈朝现黑云的征兆被解释为北周将于次年获得胜利③。在577年的北周（《隋书》卷二三），发现三种类似水牛的异兽，一黄、一红、一黑。黑牛和红牛之战已经胶着许久，后来黄牛从侧面进攻黑牛，使黑牛暴毙。在这之后，黄牛与红牛消失在河中。同样地，该段文字在此明确指出，黄牛象征着隋的黄色军服，而红色则代表他们的旗帜。从上下文来看（黑牛击红牛），红牛象征着北齐。580年3月27日，据北周史籍（《周书》卷七）记载，在洛阳新落成的太极殿前，栖息了一群鸟，而在荥州附近则看到一条黑龙与赤龙在打斗，最终黑龙战死。毫无疑问，在史家的心目中，赤龙和鸟头顶的红冠是隋必然胜利的预兆。据《北史》卷八、《北齐书》卷八记载，疯狂的北齐末世皇帝曾经筑起防御工事，命令人们穿黑衣进攻这些堡垒，他便假装自己是周军而用箭射之④。在这位君主统治期间，据说有一位形貌疯狂之桑门（《隋书》卷二三），看见黑鸦辄向其致敬，看见沙门则殴打辱骂，这显然喻指北齐为北周所灭，以及后来北周对佛教的迫害⑤。

上述证据充分表明，在543～577年，西魏（北周）和东魏（北齐）军队很明显是以军服颜色进行区分的，前者为黑色，后者为红色或黄色，这些颜色与军服的关联，根深蒂固地存在于早期的知识和大众的思想中。颜色模式对这两个敌对的国家所造成

---

①　他服仕于西魏不到六个月。可参看其传，见《梁书》卷五六、《南史》卷八十。

②　此处乃言北齐"逊位者"高湛。这条"龙"大概是一种稀有的蜥蜴。

③　这些云被散射，形成了类似猪的形状。根据《宋书》卷三三所载，猪是北方野蛮人的象征。北周的胜利据说是因为王轨（《周书》卷四十）战胜了号称无敌的南朝陈著名将军吴明徹（《陈书》卷九）。然而，这一日期必定有误，因为吴明徹战败发生在578年（《周书》卷六、《陈书》卷五）。

④　从字面上讲，即羌军。在北朝时期，对山西居民和任何占领该地区的政权而言，羌是一个很普遍的称谓。

⑤　宇文邕（北周高祖武帝，543～578年。见《周书》卷五、卷六），反佛教和反道教的激进派，他曾禁绝这两种宗教，并下令摧毁其雕像和典籍（法令发布于574年6月21日）。对佛道的迫害一直持续到他去世，但在其子宇文赟（宣帝，559～580年）统治期间，这两种信仰都在579年得到了支持。

的影响，一定为与两政权联系密切的突厥人所熟知，因此毫无疑问的是，塞奥费拉克图斯·西摩卡塔这段著名的记载主要指的是中国北方的事件。因此，划分两国的河流无疑是黄河，而不是一般认为的长江，"黑衣"当指北周，而"红衣"当指北齐。

然而，对北齐的征服发生在577年，是年乃为查士丁二世统治时期，而非莫里斯王朝时期。对于这种差异，或许可有两种解释。西摩卡塔的信息无疑来源于突厥，有可能是来源于达头可汗给莫里斯皇帝①的著名书信，亦可能是拜占庭帝国派往突厥的使臣为君士坦丁堡统治者收集的信息。北齐在577年2月至3月最终被征服的消息，也许通过突厥人已经转达给了瓦伦提努（Valentinus）②，此人当时可能还在突厥可汗控制的区域里。如果577年之事出现在达头可汗598年的信件中，那么，在原始文件中注明的北齐被征服的时间，就很可能发生在达头可汗统治时期。达头可汗的统治与莫里斯（有576～约603年和582～602年两种说法）的统治几乎是同时的③，所以，很有可能是拜占庭官方文书的翻译者或评论者用罗马君主的名字代替了蛮族统治者的名字。

另一方面，589年隋朝征服南朝陈之事，不可能被突厥人忽视。隋文帝向突厥使臣④介绍他的猛将韩擒虎⑤征服长江以南王朝的故事，在中国文献中广为流传。虽然只有中国北方的事件才是突厥人最感兴趣的，但人们可能已经意识到突厥人也知道了发生在更远的南方的消息。然而，当得知在遥远的土地上，"黑衣"已经战胜了"红衣"，并将"红衣"收入囊中，后来又开始对更多的"红（或者无明显特征）衣"发动战争，从西向东渡过一条大河，又从北向南渡过一条更大的河等信息的时候，人们应该想象一下君士坦丁堡外交使臣的困惑。那些平庸的史家对故事的前半部分颇感信服，并且要么完全否定其余的记载，要么把这两段记载放在一起，又稍微调整了一下它们的时间顺序，对此，我们不能求全责备。

因此，更有可能的是，西摩卡塔对桃花石国的记载基本上是集中于577年前后的中国北方，很可能是主要描述了在隋朝建立之前的北周和北齐的情况。本节前揭第10条亦与此处的讨论有关。塞奥费拉克图斯认为桃花石国统治者拥有大量的女性侍从，这与我们所了解的征服了南朝陈的隋文帝的性格和宫廷组织完全不符。他被认为是中

---

① 在塞奥费拉克图斯的文本中，这是基于故事顺序的一个自然推论。然而，这并不具有确定性，因为关于桃花石的段落，其实也可以理解为可汗来信的附属部分。

② 根据弥南德（Menander）（ed. Bekker and Niebuhr, *Corpus Scriptorum Hisoriae Byzantinae*, v. 19, Bonn 1829, pp. 397-398）记载，瓦伦提努在576年的某个时候离开了君士坦丁堡。他去金山（Ektel）和回来的路至少要走两年，甚至更长，因为他在可汗的朝廷被扣留了相当长的时间。参见沙畹，*Documents sur les Tou-kiue occidentaux*，第239～241页。

③ 关于达头可汗的在位时间，参见沙畹前揭书第48～51页。

④ 突厥人的两个重要使节抵达长安的时间约在591年，参见《隋书》卷二。

⑤ 亦名韩擒（最后一个字"虎"为避唐讳而省，538～592年），参见《隋书》卷五二。

国皇帝中唯一的一夫一妻制实践者[①]，在601年他的妻子去世之前，他在位期间的宫女人数还不到50人，在皇后身殁后，才有宫女120个[②]。另一方面，周武帝也是如此，其在位期间，也制定了严格的规定，限制侍女的人数，据说一次性就缩减到不超过十几个[③]。然而，他的继任者和当时的北齐皇帝一样荒淫无度，下令在全国遴选最美艳的女子，把她们选进皇宫成为嫔妃和侍从，为她们建造装饰华丽的宫室，并把妃嫔侍女的等级和荣爵增加到前所未有的程度[④]。

在北齐历史上，最后一位君主（高纬）在给妃嫔颁赐爵衔和薪俸方面极度奢侈，这在中国历史上已经是众所周知的。据史所载，他在用膳或宴会时，有500多位宫女侍奉[⑤]。但是，在他父亲（高湛）的本纪中，我们发现了一个迹象，印证出塞奥费拉克图斯提供的信息惊人得准确。此处又为我们提供了一个包含异象故事的证据。将《北史》卷八和《北齐书》卷七联系起来看，在565年的3月，一只体形硕大的神魄出现在皇宫里，它面部模糊，但嘴中伸出两只白色的獠牙。这个出现在皇帝梦中的景象，却得到了700名侍奉皇帝的宫女的证实。

现在我们转向对前揭第9条的讨论，它简要地描述了桃花石国贵族妇女的车舆，我们必须注意到，这一描述更符合我们所知甚少的北齐（而非北周）的官方规定。在这些朝代的宫廷中，都普遍使用黄金（镀金或镶金）装饰的车舆；我们所要讨论的这两个时期的各种车辆和装饰样式的详细规定都保存在各自王朝的史书中，在《隋书》卷十中即可看到[⑥]。北周的礼仪是相当复杂的；据说只有一些妇女的车辆是牛车，大多数宫廷车舆都是马车。对于北齐而言，只记载了很少的细节，但在其中，我们发现公主坐着漆饰车，车和牛都用镀金和纯银装饰。同时，规定高级军官的战车可以用金饰，但低级军官只能使用铜饰战车，这表明根据官品地位的不同，对不同车饰金属的使用确实存在着一定的层级性。因此，西摩卡塔的文本对君主妃嫔和贵族妻妾的区分很可能是基于当时的现实。此外，据《隋书》所载，北魏规定[⑦]王（北齐建立的根基）以下贵族的车舆只允许使用一匹马或一头牛牵引；北周的规则似乎允许使用二驾。

根据塞奥费拉克图斯的记载，用黄金装饰男子的战车并不违反既定的法律，桃

---

① 据说杨坚对他在566年结婚的妻子、独孤氏（503～557年，《周书》卷十六）的女儿文献皇后（553～602年）发誓，他永远不会对她不忠。但有一次，他违背了诺言，他的宠妾也随即不幸地被妒妒的皇后杀害，直到皇后死后，他才得以续纳新妾。正如独孤氏本人所言，他曾把他的女儿许配给杨坚，据此，我们似乎可做一个有趣猜测，二人或为童婚。参见《隋书》卷三六。

② 参见《隋书》卷三六的简介。

③ 参见其本纪的结尾部分。一说577年11月，见《周书》卷六。

④ 《周书》卷七。此事发生在579年5月。

⑤ 参见《北史》卷八、《北齐书》卷八。

⑥ 亦可参看便利的参考文献《通典》卷六五。

⑦ 时间始自516年。参见《魏书》卷一百八之四。

花石国（第3条。译者注：当为"第5条"）禁止男子使用金饰品，正如我们在文本中所见，$\kappa\alpha\lambda\lambda\omega\pi\acute{\iota}\zeta\epsilon\sigma\theta\alpha\iota$只适用于个人装饰品。无论是北周还是北齐，我们在中国的史料中都无法找到任何人曾提到过这条法律，除非它指的是狂妄自大的周宣帝（宇文赟）发布的一条荒谬法规——命令他的所有军官把金饰从他们的帽子上拿下，他唯恐在宫廷之中无法凸显自己光耀的帝王威严。据说他本人并不使用黄金或珠宝，并下令摧毁许多精致的宫殿和建筑，特别是在被征服的北齐领土上，禁止为建筑装饰。但是，就我们所能发现的史料而言，没有任何记录表明他曾颁布过关于禁止他的臣民装饰个人外表的法令。当然，他自己不戴金饰，也不允许他的官吏沉溺于这种奢侈，就易于理解了。

第3和第4条不需要特别说明。对雕像（$\dot{\alpha}\gamma\acute{\alpha}\alpha\lambda\mu\alpha\tau\alpha$）的崇拜，尤其是对佛教的崇拜，北齐要远比北周更兴盛，但无可争议（虽然只是官方说法）的继承人、公正的法律和居民的$\sigma\omega\phi\rho\sigma\acute{\upsilon}\nu\eta$显然可以说是套话，游牧民会用这些说辞来形容一个长久定居、高度文明并且秩序井然（即使是那些陷入困境之时）的国家，就如中国一样。

然而，出现在第2条中的桃花石国统治者的名字，引起了史家格外的兴趣。自从克拉普罗特（Klaproth）的$\tau\alpha\iota\sigma\acute{\alpha}\nu$被拜占庭学者译作"Son of God"之后，该词一直被（无论是作者还是传抄者）认为是中国的"天子"。熟谙并曾多次征引过塞奥费拉克图斯作品的马奎特（J. Marquart）曾大胆地将$\tau\alpha\iota\sigma\acute{\alpha}\nu$改译为*$\tau\alpha\nu\sigma\alpha\iota$，甚至用这个改译过的词作为修改亚美尼亚语中外国人头衔的基础[1]。裕尔隐晦地指出，这是唐代伟大君主太宗[2]的庙号。众所周知，这是不可能的，因为唐太宗的这一庙号是649年在其去世后才闻名于世的，而且绝对没有证据表明西摩卡塔的记载（或者他的卒年）超过那个日期。

现在，$\tau\alpha\iota\sigma\acute{\alpha}\nu$应当是对中国"太上"一词最准确的转录，这在中国历史上是一个有趣的称谓，在我们所探讨的这一时期里出现得尤为频繁。"太上"的头衔是由汉朝缔造者刘邦为感念他的父亲而创造的[3]。在300～630年，中国史书中对于新帝即位而将退位的父皇冠以太上头衔的记载，有如下几条：

（1）在301年2月4日，司马伦[4]废黜了愚痴的司马衷（晋惠帝，259～306年）。翌日，他将这个无能的皇帝囚禁在金墉城中，并赐给了他太上的名号。见《晋书》

---

[1]　*Ungarische Jahrbücher* 9，pp. 100-101.

[2]　参见《通往契丹之路》（*Cathay and the Way Thither*, London 1866, PP. L-L Ⅱ）。第L页注释3，第LⅠ页注释2。为了证明自己论证的正确性，裕尔指出，塞奥费拉克图斯可能在比628年晚的时间插了所谓的太宗的名字，而这是他著作的时间下限。

[3]　《史记》卷八、《汉书》卷一下，记作公元前201年。早在公元前221年，秦始皇就曾用这个头衔来纪念其父秦庄襄王（公元前249～前247年），见《史记》卷六。

[4]　其传在《晋书》卷五九。

卷四。

（2）约400年1月，后凉（译者注：原作"后梁"，误）的统治者吕光退位以让于其子吕绍，并自封为太上。他去世于次日或稍后。见《十六国春秋》卷八一、《晋书》卷十、《魏书》卷二、《晋书》卷一二二①。

（3）471年9月21日，拓跋弘（北魏显祖献文帝，454～476年）退位以让于其子，接受了太上的尊号，他的臣僚此前也曾劝谏他选择这一称谓。他们援引了刘邦父亲持有这一称谓的先例。拓跋弘遂被称为太上，直到他于476年7月20日去世。见《魏书》卷六。

（4）565年6月8日，北齐高湛让位于其子，遂被尊为太上②。他以此头衔继续秉政，直至569年1月13日去世。见《北齐书》卷七、卷八，《北史》卷八。

（5）577年2月4日，北齐皇帝高纬在国运不济时让位于其子，并被尊为太上。24天后，他被北周军虏获。见《北史》卷八、《北齐书》卷八、《周书》卷六。

（6）579年4月1日，北周宇文赟让位于其子，并被尊为专门为自己设置的头衔"天元皇帝"。这显然是宇文赟对传统尊号的不满足而表现出的自大。他的余生都在为自己的职位制定规章制度，发明适合自己的尊称，以及享受当时无比尊贵的侍奉，直至580年6月去世③。很有可能在这段时间里，他的臣民和外国使节并没有盲从他对头衔的狂热痴迷，而是仍然用传统的称谓称其"逊位的"皇帝。见《周书》卷七、《北史》卷十。

（7）586年4月2日，洛阳男子高德④向隋文帝请愿，敦促他自称"太上皇"，让位于其子。隋文帝拒绝遵循此前两朝确立的先例，放弃其高级职务的权力。见《隋书》卷一、《北史》卷十一⑤。

（8）617年12月17日，李渊（未来的唐高祖）攻占了长安，建立了一个以杨侑为皇帝的傀儡政权，给傀儡幼帝的父亲隋炀帝加"太上"的尊号。见《隋书》卷四、卷五，《北史》卷十二。

（9）626年9月3日，李渊被迫退位，让位于其子李世民⑥。李渊被尊称为"太

---

① 三年前，在生命接近60岁时，吕光即获授"天王"称号。

② 据说，这是出于星占结果的考虑。

③ 参见第40页注释⑤。

④ 需要提示的是，从他的姓氏来看，此人当是北齐前皇室成员。

⑤ 然而，笔者注意到，杨坚在600年即自己60岁时将年号改为仁寿，并贬黜了其继承人。他无疑是担心自己会被强迫成为"太上"，因为他已经活过了一个甲子。因此，我们相信，新年号中的"寿"当喻指"（延续）长寿"。

⑥ 笔者再次注意到，出生于566年的李渊此时已然60岁。他的退位已成定局，只在于决定由谁入继大统。他的几个儿子之间的血腥冲突显然是由一种传统的诱惑引起的，即统治者不应试图在指定的30年之后继续统治他们。

上”，一直延续至635年6月25日去世。见《旧唐书》卷一、《新唐书》卷一。

值得注意的是，那些自愿退位给年轻人甚至是婴儿的“太上”，仍然有权管理国家的重要事务，特别是外交政策方面的问题。因此，在472年2月和3月，据说作为“太上”的拓跋弘领导了对蠕蠕和铁勒的军事远征；在472～473年的冬天，他再次发起抵抗蠕蠕的战役。在473年的10月，他冲锋在镇压南部叛乱的头阵；在475年10月，他进行了一次礼阅仪式，这显然是为了迎接蠕蠕特使的朝贡而举行的（《魏书》卷七上）。高湛在其子当政前期的565年至569年，以自己的名义（太上）颁布了众多法令，几乎完全控制了国家事务。宇文赟虽称“太上”，但似乎仍然像他退位前一样自如地布政。

在我们感兴趣的这段时间里，中国北方有三位统治者拥有“太上”头衔：一位在北齐从565年至569年；一位也出自北齐，在577年只存在了两周；另一位来自于北周，在579年4月至580年6月。有趣的是，在高湛（特别是在其作为“太上”时期）的领导下，北齐和突厥之间的外交关系变得亲密起来。高湛清醒地意识到突厥与北周联盟是对北齐的威胁，所以他竭力试图赢得突厥人的支持。在他生命的最后三年里，他至少部分地实现了他的目的，因为虽然北周继续与突厥人保持良好的关系，但突厥人亦于566年、567年和568年向北齐派驻了使臣；同时，毫无疑问，北齐太上的特使在突厥可汗的活动，出现在了同一年教会历书中①。在周宣帝（宇文赟）执政的最后两年里，突厥人在继续与北周建立外交关系的同时，也支持北齐帝位的觊觎者、最后一位北齐“太上”的兄弟高绍义②，这也是突厥人与北周“太上”交往无果后的无奈之举。中国“退位”皇帝的头衔仍能像在位皇帝一样行使真正的权力，也是突厥朝廷众所周知的事。在塞奥费拉克图斯的文本中出现的这个比天子（波斯—突厥语或译为bɑɣpur③）称号更高的头衔，甚至可以给我们一个线索，去解释说明突厥人为了拜占庭的利益而编写的关于中国的一些片段讯息的日期。对北齐的事态及其灭亡的新讯息，以及太上（禁止男子佩戴金饰）即位和桃花石国统治者规模宏大的内宫，都倾向于表明，西摩卡塔的文本所依据的突厥文献，可以追溯到北周的最后几年，最有可能是从579年4月至580年6月这一时期。

伯希和（Pelliot）教授是第一个揭橥④桃花石是起源于拓跋魏中操突厥语或蒙古语的统治阶层对本文所示中国部落的称呼的学者，即中国史籍中的*T'ak-buât（拓跋）。

---

① 由于北齐的干涉，北周皇帝与一位突厥公主的婚姻从565年推迟到了568年。参见《周书》卷九。

② 《北齐书》卷十二。他是高洋的第三子。577年，他拒绝向北周投降，而逃往突厥。突厥最终又将他出卖给北周。

③ 尤其可参看G. Ferrand, L'élémént persan dans les textes nautiques arabes, JA, 1924, p. 243。

④ 《通报》1912年，第792页。

突厥和中亚早期史籍中的 *Tabɣač* 或 *Tabqač* 即是很好的例证，这也被穆斯林史籍所采纳。

一个主要的民族名称并没有词源。如果它所指向的社会群体具有任何意义上的历史，那么一个族群的名称很早就会成为一个非常复杂的语言关联的完整系统，并孕育着充满了记忆和希望的人的名字，以及他们的朋友或敌人有意识或无意识的反应，自感应力或相互感应力不断起作用的磁场。再加上复杂的学术上的词源学机制，这些一旦渗透到缺乏知识者的意识中，就显示出强大的生命力（甚至有人认为这是恶意为之），我们一定可以想象到，任何试图对这些种族名称进行简单的、单方面的词源学解释的尝试都会是徒劳而无获的。此外，历史上没有一种被记载下来的解释是毫无意义的，因为在大多数情况下，无论多么富于想象或学究气的解释，都起源于一定的社会团体或阶级在从内部或外部体验了相应民族的生活后产生的某种意识。对于一个相当古老的民族名称，我们可能永远不会知道这个称谓最初有什么特别的意义，它们中的大多数很有可能来源于语言发展的一个初期阶段，而我们所掌握的研究手段很难使我们超越所谓的"一般的语源学解释"。毕竟，对于社会领域的历史学家和学生来说，知道一个名称的含义比发现它的真正意义更重要。

在《哈佛亚洲学报》卷1第180~185页，我们简要回顾了桃花石*Tabɣač—Taugast—*T'ak-buât 的一些含义。一些补充意见将进一步揭示这一问题的复杂性。综上所述，在笔者收集到的所有来自中国的材料中，关于拓跋的名称有以下解释：

（1）从《魏书》卷一的语境来看，将其释为"土"（Lords of the *Soil*）的解释可能意味着：①作为中国五行元素之一的土，②北方对土的称呼。其对应的突厥语形式或为：*tabaq-čï*——五行中的土[①]，*taɣ-baši*——"北方的领主"（山岳）。

（2）"奴"。中国后世史家提出的这一含义显然是基于当前中国所见史料的线索，即拓跋在某种程度上，表示低贱卑微的出身。在这种情况下，突厥的原始文本或为 *tapïɣčï*——"奴隶"[②]。

（3）中国的长孙氏被认为是拓跋族的一个分支，或可翻译为"（像对待长辈一样地）亲爱孙子"，这就意在表明一些拓跋氏是将他们的名称以 *tap*——"尊敬"+ *ači* < *hači*[③]——"孙子"的组合形式来表示。

（4）"索头"是历史上中国南方王朝对拓跋的普遍称谓。这可能是基于 *tuɣ*——"尾巴"（这类似于留在头骨顶部后的一根辫子）+ *baš*——"头"，正如拓跋名称的

---

①　魏收并非没有可能也曾思考过蒙古语 *tabuɣat ~ *tabuɣač* < √tabu——"五"即对应着中国五行中第五位的"土"。

②　更具体地说，是"女奴"。《宋书》卷九五、《南齐书》卷五七认为，拓跋是公元前99年向匈奴投降的汉代将军李陵的后裔，又据《南齐书》所载，他与一位名叫"拓跋"的匈奴女子成婚。

③　参见伯希和Mots à H initiale dans le mongol, *JA*, 1925, I, pp. 202-203。

另一个转录形式所表明的那样：秃发 *t'uk-pi̯ωƥt（"秃"＋"发"）①。

（5）"秃发"也被理解为"被覆盖的"或"生在被子里"的意思。这种解释的可能来源是 *T'ak-buât 被解释为一种蒙古语的组合形式：toɣ——被生出（to be born）＋qubča——盖住（to cover）②。

（6）汉化后的拓跋改汉姓为"元"——"original"，而秃发改姓为"源"——"source"（河水源头）③，这在另一方面表明，拓跋的第二个音节当被理解为不仅包含了突厥语词汇 baš——"头"，而且也包含"起始""河流的源头"之意④。

（7）《魏书》卷一提出了一个纯粹中国视角且富于想象的词源学解释，即拓跋氏传说中的神话祖先曾仕于帝尧，并因赶走（逐 *d'i̯uk）干旱的女魔（魃 b'uât）而声名鹊起。

（8）早期拓跋氏的冶金习俗和传说，讲述了他们走出山区进入文明的历程，印证了蒙古语中他们的名字经常被解释为 *toβuyači̯——"冶金工人"或 *dabayači̯——"穿过山脉的人"⑤。

以上所提示的"突厥—蒙古"的词源学解释表明，*T'ak-b'uât 的喉音和唇音的调换（如突厥语 Tabɣač 毫无疑问或多或少忠实地保留了原始的"阿尔泰语"的称谓）并不是偶然的，在中国的边疆 *Tabɣač 经常会被说成 *Taybač 甚或是 *Toɣbač。

拓跋的称谓被突厥人运用于整个中国北方，显然，它在6世纪也被用于指代中国王朝及其疆域。在前揭第12条中已经提及桃花石与库布丹较为相近，库布丹无疑就是指长安地区⑥，也就是在塞奥费拉克图斯文本中所描述的北周首都，而非并没有被提及的北齐首都邺城。

至于库布丹（Khubdan）或库姆丹（Khumdan）这个中国西部的宏伟大都市名称的起源，至今尚未出现令人满意的解释。我们认为，这个名称是中文"咸阳"古音

---

① 参见白鸟库吉《北亚人民的队列》[Kurakichi Shiratori, The Queue among the peoples of North Asia, *Memoirs of the Research Department of the Tōyō Bunko*, 4. (1929)], pp. 1-70。

② 第一个要素也可能是 daɣu——"毛皮大衣"（fur-coat）或 toχom——"鞍褥"（saddle-cloth）。

③ 参见《哈佛亚洲学报》卷1〔译者注：即 Peter A. Boodberg. The Language of the T'o-Pa Wei, *Harvard Journal of Asiatic Studies*, Vol. 1, No. 2 (Jul., 1936)〕，第168页。

④ 鄂尔浑碑铭（Orkhon inscriptions）中最后的几个例子。可能是中国史书《周书》卷五十中转录为"跋斯处折施山"中的 pa-ssŭ "跋斯" *b'uât-sĭ 一词的基础词源。参见 Грумм-Гржимайло, За II адная Монголія и Урянхайскій край, vol. II, 209。

⑤ 参见《哈佛亚洲学报》卷1〔译者注：即 Peter A. Boodberg. The Language of the T'o-Pa Wei, *Harvard Journal of Asiatic Studies*, Vol. 1, No. 2 (Jul., 1936)〕，第179～183、185页。

⑥ 库布丹（Khubdan）即《大秦景教流行中国碑》中的古代叙利亚语 Kūmdān，亦即阿拉伯文献中的 Khumdān خمل ان。

*g'ʋm-dang 的转化①，咸阳是秦国故都的名称，在今天仍然是长安西北部位于渭河和沣河交汇处（见前揭第13条）的一座重要的城市（郡治所在地）。这一特殊时期的长安和咸阳各自的情况是一个需要详细的地理学研究的复杂问题。然而，毫无疑问，在这个城市中，当时长安离渭河的河岸更远，我们前揭所示文本中提到的两条河流流经的这座城市，似乎咸阳比长安更易解释得通②。对于从咸阳推论出库姆丹的方法，唯一的困难在于，这其实是预先假定了这个名称曾在汉代某个时期就出现了，然而在西摩卡塔之前，我们在外国文献中尚未找到关于库姆丹的任何记载。

亚历山大大帝所建的两座城市，除了通常用来描述遥远的外国土地亚历山大萨迦（Alexandrian Saga）之外③，还有两个合理的解释。古代咸阳地区的社会风俗和城市建立的大概日期可能已经为拜占庭人所了解。突厥人关于公元前349年建立的咸阳（以及长安，二者曾一起被视为一个行政区）的简短"概况"（Baedeker），使希腊人得知这个城市至580年已经有大约930年的历史。一个简便的推算将使希腊学者回到亚历山大大帝的时代（约20年，即公元前329年，就是巴克特里亚入侵的时间）。在陕西和甘肃存在外族占领地④的事实也进一步使希腊人相信，马其顿人的征服曾远及中国。与此同时，如果突厥人至少知道一些关于伟大征服者萨迦的片段，那么这也会证实希腊人的上述推论假设并非难以想到的事。当然，这个有趣的问题值得继续深入地探讨。

在我们的列表中，第14、15条似乎几无可发之覆，但在提到大象时，我们首先得到的第一个有效信息是，彼时突厥人的信息已经到达了黄河以南地区，文本中的表述也呈现出这样一种可能性，即其中提到的大象，并非只是作为南方敬献的贡品而传入首都的⑤。

目前，只剩下描述君主逝世后妃嫔哀悼之事的第11条。可以说，这是一个与当时流行习俗相映照的说法，当时，皇后、妃嫔和其他宫女，因为君王去世而被驱逐出宫（或者如北齐朝廷遭受外敌入侵的情况，或者时政的变迁），经常到佛教寺院寻求庇

---

① 需要注意的是，正如太上 t'ai shang > 泰山（Taishan），中文尾音 -ng 呈现为外文即是 -n。

② 有众多中国史籍中提及长安和咸阳附近的河流和河流旁的柳树，但到目前为止我们还没有发现提到柏树。参见 At Spes non Fracta。

③ 大约在3个世纪后，阿拉伯地理学家库达马（Qudāma）重复了西摩卡塔的故事，提到了亚历山大建立的两个中国城市，其中之一即库姆丹（Khumdan）。关于第二个城市，可参看伯希和，JA，1927，pp. 138-141。

④ 参见《哈佛亚洲学报》卷1〔译者注：即Peter A. Boodberg.Two Notes on The History of The Chinese Frontier, *Harvard Journal of Asiatic Studies*, Vol. 1, No. 3/4 (Nov., 1936)〕，第283~291页。正如我们所指出的，其中一个殖民地甚至被命名为亚历山大港也并非不可能。

⑤ 大象通过南方通道和中亚被带入中国。

护①，在那里，她们发心皈依，落发剃度，常着黑衣，通常会留在这个安身之所直至终老。

　　总之，尽管有几个疑点需要进一步澄清，但我们在塞奥费拉克图斯·西摩卡塔著名的文本中发现的一段对中国北方6世纪前后的描述，则是惊人得准确。我们认为，就"报道"这种特殊的和平而言，对于所有那些随意否定或歪曲文本内容及抹煞其价值的观点，塞奥费拉克图斯完全可以自澄清白，正如学者普罗布斯（Vetus Atque Probus）所言，我们期盼并感谢进一步不带偏见而又深刻的研究。

二、"突厥—蒙古"动物生肖的应用

　　伯希和教授在《古代十二生肖序列考略》（Le plus ancien example du cycle des douze animaux chez les Tures）（《通报》第26卷，第204～212页）一文中证实，突厥人使用动物生肖的最早实例是在突厥可汗沙钵略②给隋文帝的一封信中找到的，即584年（开皇四年，甲辰，六十干支序列中的第41位），在可汗信件的抬头部分中，隋文帝被称为与十二地支中的"辰"对应的十二生肖动物"龙"③。

　　然而，我们有一个更早的例子，说明生肖序列④在"突厥—蒙古"地域中的使用，并通过动物称谓来更具体地确定年份（而不是使用相应的中国行辈字号）。这一事例出现在564年由宇文氏夫人⑤阎姬写给她的儿子北周摄政宇文护的信中⑥。

---

　　①　或者是被迫削发为尼。对于皇后，在北齐有两个类似的案例（《北齐书》卷九），北周有四个案例（《周书》卷九）。其中三位都是宣帝（宇文赟）的皇后。

　　②　他被称为"摄图"，582～587年在位（卒于5月18日，参见《隋书》卷一）。

　　③　我们必须明白的是，据《隋书》卷一记载，中国官方的历书（calendar）直到586年才被突厥采纳。

　　④　沙畹专论"Le cycle turc des douze animaux"，*TP*, 1906, pp. 51-122，其中包含了这个问题的完整信息。

　　⑤　宇文氏似乎是一个说蒙古语的氏族。他们的称谓被《周书》卷一解释为"天堂（或宇宙）之主"［lord of heaven（or universe）］，可能会被还原为*ümün<*ṷu-mṷan*。《（新）唐书》（译者注：英文原作《唐书》，根据史料的实际出处，应为《新唐书》）卷七一下将宇文的含义解释为"草"（grass），并将其等同于俟汾*i-b'ṷan*（关于第一个字的发音，参见伯希和，《通报》第26卷，第225～229页）。蒙古语中的"草"（grass）字为*ebü*+*sün*（-sün无疑是一个后缀），很明显，汉语中宇文的最初形式在*ümün*和*ebün*两种之间犹豫不决。这种ü～e的波动在蒙古语的许多词中都有出现。随举一例，如*ümüne~emüne*，"前"（front），"南"（south）。因此，很有可能这个词正是"宇文"汉语转录的基础，《周书》的解释是基于汉语"南"的语义内涵："南" > "南面" > "君主"（"south" > "facing south" > "sovereign"）。亦可参见《通志》卷三十、卷十六上，据说其中的"南"字在北朝时期被改为"宇文"。

　　⑥　《周书》卷十一、《北史》卷五七。他卒于572年4月12日（《周书》卷五）；但《周书》卷十一亦称卒于4月16日。

　　这封信是这一时期最有趣的存世文献之一，是在下列情况下由北齐统治者高湛指示而写的。约563年，宇文护正值权势巅峰时期，决定对竞争对手北齐实施一项最初由宇文泰在去世前提出的战略进攻计划。这一计划设想了北周军队从南部和西部，突厥从北部同时入侵北齐领土时的情景。在最初的两次突袭中，游牧民族残酷地蹂躏了边境地区①，高湛非常不安，被迫与北周和谈，为了表示他的诚意，他提议释放宇文氏家族的一位女性，在过去的30年里，她作为人质一直被关押在北齐。高湛首次释放了宇文护的四位皇姑之一②，且将最后也是最重要的人质——宇文护的母亲阎姬又拘留了一段时间，以促使这位北周摄政者尽快做出决策；冀为后图，他以这位老母亲的名义写了一封信，在信中她恳求其子宇文护设法尽快解救她，感人的语言使宇文护回想起自524年以来他们家所有的辛酸过往③。

　　那年春天，在拓跋魏帝国的北方军镇中爆发了一场叛乱，迅速激起了国内所有潜在的颠覆势力的叛乱，国家由此开始了政治分裂的进程，在十年后，魏国分裂成两个对立的王朝，最终导致帝国大厦的毁灭和消亡。在破六韩拔陵④的领导下，起义军主要由北方戍守武川等重要军镇的"蛮夷"军队组成⑤。在附近的一个富裕家庭中，有一人曾纠合乡里群盗，起而抵抗，此人便是宇文肱⑥。在一次小规模战斗中，宇文肱与拔陵部将卫可孤交兵⑦，痛失长子宇文颢⑧，亦即阎姬的丈夫、宇文护的父亲。两年后，宇文肱被迫与鲜于修礼联手，后来，宇文肱与另外两个儿子一起殒命⑨。只有他最小的儿子宇文泰和两个孙子宇文导、宇文护幸免于难。宇文泰带领家族在当时复杂的政治形

---

　　① 突厥人由木杆可汗亲自指挥，北周军队由达奚武（504～570年）和杨忠（507～568年，二人传记均在见《周书》卷十九）指挥。突袭发生在563年9月和12月（《周书》卷五），或在563年12月至564年1月（《北齐书》卷七）。因军事行动的时机和协调多有纰漏，一支庞大的先头部队遂被北齐打败，但突厥人全力反击，无情地溃决了汾河。加之时值严冬，百姓苦不堪言。

　　② 其中之一就是为人们所熟知的建安长公主，她嫁给了贺兰初真，亦是贺兰祥之母。另一位是昌乐公主，嫁给了尉迟俟兜，为尉迟迥和尉迟纲之母（《周书》卷二十、卷二一）。在564年6月被释放的那位公主（《北齐书》卷七）嫁入杨家。

　　③ 最后，她终于获释，于564年11月抵达长安，直至567年去世，享年80岁。又过了5年后，她最后一个儿子不幸去世，她这一支血统也由此断绝。

　　④ 关于他的姓氏，参见《哈佛亚洲学报》卷1［译者注：即Peter A. Boodberg. The Language of the T'o-Pa Wei, *Harvard Journal of Asiatic Studies*, Vol. 1, No. 2 (Jul., 1936)］，第167页注释1。

　　⑤ 靠近现今的绥远省归化城。

　　⑥ 谥号德皇帝。该地区的两大家族是贺拔氏和独孤氏。宇文氏与贺拔氏通过婚姻结成了联盟。

　　⑦ 《北史》卷九写作"可瓌" *g'a-γωâi*，可能对应蒙古语γaqai——"猪"。参见《北齐书》卷五十，高阿那肱的最后一个字符的发音似乎与"瓌"相似。

　　⑧ 谥号邵惠公，见于《周书》卷十、《北史》卷五七。

　　⑨ 鲜于修礼起兵于526年1月，在9月被杀。从宇文氏的信中可以看出，宇文肱在与朝廷军队早期的一场小冲突中丧命。次子宇文连与其父一同被杀。第二子宇文洛生约于528年被尔朱荣所杀。

势下励精图治，完成了自己的事业，最终设法使他的两个侄子宇文护、宇文导以及另一个外甥贺兰祥成功摆脱了困境①。大约531年，他们进入陕西投靠了他，并跟随他荣登高位。从那天起，宇文氏夫人就没有见过她的儿子，那时候他的儿子"穿着一件紫色的丝绸长袍，腰系银饰带"，骑着马去和他叔叔会合。

　　她在信的开头写道："以前，当（我们家）住在武川的时候，我生了你（和你的两个）兄弟，老大属鼠，老二属兔，而你属蛇……"②

　　《周书》卷十（宇文颢第二子宇文导的传记）言：宇文导去世于魏恭帝元年十二月，即555年1月，年44③。这意味着他出生于510～511年。511年是辛卯年（干支纪年序列的第28位），亦是十二生肖中的兔年，这与阎姬信中的自陈完全吻合。

　　至于宇文颢之长子宇文什肥④，据同书载，他在父亲去世时已经15岁，正如我们所知，此事发生在524年。由此我们可以推定他当生于509～510年。而最近的鼠年为508年（干支纪年序列的第25位，戊子）。这点差异并不大，如《周书》卷十所载，什肥的出生时间与此必定是相近的。

　　同样的细微差异也见于宇文护的传记。正如他母亲在信中所说，他出生在蛇年，可以推定即513年（癸巳，干支纪年序列的第30位）。然而，据其传记载，他在父亲去世时已经11岁，宇文泰在531年召他到平凉时他已经17岁。此外，在他母亲的信中还说，大约在他12岁的时候，鲜于修礼战败，当年为526年。考虑到以上史料所引用的都是宇文护的实际年龄，我们认为他出生的时间为513年或514年，而514年相对更接近一些。

　　大约在500年时，生活在中国北部边境的游牧民族开始使用生肖。此外，在这一时期，将相应的生肖动物名称用在当年出生儿童的名字中的现象变得屡见不鲜。这种习俗最明显的迹象之一被记载于《乐府诗集》（《四部丛刊》版，第7页，上、下栏）。这部作品引用了《乐府广题》的一个片段，其中提到了546年在高欢攻击玉璧时，由宇文泰发出的命令⑤。宇文泰在此处说他的敌人是鼠，或者鼠子⑥。正如我们从他的传记

---

　　①　据《周书》卷五和《北史》卷十载，贺兰祥于562年3月19日去世。他去世时48岁（《周书》卷二十），故可推定他当生于515年。事实上，据其本传记载，他11岁时即成孤儿，而据宇文氏夫人信中所载，他幼于宇文护。

　　②　沙畹在其研究中对这封信件稍有涉及，见前揭［注释66（译者按：即Le cycle ture des douze animaux，TP，1906）］第71页，但该文对其重要性的阐释则措意不足。

　　③　对此的计算，参见 *à la chinoise*。然而，游牧民是否遵循中国的惯例，将孕育期也算作一个人生命中的整一年，我们不得而知。对个人年龄不太重视的游牧民族而言，不太可能去这样计算年龄，一般会从出生年份开始计算。

　　④　约534年，他被高欢杀死。他是一个孝子，和母亲一起留在晋阳。见《周书》卷十。

　　⑤　关于这场战役，参见 *suprā*。

　　⑥　目前还不确定"子"是否应理解为"儿子"的意思，或者在这一时期是否已经被用作一般的后缀。

中所得知的，547年2月13日，北齐的缔造者去世，时年52岁。因此，他当出生于496年，恰为鼠年（干支纪年序列第13位，丙子）。

我们在同一王朝的历史中找到了另一个展现此风俗的例子。在《北史》卷七，即高欢次子高洋（显祖文宣皇帝，529～559年）的本纪中，我们看到在几个预测他统治时间的谣谚中，有一句是："马子入石室，三千六百日。"此处接着解释道，"石室"是指4世纪由石虎①（"石"字是双关语：①石头，②姓石）建造的邺城，"三千六百日"指出了高洋统治的时长②。后者被称为"马子"，因为他出生在一个"午"（在生肖序列中对应马）年。

此处颇感扞格。高洋出生于529年，即鸡年，最近的马年是526年。虽然这个预言可能是初步的，难成确证，但不能忽视的是，如果直接否定文本中"马子"是指皇帝生于"午"（马）年的解释，将是冒失之举。高洋于559年11月25日去世，时年31岁③。他不可能在528～529年以前出生。此外，《北史》卷七在他的传记开头处说，他生于晋阳，他的父亲主政晋阳的时间不会早于528年。另一方面，由于据说这个家庭处于"家徒壁立"的困境中，所以这基本不可能是指高欢的显赫时期④。高洋出生于526年的可能性得到了《北齐书》卷四和《北史》卷七所载故事的印证，在他出生前，他母亲居住的宫殿每到夜晚就有赤光闪现⑤。据《北史》卷六和《北齐书》卷一载，当高欢第一次投奔尔朱荣，跟着他来到并州（治所在晋阳），暂住在庞苍鹰那里的一个小屋或"团焦"⑥中。在高欢居住后，房主的母亲在房屋附近观察到一阵赤气伸向天空。当高氏占领此处后，这座团焦被保存了下来，并成为高洋的一座宫殿。因此，这很有可能是高洋要神化他的出生地。那么，高洋去世时的年龄可能是34岁，而非历史学家误认为的31岁⑦。解决这一困难的路径在于，要相信无论是正史还是预测，可能皆非虚

---

①　至少有些人认为，"石室"应当是指坟墓。

②　他的实际在位时间要短一些：从550年6月5日到559年9月25日，大约3300天。《北史》亦载，高洋曾向泰山上的一位道士打听自己阳寿几何，算命者回答道："30岁。"后来，高洋向李皇后表达了他的恐惧，担心自己活不到他在位的第十年的第十个月的第十天。他确实在那一天去世。他的年号"天保"据说被拆解成了"一大人只十"，这应该是他统治时间的另一个标志。

③　这是以中国的方式计算的。据《北齐书》卷四九记载，在另一个预言的叙述中，他去世时已是（中国算法的）32岁。

④　高欢的家人从杜洛周处逃跑的故事一定是发生在525～526年，《北齐书》卷一所载其子女中，只提到高澄及另外一个女儿。

⑤　据《北史》卷七所载，他将这种超自然的异象归因为他的鲜卑姓名侯尼于，意思是"有相子"。人们可能会读成转录音"俟尼干"*i-ni-yân，并将其等同于一个拟构的"突厥—蒙古"语*hïlyan——预兆（omen）。参见伯希和，JA 1925, PP. 243-244.

⑥　有时将"标"piäu写作"焦"tsʻiäu，在我们看来，在这两个字的语音中都有一个*BTS-。

⑦　然而，没有证据显示，记载他年龄的那篇文章是有误的。

言。《北史》在解释"马子"一词时曰："帝以午年生故曰马子。"在这一片段中出现的"帝"显然是指高洋。但是，在史家采集的原始文献中，是否果真如此呢？高洋的继位者是他的兄弟高湛，他在高洋死后2年左右即位①。高湛卒于569年1月13日，时年32岁（à la chinoise），于是可以推定他当生于538年，恰为马年（干支纪年序列的第55位，戊午）。这很有可能是高湛被理解成了文本中的"帝"（尤其是假如我们持怀疑态度，认为这一"预言"是在高洋死后才形成的时候）。因此，这一小段可以解释为："在三千六百天内（在高洋统治之后，另一位统治者是）马子，将进入石室。"②

根据《北史》卷五所载，我们在另一个谣谚中可能会有进一步的纪年参考，从北魏宣武帝到孝明帝，是在500～528年，亦可以515年为界，作为第一位统治的结束和第二位统治的开端。这是预示着宇文泰在北魏的统治即将寿终正寝的一种谣谚，其辞曰："狐非狐，貉非貉，焦梨狗子啮断索。"《北史》敏锐地解释道，索即是指拓跋［"索头"：用绳子扎（或辫）头发］，"狐"、"貉"和"狗子"是指宇文泰的绰号，即俗称"黑獭"③。

为了证实上述"黑獭"或"狗子"是否暗指生肖，我们必须确定宇文泰的出生日期。问题就此引出。《周书》卷二宇文泰之本纪中记载，他是在魏恭帝三年冬十月乙亥，即556年11月21日去世的。时年52岁，9天后，即甲申日入葬。但是，从当时中原和游牧民族的习俗和实际来看，这是不可能的。除非死者留下特别的遗愿，否则从死亡（或官方正式宣布）到入葬通常需要大约两个月的时间。因此，高欢的死讯是在547年7月19日发布的④，葬礼是在547年9月19日举行的；周宣帝于580年6月8日死亡，580年8月8日入葬⑤。然而《北史》卷九载宇文泰"……时年五十。十二月甲申，葬……"，将宇文泰的年龄记作50岁，而非52岁。入葬当年的十二月甲申日为557年1月21日，恰好是宇文泰死后的两个月。很明显，《周书》把"五十"与"十二月"杂糅在了一起，又增加了一个"月"字，所以就变成了"五十二"岁。因此，《北史》是正确的，即宇文泰在556年去世时为五十岁。他出生时间应为506～507年。506年是一个狗年（干支纪年序列第23位，丙戌。译者注：作者原作干支纪年为"乙酉"，

---

① 561年12月3日。见《周书》卷七。

② 当然，这种情况下的天数仅是一个概指的数字而已。

③ 这个称谓通常出现在《北齐书》中。"泰"是高欢的一位祖先的名字，故而在北齐是避讳字。

④ 参看第26页注释④。

⑤ 据《北史》卷十、卷十一和《周书》卷七、卷八载，他于6月8日生病。杨坚即将被流放到扬州，他"被召"往皇宫去看望笃病中的皇帝，而皇帝于6月22日驾崩。据《隋书》卷一载，皇帝卒于6月8日，而发布死讯是6月20日。因此，很可能是在杨坚到达皇宫的那一天，宣帝即被谋杀，杨坚及其拥趸严守死讯，秘不发表，长达两周之久，以争取他们准备工作的时间。正如所有史料所指出的，在这12～14天内发布的政令无疑都是伪造的。

误），这也就契合了宇文泰的小字"狗子"。然而，从其传记前半部分来看，鲜于修礼在526年去世时，宇文泰的年龄是18岁。这一史料，我们应该将其视为大致的年龄，也很可能是由于史家在排布史料时出现了错乱[1]。这一段史料中亦提及524~526年宇文泰跟随其父参加征战，在524年时宇文泰的年龄很可能正如传记中所言，确实是18岁。

至此，我们就有三个出生于496~538年，使用生肖称谓作为小名小字以标识出生年份的例证。实际上，这种习俗由来已久。据《魏书》卷九五《石虎传》所载，永嘉五年，即311年，这位匈奴悍将正值17岁，这是我们掌握到的有关石虎出生日期的唯一线索。那么，他当出生于296年，恰为虎年（干支纪年序列的第51位，甲寅）。以此观之，石虎的名字实源自其出生年份——虎年，借用虎这一被神圣化的动物，象征其强悍武力。到目前为止，我们已经能够确定这就是在游牧部落中最早使用生肖称谓命名的记载，也是最早使用生肖作为纪年方式的案例之一。

还有一个案例，或许也不无存在着使用生肖称谓命名的可能性，即石虎的亲戚[2]石勒。从《魏书》卷九五的记载来看，他的名字"勒"似乎是"匐勒"*bʿwuâi-lək的缩写。正如石勒的字——"世龙"中包含了"龙"这个字，所以他的小字*bʿwuâi-lək并非没有可能是"龙"字经过"突厥—蒙古"音义的转录而成。人们试图将其与令人费解的夸兹维尼（Qazwīnī）认为的*blqsun بلقسون（-sun显然是常见的蒙古语后缀）进行比较，并等同于Qaitaq列表中的"鳄鱼"（crocodile）[3]。这是否也是使用了生肖纪年的方式呢？根据《十六国春秋》卷十三的记载，石勒卒于333年8月17日，时年60岁。那么，便可推定他出生于273年或274年。而273年恰为蛇年。然而，同一文献中亦载，在石勒333年去世的当年，有一颗大流星坠落，留下了类似一条蛇的行迹，触地而逝，又载一条大蛇在与老鼠搏斗，两天后死去。然而，在同一段史料中又记载道，石勒在都城发现了一条黑龙，由此暗喜。272年恰为龙年，在那一年出生或被怀育的石勒有可能认为自己正处于这一瑞兽的庇佑之下[4]。

动物生肖的纪年功能到底起源于中国还是游牧民族，是很难考实的。在本文的考察中，这种使用动物生肖的案例，我们只发现一例是纯粹来自中国的专门语汇。据

---

① 《周书》有"少随德皇帝……""少"（"在他年少时期"）字之前已经有20个字，除非这一段的文字来源与前一段相异，否则无法理解其重复的原因。《北史》则省略了第二个"少"字。

② 石虎被石勒的父亲收养。他也被视为石勒之侄。

③ 参见伯希和Le prétendu vocabulaire mongol des Kaitak, *JA,* 1927 (1), p. 289。这个单词的第一部分可能代表突厥语*Balïq*——"鱼"，在伊本·穆汉娜（Ibn Muhannā）的十二生肖列表中用其代替龙（参见伯希和，*TP* 27, pp. 17-18.）*Balïq*出现在中文转录文本中写作"磨勒"*muâ-lək*，作为突厥领土上的一个城市的名称（*TPHYC* 38），这个地名的来源是因为在其附近的河流中发现了肥美的鱼。

④ 这一定使石勒想到自己已经60岁，他一定深感恐惧，因为达到他当时年龄的统治者就会被处死（或至少被废黜），这种政治传统一定是仍然起着作用。参看第31页注释②、⑥，第32页注释①。

《南齐书》卷三十《曹虎传》载，这位南朝官员在499年"年六十余"时被处决。因此，他可能出生于438年，即虎年，而他的名字"虎"也很可能是出于这个原因。

《南齐书》卷十九亦载，在南朝齐最后一位皇帝东昏侯（萧宝卷）时期[1]，在一个预言性的谣谚里出现多个使用生肖纪年的案例。皇帝被称为"野猪"，而他出生于483年，确实是一个猪年。推翻萧宝卷的梁武帝（464～549年）被称为"龙"，而464年确为龙年。萧颖胄（462～501年）[2]被称为"虎"，他生于462年，恰为虎年。同一谣谚中包含的"马子"则不知所指。然而，对运用中国生肖序列命名以纪年的研究，显然已经超出了本文研究的范围。

附记：感谢哈佛大学燕京学社暨《哈佛亚洲学报》编辑部授权翻译此文。在联系原文版权过程中，哈佛燕京学社的鲍梅立（Melissa J. Brown）、李若虹教授多有帮助。译者最初在范兆飞老师提示下关注此文，并于2020年3月完成初稿。2022年3月26日曾在浙江大学"西北出土文献与中古史研读班"讨论，承冯培红老师及诸师友指正，在此一并谨致谢忱。

［本文译自Peter A. Boodberg. Marginalia to The Histories of The Northern Dynasties, *Harvard Journal of Asiatic Studies*, Vol. 3, No. 3/4 (Dec., 1938), pp. 223-253. ］

---

① 《南齐书》卷七、《南齐书》卷五。他亦被称为"废帝"。501年12月31日被谋杀，（按中国算法）时年19岁。

② 《南齐书》卷三八。

北魏宦官与平城、洛阳佛教寺院述略*

马志强

（大同大学北魏历史文化研究所　大同　037008）

北魏宦官集团在整个社会都起着相当重要的作用，特别在冯太后和胡太后专权时，更是权大势重。他们的行为影响着北魏社会的政治、经济、军事、文化等诸多方面。这里，笔者想仅就北魏宦官与平城、洛阳佛教寺院谈一点想法，不足之处，敬请批评。

一

我们知道，北魏是一个佛教迅速传播的时代，其间虽然经过太武灭佛，使佛教遭受重创，但是文成复法之后，佛教更是以前所未有的姿态迅速蔓延，佛教信徒日增，兴寺造像蔚然成风。据《魏书·释老志》记载："自兴光至此（太和元年），京城（大同）内寺新旧且百所，僧尼二千余人，四方诸寺六千四百七十八，僧尼七万七千二百五十八人。"[①]"正光已后，天下多虞，王役尤甚，于是所在编民，相与入道，假慕沙门，实避调役，猥滥之极，自中国之有佛法，未之有也。略而计之，僧尼大众二百万矣，其寺三万有余。"[②]在这全国性的兴寺造像热潮中，宦官们也没有坐而视之，而是积极投身其中，推波助澜。

据史书记载，宦官参与寺院建设和造像主要分以下三种情况。

（一）主持国家工程

北魏平城时期开凿国家工程云冈石窟时，宦官王遇就积极主持开凿工程，《大金西京武州山重修大石窟寺碑》云："今寺中遗刻所存者二：一载在护国，大而不全，无年月可考；一在崇教，小而完，其略曰：安西大将军散骑常侍吏部内行尚书宕昌钳耳庆时镌也。"[③]钳耳庆时，即王遇，《魏书·王遇传》谓："王遇，字庆时，……自

---

* 基金项目：国家社会科学基金特别委托项目"云冈石窟多元一体中华民族交融研究"（21@ZH029）子课题"云冈石窟造型中的民族融合"阶段性成果。

① 《魏书》卷一一四《释老志》，中华书局，1974年，第3039页。

② 《魏书》卷一一四《释老志》，第3048页。

③ 转引自宿白：《"大金西京武州山重修大石窟寺碑"校注——新发现的大同云岗石窟寺历史材料的初步整理》，《北京大学学报》1956年第1期，第74页。

云其先姓王，后改氏钳耳，世宗时复改为王焉。……迁散骑常侍、安西将军，进爵宕昌公。"①据研究者分析，王遇所镌造的护国、崇教二寺当为现云冈石窟第7、8窟和第9、10窟②。除此之外，王遇还主持修建了思远佛寺和开凿了方山石窟寺等。"（王）遇性巧，强于部分。北都方山灵泉道俗居宇及文明太后陵庙……皆遇监作。"③此处含糊地说王遇在平城大同方山营建过道俗居宇，这里的"道"，指的就是佛教，并没有明确指是修建思远佛寺和开凿方山石窟寺。在《魏书·孟鸾传》有"孟鸾……王遇有宠，鸾以谨敏为遇左右，往来方山，营诸寺舍"④。从这句话里我们可以得知，一则王遇等确实在方山修筑过佛寺，即思远佛寺，从"往来方山"的记述语气中，可以推测王遇等确实开凿了方山石窟寺；二则说明除宦官王遇外，宦官孟鸾亦参与其中，不过作用位居王遇之后。迁都洛阳后，在开凿国家工程龙门石窟时，宣武帝令宦官白整、王质、刘腾等负责规划和开窟造像工作，史称："景明初，世宗诏大长秋卿白整准代京灵岩寺石窟，于洛南伊阙山，为高祖、文昭皇太后营石窟二所。初建之始，窟顶去地三百一十尺。至正始二年中，始出斩山二十三丈。至大长秋卿王质，谓斩山太高，费功难就，奏求下移就平，去地一百尺，南北一百四十尺。永平中，中尹刘腾奏为世宗复造石窟一，凡为三所。"⑤龙门石窟从景明元年（500年）到正光四年（523年）最辉煌最集中的开凿期均由宦官把持并指挥完成。可以这么说，无论是云冈石窟，还是龙门石窟，其开凿过程中都有宦官的功绩在内，当然，也不能否定广大工匠在其中所起的重要作用。

（二）其 他 工 程

据《水经注》记载："（平城）东郭外，太和中，阉人宕昌公钳耳庆时立祇洹舍于东皋，椽瓦梁栋，台壁棂陛，尊容圣像，及床坐轩帐，悉青石也。图制可观，所恨惟列壁合石，疏而不密。庭中有《祇洹碑》，碑题大篆，非佳耳。然京邑帝里，佛法丰盛，神图妙塔，桀跱相望，法轮东转，兹为上矣。"⑥仔细玩味以上的记叙，我们可以发现王遇建造的这一处祇洹舍规模是比较大的，并且是当时代郡平城佛教建筑的代表作之一，是首屈一指的。据张焯先生推测，其当在今牛家庄一带，东临文瀛湖⑦。

---

①　《魏书》卷九四《王遇传》，第2023、2024页。

②　宿白：《"大金西京武州山重修大石窟寺碑"校注——新发现的大同云岗石窟寺历史材料的初步整理》，《北京大学学报》1956年第1期，第75页。

③　《魏书》卷九四《王遇传》，第2024页。

④　《魏书》卷九四《孟鸾传》，第2032页。

⑤　《魏书》卷一一四《释老志》，第3043页。

⑥　无名氏撰，（后魏）郦道元注，杨守敬、熊会贞疏，段熙仲点校，陈桥驿复校：《水经注疏》卷十三《漯水》，江苏古籍出版社，1989年，第1149、1150页。

⑦　张焯：《平城访古录》，《中国古都研究》（第十辑），天津人民出版社，1997年，第101页。

查祇洹舍又名祇园精舍，是印度佛教圣地之一。王遇在平城建同名之佛教场所，意欲借印度佛教圣地这一名称，而使之成为北魏甚至于中国的佛教圣地，使佛教进一步深入人心。祇洹舍中的祇洹碑一定记载了祇洹舍的建筑过程及其宗教含义，惜郦道元未能录其全文，以致我们难窥全貌。又据《洛阳伽蓝记》云："秦太上君寺，胡太后所立也。……当时太后正号崇训，母仪天下，号父为秦太上公，母为秦太上君。为母追福，因以名焉。中有五层浮图一所，修刹入云，高门向街。佛事庄饰，等于永宁。诵室禅堂，周流重叠，花林芳草，遍满阶墀。常有大德名僧，讲一切经。受业沙门，亦有千数。"①又云："东有秦太上公二寺，在景明南一里。西寺，太后所立；东寺，皇姨所建，并为父追福，因以名之，时人号为双女寺。并门邻洛水，林木扶疏，布叶垂阴。各有五层浮图一所，高五十丈，素彩布工，比于景明（寺）。至于六斋，常有中黄门一人，监护僧舍，衬施供具，诸寺莫及焉。"②从这两段记述来看，秦太上公、秦太上君等寺皆为胡氏所立。至于是谁主持修建，《洛阳伽蓝记》并没有透露。阅《魏书·刘腾传》云："洛北永桥，太上公、太上君及城东三寺，（刘腾）皆主修营。"③这里明确指出，《洛阳伽蓝记》所记载之秦太上公、秦太上君等寺是刘腾奉胡太后的懿旨主持营修的。该三寺无论是规模，还是佛事活动、僧侣人数等，在当时都是一流的。特别是秦太上公二寺，"常有中黄门一人，监护僧舍"④，说明其受到政府的相当重视和保护，非其他一般寺院可比。这一方面表明刘腾在修建佛教寺院过程中的匠心独用；另一方面也表明了胡太后权威的显赫。

（三）立僧尼寺

据《洛阳伽蓝记》载，宦官所立僧尼寺主要有长秋寺。权阉"刘腾所立也。腾初为长秋卿，因以为名。……中有三层浮图一所，金盘灵刹，曜诸城内。作六牙白象负释迦在虚空中，庄严佛事，悉用金玉，作工之异，难可具陈。四月四日，此像常出，辟邪师子导引其前。……像停之处，观者如堵，迭相践跃，常有死人"⑤。"昭仪尼寺，阉官等所立也……寺有一佛二菩萨，塑工精绝，京师（洛阳）所无也。四月七日，常出诣景明（寺），景明三像恒出迎之，伎乐之盛"⑥，可以与刘腾所立长秋寺相比拟。"景兴尼寺，亦阉官等所共立也，有金像辇，去地三尺，施宝盖，四面垂金铃七宝珠，飞天伎

① （北魏）杨衒之著，范祥雍校注：《洛阳伽蓝记校注》卷二《城东》，上海古籍出版社，1978年，第94页。
② 《洛阳伽蓝记校注》卷三《城南》，第140页。
③ 《魏书》卷九四《刘腾传》，第2027页。
④ 《洛阳伽蓝记校注》卷三《城南》，第140页。
⑤ 《洛阳伽蓝记校注》卷一《城内》，第43页。
⑥ 《洛阳伽蓝记校注》卷一《城内》，第54页。

乐，望之云表。作工甚精，难可扬榷。像出之日，常诏羽林一百人举此像。丝竹杂伎，皆由旨给"①。王典御寺。为阉官王桃汤（温）所立也。"门有三层浮图一所，工逾昭仪（寺）。宕者招提，最为人宝。至于六斋，常击鼓歌舞也。"②凝圆寺。"阉官济州刺史贾璨所立也……地形高显，下临城阙。房庑精丽，竹柏成林"③，确实是静行养心的好地方。王公大臣们每每到这里游览吟诵，络绎不绝。魏昌尼寺。阉官瀛州刺史李次寿（坚）所立④。此外，建中寺虽然是尚书令乐平王尔朱世隆所立，却是利用宦官刘腾的旧宅改建的，可以说是和宦官有着非常密切的关系，故也将其列入。建中寺"屋宇奢侈，梁栋逾制，一里之间，廊庑充溢，堂比宣光殿，门匹乾明门，博敞弘丽，诸王莫及也。……以前厅为佛殿，后堂为讲室，金花宝盖，遍满其中"⑤。这里罗列了与宦官有关的一些寺庙，当然不是宦官所立之全部，但由此可见所立寺庙之一斑。北魏宦官所建的寺庙十分宏大，气势雄伟，有与王公大臣所建寺庙相比拟之势。

二

北魏佛教昌盛有其政治、经济、文化等各方面的背景，特别是沙门法果提出："太祖（道武帝拓跋珪）明睿好道，即是当今如来，沙门宜应尽礼。"并且强调："能鸿道者人主也，我非拜天子，乃是礼佛耳。"⑥这样，就把皇帝等同于如来，将礼拜佛祖等同于礼拜天子，既投皇帝之好，又为佛教取得合法的地位，从此，佛教徒利用皇权来扩大宗教的作用和影响，而皇帝也利用宗教的欺骗性和蒙蔽性来加强皇权，他们之间彼此互相利用，互相斗争，为佛教在北魏的广泛传播和曲折发展奠定了相应的基础。

北魏宦官集团作为寄生在封建统治者肌体上的毒瘤，在与北魏封建统治者共生共灭的过程中，始终跟随着拓跋王朝的脚步，为其摇旗呐喊，擂鼓助威。在北魏王朝大兴佛教时，他们也不甘落后，凭借着皇室家奴和宠臣及新贵的多重身份，在平城、洛阳这两个前后都城承担起兴寺造像的任务。上述宦官所兴建的寺庙情况主要具有以下一些特征。

其一，宦官修建寺庙的宗教性是附属于政治性之后的，或者说，其政治性掩盖了宗教性，准确地讲是冲淡了宗教性。我们知道，宦官是作为北魏皇家的家奴而存在

---

① 《洛阳伽蓝记校注》卷二《城东》，第88页。

② 《洛阳伽蓝记校注》卷四《城西》，第195、196页。

③ 《洛阳伽蓝记校注》卷五《城北》，第248、249页。

④ 《洛阳伽蓝记校注》卷二《城东》，第87页。

⑤ 《洛阳伽蓝记校注》卷一《城内》，第38、39页。

⑥ 《魏书》卷一一四《释老志》，第3031页。

的，他们对帝后的依赖性特别强。阉官"任事宫掖，亲由亵狎，恩生趋走，便僻俯仰，当宠擅权"[1]。可以这么说，没有帝后的恩宠，就没有他们的特权和荣华富贵，更没有他们生活的奢侈腐化。这一点，每一位宦官都十分清楚。宦官负责规划、营建云冈石窟和龙门石窟这些国家工程，本身就是为帝后祈福的，如王遇修护国、崇教二寺，即"为国祈福之所建也"[2]。实际上，昙曜五窟的五座主佛造像本来就是按照道武帝拓跋珪、明元帝拓跋嗣、太武帝拓跋焘、景穆帝拓跋晃、文成帝拓跋濬的形象雕刻而成；到龙门石窟雕凿时，白整为高祖孝文帝元宏、孝文文昭皇后高氏营造石窟二所，刘腾为世宗宣武帝元恪复造窟一所，这些都有明显的歌功颂德的意图。在北朝开窟造像过程中，有为帝后王公以及长辈追福的习惯和传统，在《洛阳伽蓝记》中也偶有所见，如"城西冲觉寺"条即有"为文献（元怿）追福，建五层浮图一所，工作与瑶光寺相似也"[3]。在描绘秦太上公二寺时，也说"并为父追福，因以名之"[4]。"城南报德寺"条云："报德寺，高祖孝文皇帝所立也，为冯太后追福。"[5]"城东秦太上君寺"条又云："为母追福，因以名焉。"[6]这都表明，开窟造像是为现实社会服务的，是为活人服务的，是活人利用死人来为自己升官发财、飞黄腾达铺路搭桥的。宦官舍宅立寺也摆脱不了这种传统观念，因而才有王遇"承藉宏福，遮邀冥庆，仰钟皇家，卜世惟永"[7]的感慨。

其二，北魏宦官在政治和经济上的特权，带来了他们在佛教领域里的特殊地位。我们从上述和北魏佛教有关的宦官的资料中可以清楚地看到这些。北魏宦官之所以能够担负起实施国家佛教建筑工程的重任，是和他们有相当的政治特权分不开的。像宦官王遇修造云冈，王质、白整、刘腾等规划和开凿龙门，都是其政治特权在建筑佛教庙堂中的具体和集中表现。从表面来看，是宦官拥有至高无上的权力，但实质是北魏封建统治者对其纵容和姑息的结果。宦官不仅有政治特权，而且有经济特权。这里再简单地举几个例子：如宦官刘腾"公私属请，唯在财货。舟车之利，水陆无遗；山泽之饶，所在固护；剥削六镇，交通互市。岁入利息以巨万计。……逼夺邻居，广开室宇"[8]。王遇"竞于荣利，趋求势门。赵修之宠也，遇往还宗承，受敕为之监作第宅，

① 《魏书》卷九四《阉官传》，第2011页。
② 宿白：《"大金西京武州山重修大石窟寺碑"校注——新发现的大同云冈石窟寺历史材料的初步整理》，《北京大学学报》1956年第1期，第74页。
③ 《洛阳伽蓝记校注》卷四《城西》，第186页。
④ 《洛阳伽蓝记校注》卷三《城南》，第140页。
⑤ 《洛阳伽蓝记校注》卷三《城南》，第145页。
⑥ 《洛阳伽蓝记校注》卷二《城东》，第94页。
⑦ 转引自宿白：《"大金西京武州山重修大石窟寺碑"校注——新发现的大同云冈石窟寺历史材料的初步整理》，《北京大学学报》1956年第1期，第74页。
⑧ 《魏书》卷九四《刘腾传》，第2028页。

增于本旨，笞击作人，莫不嗟怒。……始遇与抱嶷并为文明太后所宠，前后赐以奴婢数百人，马牛羊他物称是，二人俱号富室"①。李坚"所在受纳，家产巨万"②。可以毫不夸张地说，他们在封建统治者的庇护下，剥削成性，贪得无厌。他们利用从百姓手里搜刮来的血汗钱，为自己和统治者开窟造像、修造寺庙，祈求播种"福田"。这纯粹是把自己的快乐建立在别人痛苦之上的卑鄙行为。我们翻开《魏书·释老志》，到处可见废佛和立佛的残酷斗争。据载，"自迁都（洛阳）以来，年逾二纪，寺夺民居，三分且一"③。"今之僧寺，无处不有。或比满城邑之中，或连溢屠沽之肆，或三五少僧，共为一寺。梵唱屠音，连檐接响。……昔如来阐教，多依山林，今此僧徒，恋著城邑。……侵夺细民，广占田宅，有伤慈矜，用长嗟苦。"④这是北魏时期佛教影响社会经济发展的实际情况。大规模寺院的出现，势必就要和国家和贵族争夺土地和农民，也势必要影响国家的赋税收入，使大批的编户齐民沦落为寺院的雇佣。而宦官大量开窟造像、修造寺庙，更助长了这股歪风。尤其是宦官开窟造像、修造寺庙之奢侈豪华，纯粹是暴殄天物。这里，我们简单举两个例子：如长秋寺，"中有三层浮图一所，金盘灵刹，曜诸城内。作六牙白象负释迦在虚空中，庄严佛事，悉用金玉。作工之异，难可具陈"⑤。建中寺，屋宇奢侈，"梁栋逾制，一里之间，廊庑充溢，堂比宣光殿，门匹乾明门，博敞宏丽，诸王莫及也。……以前厅为佛殿，后堂为讲室，金花宝盖，遍满其中"⑥。这些无不表明北魏宦官在宗教方面的表现是丑恶和卑鄙的，更表明了宦官集团的腐朽和末落。他们本来就是寄生于封建统治肌体上的毒瘤，又不甘于寂寞，时刻蠢蠢欲动，为统治者出谋划策。他们看到北魏拓跋贵族信奉佛教，就千方百计地讨好他们，以换取高官厚禄，从而满足自身贪得无厌的欲望。说到底，北魏宦官在兴建寺庙、开凿石窟、雕琢石像等方面的挥霍浪费，最后的负担全部转嫁到普通的百姓头上，进而使社会经济凋敝，阶级和民族矛盾加剧，北魏王朝覆灭的日子为期不远了。

其三，宦官兼将作大匠时或有之。在封建时代，将作府（寺）作为国家主管工程规划、营建、修缮的职能部门，代表封建国家行使权力，类似现在的住房和城乡建设部；而其长官将作大匠，负责全面工作，类似现在的住房和城乡建设部部长，其权力和责任自然十分重大。在北魏时期，宦官集团的最高负责人为大长秋卿，其官阶在前职员令中为从第二品上，在后职员令中为从第三品，略有降低；而将作大匠，其官阶

---

① 《魏书》卷九四《王遇传》，第2024页。
② 《魏书》卷九四《李坚传》，第2026页。
③ 《魏书》卷一一四《释老志》，第3045页。
④ 《魏书》卷一一四《释老志》，第3045页。
⑤ 《洛阳伽蓝记校注》卷一《城内》，第43页。
⑥ 《洛阳伽蓝记校注》卷一《城内》，第38、39页。

在前职员令中为从第二品下，在后职员令中为从第三品，亦略有降低。将二者比较一下，就会很清晰地看到，在前职员令中，大长秋卿的官阶比将作大匠略高，而在后职员令中，大长秋卿的官阶同将作大匠是一样的。这样，大长秋卿兼将作大匠从官阶方面来讲就是顺理成章的事了。另外，有些宦官有建筑、规划、雕刻等方面的特长，由他们来担任兴建寺庙、开凿石窟、雕琢石像等方面的指挥者和管理者，也算是各尽所能，才尽其用。如王遇，"世宗初，兼将作大匠"[①]。王质、白整、刘腾等人负责规划和开凿龙门石窟，实际上也是扮演将作大匠的角色，只是史书漏载和失载罢了。

我们在这里对北魏时期宦官和平城、洛阳的佛教寺庙进行了简单分析，由于学识浅薄、占有资料有限，可能有许多不足和不尽如人意的地方，请大方之家指教。

---

① 《魏书》卷九四《王遇传》，第2024页。

关于南北朝时期范阳祖氏的几个问题

周双林

（北京市商务局教育中心文史教研室　北京　100029）

范阳祖氏是南北朝时期幽州地区与范阳卢氏名声相类的汉族世族。祖氏家族人士在当时南北政权中不仅在政治上作用显著，而且，因家学濡染，他们在文学、声律和历法等方面亦有突出贡献。目前，学术界在对北朝汉族"著姓"的研究上，比较多地关注北魏孝文帝"定四海士族"，以及崔、卢、李、郑等所谓四姓上，对范阳祖氏这样一个极具特点的"北州旧姓"却重视不够。本文结合史书和墓志资料，对范阳祖氏的族系、仕宦及其家学门风等方面略加钩稽，剖析这个绵延数代又分寓南北的汉世族个案，有助于我们对当时胡汉体制下汉族大姓的政治文化作用有更深入的认识。

一

据唐代林宝撰《元和姓纂》卷六所载并参考其他史籍，可知范阳祖氏的大致世系：祖氏原为子姓，为远古殷王祖甲祖乙等人后裔。西汉时祖沂开始定居涿郡的遒县，遒后写作遒县（今河北涞水县）。关于祖沂，《史记》《汉书》均未见记载，情况不明。涿郡属幽州，为汉高祖时分上谷郡所置。到三国曹魏黄初年间改为范阳，隋朝大业初复为涿郡。祖氏以范阳为郡望，实以祖沂定居涿郡始。祖沂以后，家族繁衍情况为：东汉有祖邈任太常，十三代孙询、褘。询元孙祖耶为西晋义阳太守，耶玄孙旷为廷尉卿。祖旷二子温、敏，为寓居北方二系的先祖。此外，还有京兆祖平一支，《元和姓纂》曰"状称与范阳同出（祖）沂后"，北魏末年随孝武帝迁入关中，官至武州刺史[1]。

可以看出，北眷除祖敏一系在北朝还比较兴旺外，其他房系都显得比较沉寂。据《魏书》卷八二《祖莹传》载："（祖莹）曾祖敏，仕慕容垂为平原太守。太祖定中山，赐爵安固子，拜尚书左丞。……祖嶷，字元达。以从征平原功，进爵为侯，位冯翊太守，……父季真，多识前言往行，位中书侍郎，卒于安远将军、钜鹿太守。"[2]祖

①　（唐）林宝著，岑仲勉校记：《元和姓纂》卷六，中华书局，1994年，第947页。

②　《魏书》卷八二《祖莹传》，中华书局，1974年，第1798页。

莹历任尚书三公郎中、幽州大中正、秘书监、护军将军等，北魏末年高欢为了控制朝廷，以都城洛阳在黄河以南，临近梁境难与并州的军队相互呼应为名，想要将都城迁到邺。这个计划得到了祖莹的支持，"以功迁仪同三司，进爵为伯"①。祖莹之子祖珽在北齐为侍中、尚书左仆射，这应该是祖氏比较显赫的时期。而留在北方的祖温一系除祖崇儒在北齐任"司州别驾、通直常侍。入周，为容昌郡太守"②以外，其他人仕宦情况不明，推测是缺乏显达与可称道者。

由于《元和姓纂》记述比较粗率，在其他史籍中我们还能见到范阳祖氏在北方一些不明房支的材料：如太武帝拓跋焘神麚四年（431年）下诏征辟"冠冕州邦"的汉族人士，应征的高允晚年回忆当时的盛况，"以昔岁同征，零落将尽，感逝怀人，作《征士颂》"，在这篇感怀当年一同被征辟的35位汉族士人的名单中，有辅国大将军从事中郎范阳祖迈和征东大将军从事中郎范阳祖侃（字士伦）。辅国、征东大将军从事中郎只是一般掾属，但祖迈、祖侃却"志在兼济"，很想有所作为，只是"功不获展"，才干没有得到发挥③。另外，在《北齐书》卷四五《文苑传》中记有："有齐自霸图云启，广延髦俊，开四门以纳之，举八纮以掩之，邺京之下，烟霏雾集，河间邢子才、钜鹿魏伯起……范阳祖孝徵……并其流也。复有范阳祖鸿勋亦参文士之列。"④祖鸿勋父祖慎"仕魏历雁门、咸阳太守，治有能名。卒于金紫光禄大夫，……（祖）鸿勋弱冠与同郡卢文符并为州主簿。仆射临淮王或表荐鸿勋有文学，宜试以一官，敕除奉朝请。……位至高阳太守，在官清素，妻子不免寒馁，时议高之"⑤。在墓志《□军将军静境太都督散骑常侍方城子祖子硕妻元氏墓铭》中有范阳祖子硕⑥。静境太都督史书中仅此一见，疑为死后追赠；散骑常侍执掌侍从规谏，为位显无具体职事的闲职。祖子硕联姻的济阴靖王长女元氏于北魏皇族中属于疏宗。

在《元和姓纂》中虽然提到了南迁的祖逖，但对祖逖一系的族属情况却语焉不详。《晋书》卷六二《祖逖传》载："祖逖，字士稚，范阳遒人也。世吏二千石，为北州旧姓。父武，晋王掾、上谷太守。"而大约在西晋末的永嘉之乱时，祖逖"率亲党数百家避地淮泗"⑦。同行的有数百家乡党部曲。另外，《南史》卷七二《文学传》

---

① 《魏书》卷八二《祖莹传》，第1800页。

② 《北史》卷四七《祖珽传》，中华书局，1974年，第1745页。

③ 《魏书》卷四八《高允传》，其中评价祖迈、祖侃说："（祖）迈则英贤，（祖）侃亦称选，闻达邦家，名行素显。志在兼济，岂伊独善，绳匠弗顾，功不获展。"（第1083页）

④ 《北齐书》卷四五《文苑传》，中华书局，1972年，第602、603页。

⑤ 《北齐书》卷四五《文苑传》，第605、606页。

⑥ 范阳祖子硕之妻元氏，为北魏恭宗玄孙济阴靖王的长女，12岁嫁与祖氏，永安二年（529年）30岁时病卒，葬在范阳遒县崇仁乡贞侯里。赵超：《汉魏南北朝墓志汇编》，天津古籍出版社，1992年，第339页。

⑦ 《晋书》卷六二《祖逖传》，中华书局，1974年，第1694页。

载："祖冲之，字文远，范阳遒人也。曾祖台之，晋侍中。祖昌，宋大匠卿。父朔之，奉朝请。"①检《晋书》知祖冲之曾祖祖台之为东晋孝武帝时人，亦是流寓到南方的范阳祖氏。又据《世说新语》排调第二十五注引《祖氏谱》载："（祖）广字渊度，范阳人。父台之，仕光禄大夫。广仕至护军长史。"②知台之后代除祖冲之一系外，尚有祖广一系。惜《元和姓纂》亦未载祖冲之房系。王伊同先生《五朝门第》一书附表范阳遒人祖氏（东晋南朝）中，亦未有祖冲之一系③。祖逖死于北伐途中，继领其众的祖约，因参与苏峻之乱，兵败后逃到后赵被杀。在南方的祖逖宗族子弟零落殆尽。估计后来祖冲之房系是南渡的范阳祖氏另外房支。

由于史籍记述的局限，我们难以了解祖氏族系各个支系的全貌。仅从目前这个世系可以看出：①祖氏远祖祖邈在东汉任太常，太常是主管祭祀社稷宗庙、主持朝会丧葬等礼仪的官员，位望较尊，为九卿之首。这样的远祖应该被祖氏引以为荣，其仕途经历也应该对整个家族的家学门风有影响。②祖氏宗族支系不繁、人数不众。这个家族在曹魏时期没有出仕者，原因不详；在西晋北魏主要为郡太守一级的地方官吏，并不显达。虽然东晋祖逖和北齐祖珽官位较高且在政治军事方面曾发挥过较重要的作用，但范阳祖氏基本上属于地方性的乙等世族，无论是家族的规模还是仕宦的人数，都与崔、卢、李、郑等汉族大姓不可同日而语。

二

我们知道，西晋末年皇族间为争夺权力而发生的八王之乱，不仅极大地消耗了国力与民力，也为周边少数民族的内迁与入侵提供了条件。永嘉五年（311年）匈奴贵族刘曜的军队连破洛阳、长安，俘杀怀、愍二帝，皇族琅琊王司马睿在一些南渡世族辅佐下偏安江南称帝，西晋政权分崩离析。在当时北方战乱频繁、少数民族军士肆意劫掠的动荡环境下，汉世家大族出于维护自身政治和经济利益的需要，纷纷做出自己的选择：一些大族举族南迁，如琅琊王氏、陈郡谢氏、颍川庾氏等；还有一些汉族著姓如清河崔氏、赵郡李氏等或因路途悬远、交通阻隔，或凭借在地方上较为雄厚的宗族实力，则合族留在北方。不过，范阳祖氏不同于上述两种情况，这个家族与河东闻喜裴氏、河东解县柳氏、京兆杜陵韦氏等情况比较相似：即有的房支留在北方，有的房支迁往南方，呈现出分寓南北的情况。

据《晋书》卷六二《祖逖传》记载：祖逖"轻财好侠，慷慨有节尚，每至田

① 《南史》卷七二《文学传》，中华书局，1975年，第1773页；《南齐书》卷五二《文学传》记载与此略同，唯不记其曾祖名，范阳"遒人"做"蓟人"（中华书局，1972年，第903页）。

② 余嘉锡撰，周祖谟、余淑宜整理：《世说新语笺疏》，中华书局，1983年，第523页。

③ 王伊同：《五朝门第》，中华书局，2006年，附表54。

舍，辄称兄意，散谷帛以赒贫乏，乡党宗族以是重之"。我们从祖逖其家为"九世孝廉""世吏二千石"的记载可以推测①，祖逖父祖武一系应该是范阳祖氏比较显贵者，可惜祖武属于哪个房支却未见记录。祖逖、祖约与祖纳等四个兄长同父异母，为庶出。祖纳因父早卒，事母尽孝，"能清言，文义可观"，身上比较多地承袭了祖氏家族的门风。他曾被平北将军王义辟为从事中郎，"后为中护军、太子詹事，封晋昌公"，仕途比较顺利。南渡后，好弈棋，品评人物，官至光禄大夫。祖逖却颇多豪侠色彩，与以"雄豪著名"的刘琨声气相投，在历史上留下了闻鸡起舞和中流击楫的典故。《太平御览》卷五一六《宗亲部》六引王隐《晋书》记载说："祖逖字士稚，范阳人。与弟约将母诣洛，交结人流。逖舅程玄（元）良、良弟卫、卫弟收，并台郎（州郡），有势于洛。更共扶赞两甥，故并录清途。逖初为司州主簿，举秀才，为大司马齐王掾。"②可能由于为庶出，祖逖、祖约弱冠随母亲离开故乡，到洛阳依靠舅氏程元良的帮助，在朝野人士中获得声誉。"侨居阳平。年二十四，阳平辟察孝廉，司隶再辟举秀才，皆不行。"③祖逖后侨居在司州阳平郡，出仕为司州主簿，后受聘西晋宗室齐王冏、长沙王乂、东海王越等人僚属。其弟祖约"以孝廉为成皋令"。

由于祖逖年轻时就有救乏济困的举动，在家乡赢得声望。其兄弟二人做官以后，应该有一些乡党宗族追随。但祖逖母亲死后就葬在祖约做县令的成皋（今河南荥阳西北），没有归葬范阳。而祖逖率众南下似乎也是从司州出发的，随行的除了一部分亲族同乡以外，还包括一些流民。至于其兄祖纳、祖该等人的南渡，应该另走一路，并未与祖逖同行。

祖逖南渡后，上书司马睿力请北伐，被封为奋威将军、豫州刺史，率部曲北渡长江，转战八年收复黄河以南大片失地。祖逖北伐在东晋政权立足未稳的时候起到了振奋士气的作用。后因受到朝廷猜忌，祖逖忧愤而终。祖逖弟祖约为平西将军、豫州刺史，继领其众。因参与苏峻之乱，兵败后逃到后赵。《晋书》谈到祖约之死，以为是出于后赵国君石勒对反复无常人的反感，"薄其为人"，故用计将其杀死。其实原因并非这样简单。《世说新语》雅量第六注引《祖约别传》中记载说："（祖约）与苏峻反，峻败，约投石勒。约本幽州冠族，宾客填门，勒登高望见车骑，大惊。又使占夺乡里先人田地，地主多恨。勒恶之，遂诛约。"④可见，作为幽州冠族的祖约带领部曲返回北方以后，其兄弟的故旧乡党纷纷前来投靠，宾客填门，车马众多，颇有扩充人马的嫌疑，这让羯族统治者石勒警觉起来；祖约又要追缴先人故里被占夺的田产，

---

① 余嘉锡撰，周祖谟、余淑宜整理：《世说新语笺疏》德行第一注引王隐《晋书》，第27页。

② （宋）李昉等：《太平御览》卷五一六《宗亲部》，中华书局，2000年，第2346页。

③ 《晋书》卷六二《祖逖传》，第1693页。

④ 余嘉锡撰，周祖谟、余淑宜整理：《世说新语笺疏》，第357页。

企图恢复旧的隶属关系和旧秩序，这让后赵征服者们难以容忍，找到石勒告状。结果石勒大开杀戒，"并其亲属中外百余人悉灭之，妇女伎妾班赐诸胡"。祖约及众多亲族的死，使北归的祖氏宗族受到了毁灭性的打击①。

而留在北方的祖氏宗族于十六国后期也受到了重创。北魏皇始元年（396年），道武帝拓跋珪率军大举讨伐后燕，并攻入后燕控制的幽州地区。范阳涿县（今河北涿州市）的大族卢溥降魏，任河间太守，不久却率部曲数千家复叛，杀魏幽州刺史封沓干，接受后燕封号。"（卢溥）统摄乡部屯海滨，杀其乡姻诸祖十余人，称征北大将军、幽州刺史，攻掠郡县。"②卢溥率宗族部曲武装能够袭杀北魏幽州刺史，可见实力是较强的，范阳涿县与遒县地理相邻，两地大姓卢、祖为乡里姻亲，关系一直比较融洽。只是从记载上看不出卢溥与祖氏反目的原因。如果是因为祖氏阻止其反魏抑或争夺乡里的控制权，那么祖氏也应该有宗族武装作后盾。所谓"诸祖"是指祖氏的不同房支，"诸祖"被杀的有十余人，那么牵扯进来的祖姓宗族成员就不应是一家一户。由此反映出这场冲突应是发生在两个大姓家族之间。火并的结果是祖氏惨败，它使祖氏宗族实力受到又一次打击。

总之，在祖约归赵与卢溥反魏两个事件中，南北两支范阳祖氏都受到了极大削弱。通观整个南北朝：散见于史籍中的南方祖氏已经没有了宗族的痕迹，其作用也多限于文化方面。而北方祖氏支系不繁、人物不众、显达者寡，并且一直缺乏像赵郡李氏、范阳卢氏那样强大的宗族武装作为依托。北魏从太武帝拓跋焘征辟汉族士人到孝文帝推行汉化改革，鲜卑贵族与汉世族之间的隔阂被一步步打破，不过这个汉族"旧姓""冠族"的作用，却直到北魏末甚至北齐时才发挥出来。

三

北齐时期因祖珽出任侍中、尚书左仆射使范阳祖氏一度受到瞩目。祖珽字孝征，为祖莹之子，博学善文，谋略与才干出众。东魏北齐政治上一个特别突出的问题是，高欢姻亲娄、段、窦等鲜卑族勋贵集团控制军队，他们支持高欢妻子娄太后反对汉化，直接操纵皇帝废立。比如北齐文宣帝高洋死后，杨愔等汉族大臣辅佐高洋之子废帝高殷，想用增强汉人皇太后（赵郡李希宗之女）权力的办法取代鲜卑族太皇太后娄氏。娄氏遂"密与孝昭（高演）及诸大将定策诛之，下令废立"。用政变的方式立娄后所生的高演为帝。"孝昭即位，（娄氏）复为皇太后。孝昭崩，太后又下诏立武成帝（高湛亦为娄后之子）。"废高殷，立子高演，高演死后，又立子高湛为帝，娄氏

---

① 《晋书》卷一百《祖约传》，第2627页
② 《北史》卷三十《卢玄传》，第1087页。

在姻亲勋贵集团的支持下一直以皇太后的身份发挥作用[①]。鉴于这种形势，祖珽通过权臣和士开劝说武成帝高湛提前传位太子，"令君臣之分早定"暗示高湛应以太上皇的名义帮助太子高纬坐稳帝位。武成帝听从了这一建议，"由是拜秘书监，加仪同三司，大被亲宠"。

武成帝去世后高纬亲政，拜祖珽侍中、尚书左仆射，得以参与机要，"自和士开执事以来，政体隳坏，珽推崇高望，官人称职，内外称美。复欲增损政务，沙汰人物"[②]。由于鲜卑权贵控制京畿都督府，动辄发动京畿军队政变，威胁皇权。祖珽于是奏请罢京畿都督府，协助后主高纬废除了这个军事机构。祖珽还于武平三年（572年）奏请设立文林馆，推举颜之推、崔季舒、魏收、李德林、封孝琰等五十余名汉士人入馆待诏，被时人称作"盛事"。这样的举措在当时胡语流行，汉人和汉文化受到轻视的历史逆流中，不仅能够保存汉族学术，还有联络汉士人随时为朝廷提供人才的作用[③]。可是当祖珽用权术求为领军，企图进一步掌握军权，集中更大的权力来整肃朝政，"又欲黜诸阉竖及群小辈，推诚延士，为致安之方"，想要排除佞幸，清明政治时，受到后主高纬身边胡族权臣的围攻，被解除侍中、仆射，出为北徐州刺史。祖珽想要按照汉族传统统治方式来改造北齐胡人政权的打算最终破灭了[④]。

祖珽解鲜卑及四夷语，善弹琵琶，为人贪财放纵，"豪纵淫逸"[⑤]，"性疏率，不能廉慎守道"，行为上似乎颇有胡化色彩。但他诗文俱佳，"词藻遒逸，少驰令誉，为当世所推"[⑥]。与当时文章大家魏收、邢子才齐名。凭借门第，祖珽联姻的多为汉世族高门，其妻为荥阳郑氏，女儿嫁与彭城刘氏，勃海封隆之亦与他的家族通婚[⑦]。并且从史书中还可以看出，祖珽似是天师道的信徒。例如，祖珽善音律、通医药、解阴阳占候；天师道信徒多解医药，这在陈寅恪先生《天师道与滨海地域之关系》一文中已有解释。又《北史》卷三三《李义深传》记载："祖孝征执政。求紫石英于（李）幼廉，以其南青州所出。幼廉辞无好者，固请，乃与二两。"[⑧]祖珽还曾对武成帝高湛说

① 参见拙著：《从北齐废立皇后的冲突看北朝皇后的政治作用》，《北朝研究》（第二辑），北京燕山出版社，2001年，第125页。
② 《北史》卷四七《祖珽传》，第1743页。
③ 缪钺先生对祖珽的做法给予充分肯定，在《东魏北齐政治上汉人与鲜卑之冲突》中认为"祖珽颜之推欲借文林馆为培养汉人人才之地"，"祖珽欲推崇汉人，压抑鲜卑，以澄清政治"，此说极有见地。缪钺：《读史存稿》，生活·读书·新知三联书店，1963年，第91页。
④ 对于祖珽的政治作用，可参见熊德基先生：《鲜卑汉化与北朝三姓的兴亡》一文，熊德基：《六朝史考实》，中华书局，2000年，第115页。
⑤ 《北史》卷四七《祖珽传》，第1737页。
⑥ 《北史》卷四七《祖珽传》，第1736页。
⑦ 《北齐书》卷二一《封隆之传》，第302页。
⑧ 《北史》卷三三《李义深传》，第1242页。

过"为陛下合金丹"①。紫石英是制作五石散的主要原料，金丹是用铅、汞等矿石药物炼成的，服食五石散和炼金丹都是天师道信徒养生修炼之术。

我们知道，与范阳祖氏有乡姻关系的范阳卢氏即为天师道世家②。自从卢溥事件卢祖两族交恶150余年后，在《卢誉墓志》中反映两个家族的"乡姻"关系业已恢复。范阳卢誉为幽州法曹参军卢元绍之子，任征虏将军、中散大夫，卒于东魏孝静帝兴和（元）年正月十日（539年），其妻即同郡祖氏③。史籍中卢元绍与卢誉均未见记载，不了解他们属于范阳卢氏哪个支系。两个家族同乡姻亲，在宗教信仰方面似应相互影响。另外，南方祖冲之一系亦有信仰天师道的迹象：曾祖台之，父朔之，祖父孙同用"之"字为名，这是信仰天师道的特征④。我们知道，北齐诸帝崇佛轻道，文宣帝高洋时曾下令废除道教，"遂敕道士皆剃发为沙门；有不从者，杀四人，乃奉命。于是齐境皆无道士"⑤。自十六国以来，佛教传播日益兴盛，不少汉族人士甚至高门世族纷纷皈依，但仍有一部分传统士大夫以为佛教来自印度，为夷狄之教；且剃发火葬等诸多做法不合华夏传统，因而固守本土的道教来对佛教加以抵制。北朝多次出现的佛道之争，说到底就是华夷文化观念的冲突。因为材料缺乏，我们不能判断在北齐统治者严禁道教的情况下，祖珽究竟是坚守天师道的信徒还是受其影响的服食修炼者，但从祖珽掌权执政的作为可以看出，他从骨子里维护的是汉族文化传统，勃海世族封孝琰就称赞他说"公是衣冠宰相，异于余人"，这话应该具有深意⑥。

四

南北朝时期范阳祖氏在文化方面的贡献令人瞩目。比如处在天文历法繁荣发展的魏晋南北朝时期，南朝刘宋时使用的何承天《元嘉历》，解决了日月食必在朔望日的问题，这比以往的历法已是较大的进步。可是祖冲之精益求精，发现了《元嘉历》尚存在问题，"以为尚疏，乃更造新法"。他在长期观测、精确计算的基础上，创制了把岁差引进历法的《大明历》，提高了历法的精确性。宋孝武帝让懂得历法的朝士同祖冲之辩论，结果"不能屈"⑦。权臣戴法兴也以不合旧制全力阻挠。不过在祖冲之死

---

①　《北齐书》卷三九《祖珽传》，第517、518页。

②　陈寅恪：《天师道与滨海地域之关系》，《金明馆丛稿初编》，上海古籍出版社，1980年。

③　墓志录文见《涿州贞石录》，北京燕山出版社，2005年；参见杨卫东：《北齐卢誉墓志考》，《文物春秋》2007年第3期。

④　陈寅恪：《崔浩与寇谦之》，《金明馆丛稿初编》，上海古籍出版社，1980年。

⑤　《资治通鉴》卷一六六"梁敬帝绍泰元年"条，中华书局，1956年，第5131页。

⑥　《北齐书》卷二一《封隆之传》，第308页。

⑦　《南齐书》卷五二《文学传》，第905页。

后的梁天监九年（510年），《大明历》最终被颁行采用。

范阳祖氏在宫廷礼乐方面也颇有建树。我们知道，永嘉之乱后，海内分崩。晋朝的乐官乐器为刘聪、石勒所获，几经转手始归于北魏。孝文帝"垂心雅古，务正音声"，下诏有司定雅音，后因帝崩，此事遂被搁置下来。到了魏末，"初，庄帝末，尔朱兆入洛，军人焚烧乐署，钟石管弦，略无存者。敕莹与录尚书事长孙稚、侍中元孚典造金石雅乐，三载乃就，事在《乐志》"①。尔朱氏之乱不仅钟石管弦被毁，乐署也被焚烧，祖莹与长孙稚等受命主持修造被毁的乐器，还肩负了制定"金石典乐"的使命。据《魏书》卷一百九《乐志》祖莹等人的上奏可知，这部雅乐以魏晋的宫廷音乐为主。到文宣帝高洋建立北齐时，令"晓知旧乐"的祖珽重定正声。"始具宫悬之器，仍杂西凉之曲，乐名《广成》，而舞不立号，所谓'洛阳旧乐'者也。"②祖珽对北魏时的雅乐做了一些修改，称作洛阳旧乐。

范阳祖氏虽然分寓南北，但南北人物在文化专长方面却颇为类似，表现了家学门风的内在影响。比如祖冲之制《大明历》已见前述，而祖氏北眷祖莹亦曾撰有《神龟壬子元历》，此书在《隋书》卷三四《经籍志三》③中仅有存目，内容已无从知晓。医学方面，北齐的祖珽"医药之术尤是所长"；南朝宋有范阳祖翻"有医术，姿貌又美"④，在文学著述方面，北方的祖莹"以文学见重，常语人云：'文章须自出机杼，成一家风骨。何能共人同生活也？'盖讥世人好偷窃他文以为己用"。他的文名在北魏与陈郡袁翻齐名，"时人为之语曰：'京师楚楚，袁与祖；洛中翩翩，祖与袁。'"⑤其子祖珽亦以文学著名。另外，祖珽弟孝隐，"亦有文学，早知名"。孝隐从父弟茂"颇有辞情"，祖珽族弟崇儒，"涉学有辞藻，少以干局知名"⑥。而南方的祖台之"撰志怪书行于世"⑦。祖冲之"著《易》《老》《庄义释》，《论语》《孝经》注"⑧。

综上所述，通过对范阳祖氏的个案考察，我们对史家所谓"旧族"有了更深入的了解。大凡被誉为魏晋"旧族"者，不仅仅是家族历史的悠久，其实还包含了对礼法的固守和对家学的传承。祖氏家族在南北朝时期分寓南北又数遭困厄，但其家学门风却始终薪火相传。虽然到了隋唐时期这个家族在政治上又归于沉寂，但在文化上却仍

① 《魏书》卷八二《祖莹传》，第1800页。

② 《隋书》卷一四《音乐志中》，中华书局，1973年，第314页。

③ 《隋书》卷三四《经籍志三》，第1023页。

④ 《宋书》卷七二《文九王》，中华书局，1974年，第1878页。

⑤ 《魏书》卷八二《祖莹传》，第1799页。

⑥ 《北史》卷四七《祖珽传》，第1745页。

⑦ 《晋书》卷七五《王湛传》，第1975页。

⑧ 《南齐书》卷五二《文学传》，第906页。

然发挥作用。例如，对隋代音乐做出贡献的万宝常"修洛阳旧曲，言幼学音律，师于祖孝徵（珽），知其上代修调古乐"①。可见他曾向祖珽学习洛阳旧曲。范阳祖温一系祖崇儒之子孝孙，隋开皇年间任协律郎，参定雅乐。唐武德九年（626年）唐高宗"始命孝孙修定雅乐，至贞观二年六月奏之"②。再比如，《旧唐书》卷三二《历志一》记载："高祖受隋禅，傅仁均首陈七事，言戊寅岁时正得上元之首，宜定新历，以符禅代，由是造《戊寅历》。祖孝孙、李淳风立理驳之，仁均条答甚详，故法行于贞观之世。"③"（武德）三年正月望及二月、八月朔，当蚀，比不效。六年，诏吏部郎中祖孝孙考其得失。"④由此可见祖氏天文音律之学对南北朝、隋、唐的影响一脉相传。

---

① 《隋书》卷一四《音乐志中》，第347页。

② 《旧唐书》卷二八《音乐志一》，中华书局，1975年，第1040、1041页。

③ 《旧唐书》卷三二《历志一》，第1152页。

④ 《新唐书》卷二五《历志一》，中华书局，1975年，第534页。

魏晋南北朝时期的城市住宅*

冯　剑

（青岛大学历史学院　青岛　266071）

韦伯曾指出，凡是非现代国家，君主如何能持续控制行政机构和军队，都会成为一个长期而且在某种程度上无法克服的问题。国家越大则情况越是如此，因为只有当被支配者被安置于常规而又易于控制的范围内时，才能相当成功地左右他们的行为①。城市尤其是都城中贵族住宅的安置，也体现了这种控制的要求。秦汉时期城市的住宅与宫殿市场混杂，前朝后市，左右建有民宅。祭坛是左祖庙右社稷。宫殿面南，所以左为东、右为西②。魏晋南北朝时期，中轴线的确立使宫殿、贵族住宅与平民住宅开始有了新规制，在城市中有了更为整齐规制的安排。刘淑芬对六朝建康的住宅进行了描述，并与北魏洛阳进行了比较③，但对魏晋南北朝城市住宅的总体描述还有待进一步深化。

一、魏晋时期的城市住宅

汉末三国时期官员的住宅面积较大，并可有多套住宅，如曹操"筑室城外，春夏习读书传，秋冬弋猎，以自娱乐"④。"于谯东五十里筑精舍，欲秋夏读书，冬春涉猎。"⑤魏晋时期的邺城东西长3.5千米，南北宽2.5千米，其宫苑集中于北部，南部为居民区⑥。邺城第一次将宫殿和居民区分开，孟凡人认为其受到了当时西域诸国如大月氏的影响，与塔克西拉的锡尔开普城布局有异曲同工之妙⑦。魏晋时期，洛阳城东、西

---

* 基金项目：国家社科基金后期资助项目"魏晋南北朝城市发展与变迁研究"（21ZSB097）。

① 〔英〕安东尼·吉登斯著，胡宗泽、赵力涛译，王铭铭校：《民族—国家与暴力》，生活·读书·新知三联书店，1998年，第95页。

② 〔日〕斯波义信著，布和译：《中国都市史》，北京大学出版社，2013年，第9页。

③ 刘淑芬：《六朝的城市与社会》，台湾学生书局，1992年。

④ 《三国志》卷一《魏书·武帝纪》注引《魏书》，中华书局，1959年，第4页。

⑤ 《三曹集》，岳麓书社，1992年，第10页。

⑥ 李凭：《北魏平城时代》，社会科学文献出版社，2000年，第344页。

⑦ 孟凡人：《试论北魏洛阳城的形制与中亚古城形制的关系——兼谈丝路沿线城市的重要性》，《汉唐与边疆考古研究》（第一辑），科学出版社，1994年。

似乎有着等级区分，邓艾余子在洛阳者悉伏诛，徙其妻及孙于西城①。孙吴时期建业的大致轮廓是秦淮河北岸为宫城府署区，南岸为吏民杂居的住宅区②。贵族在城东清溪岸一片狭长的区域修造园宅③。贵族的住宅由皇帝赐予的，内部不仅有宅院，而且有花园和祭祀的庙观，如魏明帝"思念舅氏不已。……又特为起大第，车驾亲自临之。又于其后园为像母起观庙，名其里曰渭阳里，以追思母氏也"④。

　　城市中的普通人也非常注重住宅的建设，以长宜子孙，如李衡"本襄阳卒家子也，汉末入吴为武昌庶民。……衡每欲治家，妻辄不听，后密遣客十人于武陵龙阳汜洲上作宅，种甘橘千株。临死，敕儿曰：'汝母恶我治家，故穷如是。然吾州里有千头木奴，不责汝衣食，岁上一匹绢，亦可足用耳。'衡亡后二十余日，儿以白母，母曰：'此当是种甘橘也，汝家失十户客来七八年，必汝父遣为宅。汝父恒称太史公言："江陵千树橘，当封君家。"吾答曰："且人患无德义，不患不富，若贵而能贫，方好耳，用此何为！"'吴末，衡甘橘成，岁得绢数千匹，家道殷足。晋咸康中，其宅址枯树犹在"⑤。

　　晋代时期实行品级制度，官员依照品级在城市中有一定规模的宅院。西晋限制官员在城市中的住宅数量，实行官品制度："及平吴之后，有司又奏：'诏书，王公以国为家，京城不宜复有田宅。今未暇作诸国邸，当使城中有往来处，近郊有刍藁之田。今可限之，国王公侯，京城得有一宅之处。近郊田，大国田十五顷，次国十顷，小国七顷。城内无宅城外有者，皆听留之。'"⑥但依然没能阻止王公大臣相继大造官署住宅，显示自己的地位，如司马冏"居攸故宫，置掾属四十人。大筑第馆，北取五谷市，南开诸署，毁坏庐舍以百数，使大匠营制，与西宫等。凿千秋门墙以通西阁，后房施钟悬，前庭舞八佾，沈于酒色，不入朝见"⑦。

　　晋代贵族的住宅有的为帝王所赐。左长史范晷为山涛请命"涛旧第屋十间，子孙不相容。帝为之立室"⑧。周处死后，"追赠平西将军，赐钱百万，葬地一顷，京城地五十亩为第，又赐王家近田五顷"⑨。有的是同僚朋友提供，纪瞻"慎行爱士，老而弥笃。尚书闵鸿、太常薛兼、广川太守河南褚沈、给事中宣城章辽、历阳太守沛国武

①　《资治通鉴》卷七八《魏纪十·元皇帝下》，中华书局，2011年，第2529页。

②　刘淑芬：《六朝的城市与社会》，第43页。

③　刘淑芬：《六朝的城市与社会》，第51页。

④　《三国志》卷五《魏书·后妃传》，第163页。

⑤　《三国志》卷四八《吴书·三嗣主传》注引《襄阳记》，第1156、1157页。

⑥　《晋书》卷二六《食货志》，中华书局，1974年，第790页。

⑦　《晋书》卷五九《司马冏传》，第1606页。

⑧　《晋书》卷四三《山涛传》，第1227页。

⑨　《晋书》卷五八《周处传》，第1570、1571页。

碬，并与瞻素疏，咸藉其高义，临终托后于瞻。瞻悉营护其家，为起居宅，同于骨肉焉"①。北方动乱后，世家大族南逃，南方世家大族的别墅建在建康城东南方，大约是在太湖一带；后来与晋朝廷一起南迁的北方移民则将他们的别墅建在会稽郡以东②。司马道子开东第，筑山穿池，功用巨万③。东晋末桓玄篡位时期，在建康开三门，筑东城府，从此作为宰相和扬州刺史的居所，西州成为宗室诸王所在地④。建康园宅分布在秦淮河以北，反映出了建康布局的阶级区分⑤。

在北方十六国时期，贵族的住宅也有为国君所赐者，如苻坚"封（张）天锡重光县之东宁乡二百户，号归义侯。初，（苻）苌等将征天锡，坚为其立第于长安，至是而居之"⑥。"苻坚……祖洪，从石季龙徙邺，家于永贵里。"⑦苻坚对政敌采取分而治之的策略，分别在不同的城市中立宅："太元元年，苻坚遣伪并州刺史苻洛伐（什翼）犍，破龙庭，禽犍还长安，为立宅，教犍书学。分其部党居云中等四郡。"⑧

晋代城市中的住宅集中，多为茅草或者木质，一遇火灾，损失严重。永昌二年（323年），饶安、东光、安陵三县火灾，烧毁七千余家，死亡五万多人。义熙九年（413年），南京大火，烧毁了数千家⑨。

二、北朝城市的住宅

北魏时期，平城住宅规建最为突出的特色就是里坊制度。虽然里坊制度在城市中为最基本的自然区分，由来已久，但平城的里坊制度应是草原文化过渡到农业文化的产物。洛阳的都市由大规模的整齐的按照不同社会等级和经济功能区分的里坊制度构成，是受到了平城的影响⑩。太和十八年（494年）孝文帝迁都洛阳，新的布局规则是将社会的不同等级分开⑪。这一时期，被称为里的城市居民开始使用坊这种新名称（坊

① 《晋书》卷六八《纪瞻传》，第1824页。
② 〔加〕卜正民主编，〔美〕陆威仪著，李磊译，周媛校：《分裂的帝国：南北朝》，中信出版社，2016年，第96页。
③ 《资治通鉴》卷一百八《晋纪三十·烈宗孝武皇帝下》，第3473页。
④ 刘淑芬：《六朝的城市与社会》，第58页。
⑤ 刘淑芬：《六朝的城市与社会》，第127页。
⑥ 《晋书》卷一一三《苻坚载记上》，第2898页。
⑦ 《晋书》卷一一三《苻坚载记上》，第2883页。
⑧ 《南齐书》卷五七《魏虏传》，中华书局，1972年，第983页。
⑨ 《晋书》卷二七《五行志上》，第806、807页。
⑩ 逯耀东：《从平城到洛阳——拓跋魏文化转变的历程》，中华书局，2006年，第21页。
⑪ 〔德〕阿尔弗雷德·申茨著，梅青译，吴志强审，何晓昕、干靓校：《幻方——中国古代的城市》，中国建筑工业出版社，2009年，第179页。

墙制）。重要的是作为聚落的一种方式，城和鄙也就是城市和农村相对照的关系变得清晰起来，农村的乡村和都市的坊郭开始区别开来①。里坊制度有三个要点：①三品以上官员以外，不得对街道开门；②坊门昼启夜闭，实行夜禁制度；③不准侵占街道种植蔬果②。

北魏时洛阳城内的里坊，是北魏迁都洛阳后于景明元年（500年）征调5万人一次性建成的，共有320里坊。这是中国古代都城史上第一次有计划地将居民的里坊全部建成③。而平城时期具体布局为"其郭城绕宫城南，悉筑为坊，坊开巷。坊大者容四五百家，小者六七十家。每南坊搜检，以备奸巧"④。北魏城市空间的等级性和职业性是非常突出的，"伏见洛京之制，居民以官位相从，不依族类。然官位非常，有朝荣而夕悴，则衣冠沦于厮竖之邑，臧获腾于膏腴之里。物之颠倒，或至于斯。古之圣王，必令四民异居者，欲其业定而志专。业定则不伪，志专则不淫。故耳目所习，不督而就；父兄之教，不肃而成。仰惟太祖道武皇帝创基拨乱，日不暇给，然犹分别士庶，不令杂居；伎作屠沽，各有攸处。但不设科禁，卖买任情，贩贵易贱，错居混杂。假令一处弹筝吹笛，缓舞长歌；一处严师苦训，诵诗讲礼。宣令童龀，任意所从，其走赴舞堂者万数，往就学馆者无一。此则伎作不可杂居，士人不宜异处之明验也。故孔父云里仁之美，孟母弘三徙之训，贤圣明诲，若此之重。今令伎作家习士人风礼，则百年难成；令士人儿童效伎作容态，则一朝可得。是以士人同处，则礼教易兴；伎作杂居，则风俗难改。朝廷每选举人士，则校其一婚一宦，以为升降，何其密也。至于开伎作宦途，得与膏粱华望接阁连甍，何其略也。此愚臣之所惑。今稽古建极，光宅中区，凡所徙居，皆是公地，分别伎作，在于一言，有何为疑，而阙盛美"⑤。但贵族们大建宅第，不断突破限制："今洛阳基址，魏明帝所营，取讥前代。伏愿陛下，损之又损。顷来北都富室，竟以第宅相尚，今因迁徙，宜申禁约，令贵贱有检，无得逾制。端广衢路，通利沟渠，使寺署有别，四民异居，永垂百世不刊之范，则天下幸甚矣。"⑥

洛阳城坊数目有三种不同的记载：323坊、250坊、320坊。323坊或320坊是指洛阳城郭之内外坊数总和，250坊只是城郭内的坊数⑦。坊的设立可以阻挡兵马，便于治安和管理。类似大城内的许多小城⑧。魏晋南北朝时期屠城和移民事件普遍，于是建筑坊

---

① 〔日〕斯波义信著，布和译：《中国都市史》，北京大学出版社，2013年，第19页。

② 刘淑芬：《六朝的城市与社会》，第444页。

③ 周长山：《汉代城市研究》，人民出版社，2001年，第147页。

④ 《南齐书》卷五七《魏虏传》，第985页。

⑤ 《魏书》卷六十《韩麒麟程骏传》，中华书局，1974年，第1340、1341页。

⑥ 《魏书》卷六十《韩麒麟程骏传》，第1338、1339页。

⑦ 刘淑芬：《六朝的城市与社会》，第419页。

⑧ 刘淑芬：《六朝的城市与社会》，第422页。

来防御和监视控制。坊内筑有用来监视的坊馆，对于大量安置被征服者的坊有严密的管制措施①。北魏洛阳坊不仅如宿白所说是为了安置平城的羽林军等，也包括平城的鲜卑人和汉人，还有大量的移民；同时也为了加强对城市的监控②。

迁都伊始，洛阳城市建设正在进行，里坊之制未备，迁到洛阳的官僚贵族家庭居住得比较随意。随着等级制度和门阀制度的确立，官僚和贵族在居住问题上开始更多考虑身份的问题。工商业者一般聚集在一起③。北魏后期洛阳城的居住特点是官位相从和聚族而居，等级差别、四民异居是主要方面。像弘农杨氏这样的大族聚居现象极为少见，但小家族聚居的现象却比较普遍。基本上是一支居于同一里，其他宗室支系也有类似情况。四夷里及通商、达货等十里也体现着聚族而居的点，不过这里的族是指族类、阶层，具体来说就是"四民异居"原则的反映。在洛阳的居住情况中，看不到民族差别，因为迁都以后孝文帝要消除民族隔阂，实现以汉化为方向的民族融合，这一点与代京传统截然不同。人们不愿与归化之民同居，官贵之家更不愿与工商伎作之家相处④。

确立城市的住宅等级制度是北魏统治者加强皇权统治的一个重要举措，"今四人豪富之家，习华既深，敦朴情浅，夫识俭素之易长，而行奢靡之难久。壮制第宅，美饰车马，仆妾衣绫绮，土木被文绣，僭度违衷者众矣。……臣愚以为第宅车服，自百官以至于庶人，宜为其等制，使贵不逼贱，卑不僭高，不可以称其侈意，用违经典。今或者以为习俗日久，不可卒革，……人务本则奢费除，奢费除则谷帛丰，谷帛丰则人逸乐，人逸乐则皇基固矣"⑤。

但北魏时期，发达起来的人往往依然大修宅地，上谷人寇猛"家渐富侈，宅宇高华，妾隶充溢"⑥。贵族宅地多选水源和市场方便的地方，夏侯道迁"于京城之西，水次之地，大起园池，植列蔬果，延致秀彦，时往游适，妓妾十余，常自娱乐"⑦。

家族在城市聚居，一般同居共宅，杨愔"一门四世同居，家甚隆盛，昆季就学者三十余人。学庭前有奈树，实落地，群儿咸争之，愔颓然独坐。其季父暐适入学馆，见之大用嗟异，顾谓宾客曰：'此儿恬裕，有我家风。'宅内有茂竹，遂为愔于林边

①　刘淑芬：《六朝的城市与社会》，第424页。

②　刘淑芬：《六朝的城市与社会》，第433页。

③　张金龙：《北魏迁都后官贵之家在洛阳的居住里坊考》，《北朝研究》（第二辑），北京燕山出版社，2008年，第27页。

④　张金龙：《北魏迁都后官贵之家在洛阳的居住里坊考》，《北朝研究》（第二辑），第38、39页。

⑤　《魏书》卷六二《李彪高道悦传》，第1382～1384页。

⑥　《魏书》卷九三《寇猛传》，第1998页。

⑦　《魏书》卷七一《夏侯道迁传》，第1583页。

别茸一室，命独处其中，常以铜盘具盛馔以饭之。因以督厉诸子曰：'汝辈但如遵彦谨慎，自得竹林别室、铜盘重肉之食。'"①

但是也有日久分宅而居的情况，李冲"兄弟六人，四母所出，颇相忿阋。及冲之贵，封禄恩赐皆以共之，内外辑睦。父亡后同居二十余年，至洛乃别第宅，更相友爱，久无间然。皆冲之德也"②。张彝"大起第宅，徽号华侈，颇侮其疏宗旧戚，不甚存纪，时有怨憾焉"③。

许多贵族有多套住宅，"时世宗幸小平津，禧在城西小宅"④。汝南王悦"时轻与出采芝，宿于城外小人之所。遂断酒肉粟稻，唯食麦饭。又绝房中而更好男色。轻忿妃妾，至加捶挞，同之婢使。悦之出也，妃住于别第"。大家族有因多妻导致分宅居住的，"初，（李）洪之微时，妻张氏助洪之经营资产，自贫至贵，多所补益，有男女几十人。洪之后得刘氏，刘芳从妹。洪之钦重，而疏薄张氏，为两宅别居，偏厚刘室。由是二妻妒竞，互相讼诅，两宅母子，往来如仇"⑤。

贵族住宅多相邻，太保、平原王隆之与杨愔邻宅，杨愔尝见其门外有富胡数人，谓左右曰："我门前幸无此物。"⑥

帝王为功臣幸臣造宅、临幸宅院是贵族大臣莫大的恩宠：安定石唐人张祐"太后嘉其忠诚，为造甲宅。宅成，高祖，太后亲率文武往燕会焉。拜散骑常侍、镇南将军、尚书左仆射，进爵新平王，受职于太华庭，备威仪于宫城之南，观者以为荣。高祖、太后亲幸其宅，飨会百官"⑦。赵修"每受除设宴，世宗亲幸其宅，诸王公卿士百僚悉从"⑧。

北魏贵族宅院宏大，李丰"出入禁闼，并致名位，积赀巨万，第宅华壮"⑨。"（茹）皓贵宠日升……起宅宫西，朝贵弗之及也。"⑩"皓性微工巧，多所兴立。为山于天渊池西，采掘北邙及南山佳石。徙竹汝颖，罗莳其间；经构楼馆，列于上下。树草栽木，颇有野致。世宗心悦之，以时临幸。"⑪有的贵族为扩大宅院还侵占兼并其他人的宅院，"是年，又为（赵）修广增宅舍，多所并兼，洞门高堂，房庑周博，崇

---

①　《北齐书》卷三四《杨愔传》，中华书局，1972年，第453页。
②　《魏书》卷五三《李冲传》，第1189页。
③　《魏书》卷六四《张彝传》，第1425页。
④　《魏书》卷二一上《献文六王传》，第538页。
⑤　《魏书》卷八九《李洪之传》，第1919页。
⑥　《北齐书》卷三四《杨愔传》，第457页。
⑦　《魏书》卷九四《张祐传》，第2020、2021页。
⑧　《魏书》卷九三《赵修传》，第1998页。
⑨　《魏书》卷九四《剧鹏传》，第2020页。
⑩　《魏书》卷九三《茹皓传》，第2001页。
⑪　《魏书》卷九三《茹皓传》，第2001页。

丽拟于诸王。其四面邻居,赂入其地者侯天盛兄弟,越次出补长史、大郡"①。献王"建饰第宇,开起山池,所费巨万矣。又于东掖门外,大路之南,驱逼细人,规占第宅"②。刺史李世哲"贵盛一时,多有非法,逼买民宅,广兴屋宇"③。

住宅高大逾制在北魏也多遭疑忌,贵族宅院僭越给他们带来了灾难,高岳"于城南起宅,听事后开巷。(高)归彦奏帝曰:'清河造宅,僭拟帝宫,制为永巷,但唯无阙耳。'显祖闻而恶之,渐以疏岳"④。晋公护执政时"广营第宅。尝召(韦)敻至宅,访以政事。敻仰视其堂,徐而叹曰:'酣酒嗜音,峻宇雕墙,有一于此,未或弗亡。'"⑤

孝文帝迁居洛阳,一些贵族有了南北都城两套住宅,寒暑之间往来南北,被称为雁臣,为北魏的内部统治的分裂埋下了伏笔。"初,高祖迁洛,而在位旧贵皆难于移徙,时欲和合众情,遂许冬则居南,夏便居北。世宗颇惑左右之言,外人遂有还北之问,至乃榜卖田宅,不安其居。"⑥

北齐贵族的宅院非常壮丽。琅邪王高俨,"武成崩,改封琅邪。俨以和士开、骆提婆等奢恣,盛修第宅"⑦。"(庞)苍鹰母求以神武为义子。及得志,以其宅为第,号为南宅。虽门巷开广,堂宇崇丽,其本所住团焦,以石垩涂之,留而不毁,至文宣时,遂为宫。"⑧"太姬亦称(祖)珽为国师、国宝。……所住宅在义井坊,旁拓邻居,大事修筑,陆媪自往案行,势倾朝野。"⑨北齐贵族也有宅院多处,杨愔"在北城别有馆宇,还备法驾,依常仗卫而去。……遂入北城下司马子如南宅。帝至城南顿所"⑩。

地方贵族多选择优雅之地筑宅,范阳涿人卢叔武"少机悟,豪率轻侠,……叔武归本县,筑室临陂,优游自适"⑪。

北周贵族的住宅也很有情趣,韦敻"所居之宅,枕带林泉,敻对玩琴书,萧然自乐。时人号为居士焉。至有慕其闲素者,或载酒从之,敻亦为之尽欢,接对忘倦"⑫。

---

① 《魏书》卷九三《赵修传》,第1999页。
② 《魏书》卷二一上《献文六王传》,第561页。
③ 《魏书》卷七七《高崇传》,第1714页。
④ 《北齐书》卷十三《清河王岳传》,第176页。
⑤ 《周书》卷三一《韦敻传》,中华书局,1971年,第545页。
⑥ 《魏书》卷十五《昭成子孙传》,第378页。
⑦ 《北齐书》卷十二《文宣四王孝昭六王武成十二王传》,第161页。
⑧ 《北齐书》卷一《神武纪上》,第3页。
⑨ 《北齐书》卷三九《祖珽传》,第519页。
⑩ 《北齐书》卷三〇《高德政传》,第409页。
⑪ 《北齐书》卷四二《卢叔武传》,第559页。
⑫ 《周书》卷三一《韦敻传》,第544页。

三、南朝时期城市的住宅

南朝贵族居住里巷，谢晦"于彭城还都迎家，宾客辐辏，门巷填咽"①。"（王）志家世居建康禁中里马蕃巷，父僧虔以来，门风多宽恕，志尤惇厚。"②贵族住宅往往并门相连，"（路）琼之宅与太常王僧达并门。尝盛车服卫从造僧达，僧达不为之礼"③。刘琎谓人曰："吾闻张融与陆慧晓并宅，其间有水，此水必有异味。"④

南朝贵族的宅院一般与市场分开，多在山林，在城中的住宅也多在官署大道附近。如吕僧珍旧宅在市北，前有督邮廨，乡人咸劝徙廨以益其宅。僧珍怒曰："督邮官廨也，置立以来，便在此地，岂可徙之益吾私宅！""僧珍宅在建阳门东，自受命当行，每日由建阳门道，不过私室，太祖益以此知之。"⑤姊适于氏，住在市西，小屋临路，与列肆杂处，僧珍常导从卤簿到其宅，不以为耻⑥。刘勔晚年颇慕高尚，立园宅，名为东山，遗落世务，罢遣部曲⑦。

住宅可以买卖，赵主勒如邺，将营新宫，曰："匹夫家资满百匹，犹欲市宅，况富有四海乎？"⑧许昭先"家产既尽，卖宅以充之"⑨。王琨"买宅百三十万"⑩。"（何）点弟胤，有儒术，亦怀隐遁之志。所居宅名为小山。隆昌中为中书令，以皇后从叔见亲宠。明帝即位，胤卖园宅，将遂本志。"⑪

六朝园林的建筑有着隐逸之风。在南朝，成为社会精英的一员，就意味着在城市与自然中不断来回——将都城的权势带入乡村，通过别墅、诗歌和画作等表现出来。同样，还要将自然带入城市，一方面创建园林，另一方面培养"隐于朝"的精神⑫。玄学大炽，人们迷恋寄情山水而出现了园林的修筑之风。园林分隐士和逸民修筑的自然园林和贵族的人工园林。当时一所园林的价格为百万左右。如齐王琨的宅园

---

① 《宋书》卷五六《谢瞻传》，中华书局，1974年，第1557页。
② 《梁书》卷二一《王志传》，中华书局，1973年，第320页。
③ 《宋书》卷四一《后妃传》，第1287页。
④ 《南齐书》卷四六《陆慧晓传》，第806页。
⑤ 《梁书》卷十一《吕僧珍传》，第211页。
⑥ 《梁书》卷十一《吕僧珍传》，第213页。
⑦ 《资治通鉴》卷一三三《宋纪十五·太宗明皇帝下》，第4252页。
⑧ 《资治通鉴》卷九四《晋纪十六·显宗成皇帝上之下》，第2979页。
⑨ 《宋书》卷九一《孝义传》，第2255页。
⑩ 《南齐书》卷三二《王琨传》，第578页
⑪ 《南齐书》卷五四《何求传》，第938页。
⑫ 〔加〕卜正民主编，〔美〕陆威仪著，李磊译，周媛校：《分裂的帝国：南北朝》，第100页。

一百三十万；朱侃的园宅百万；宋季雅购买吕僧珍的临宅也费百万。六朝建康城的园宅是聚集全国的财富堆砌而成，建康的繁华也是六朝政治的副产品①。

住宅的价格也有市场，建康城市土地昂贵，"王畿陆海，亩号一金"②。"（蔡）兴宗年十岁失父，哀毁有异凡童。廓罢豫章郡还，起二宅。先成东宅，与轨；廓亡而馆宇未立，轨罢长沙郡还，送钱五十万以补宅直。"③

晋代贵族的宅院非常严谨复杂，其内部结构从这个故事中可窥见一斑：贾充之女与（韩）寿私通，"而其门阁严峻，不知所由得入。乃夜中阳惊，托言有盗，因使循墙以观其变。左右白曰：无余异，惟东北角如狐狸行处"④。贵族权贵的宅院还有假山园林等营造，非常奢侈讲究："嬖人赵牙出自优倡，……牙为（司马）道子开东第，筑山穿池，列树竹木，功用钜万。道子使宫人为酒肆，沽卖于水侧。"⑤

宅内有种植业，柳元景"南岸有数十亩菜园，守园人卖得钱二万送还宅，元景曰：'我立此园种菜，以供家中啖尔。乃复卖菜以取钱，夺百姓之利邪！'以钱乞守园人"⑥。

住宅的装饰常用书法美工，显示了主人兴趣的清雅。刘显"尝为《上朝诗》，沈约见而美之，时约郊居宅新成，因命工书人题之于壁"⑦。江左盛行以壁画为装饰，佛堂中有佛教人物和故事，而贵族的宅园中多为古代名人图像，如齐竟陵王西邸等⑧。还有许多人将书法题写在墙上，如沈约将刘杳的赞题在墙上⑨。

晋代贵族的宅门很大，显示出家门的气派，如"廷尉张闿住在小市，将夺左右近宅以广其居，乃私作都门，早闭晏开，人多患之"⑩。宅门被人们看重，是家族兴旺的标志和象征，陈国苦县人陈頵"少好学，有文义。父诉立宅起门，頵曰：'当使容马车。'诉笑而从之。仕为郡督邮，检获隐匿者三千人，为一州尤最"⑪。宅外有路，王濬"尝起宅，开门前路广数十步。人或谓之何太过，濬曰：'吾欲使容长戟幡旗。'

①　刘淑芬：《六朝的城市与社会》，第112～114页。

②　张缵：《谢东宫赉园启》，《全上古三代秦汉三国六朝文·全梁文》卷六四，中华书局，1958年，第3334页。

③　《宋书》卷五七《蔡廓子兴宗传》，第1573页。

④　《晋书》卷四十《贾充传》，第1173页。

⑤　《晋书》卷六四《简文三子传》，第1734页。

⑥　《宋书》卷七七《柳元景传》，第1990页。

⑦　《梁书》卷四十《刘显传》，第570页。

⑧　刘淑芬：《六朝的城市与社会》，第119页。

⑨　刘淑芬：《六朝的城市与社会》，第121页。

⑩　《晋书》卷六八《贺循传》，第1827页。

⑪　《晋书》卷七一《陈頵传》，第1892页。

众咸笑之，濬曰：'陈胜有言，燕雀安知鸿鹄之志。'"①

宅有凶吉：王僧绰在"太社西空地一区，吴时丁奉宅，孙晧流徙其家。江左初为周顗、苏峻宅，其后为袁悦宅，又为章武王司马秀宅，皆以凶终。后给臧焘，亦颇遇丧祸，故世称为凶地。僧绰常以正达自居，谓宅无吉凶，请以为第。始就造筑，未及居而败"②。宅内埋有玄机，可以求福：徐羡之年少时"尝有一人来，谓之曰：'我是汝祖。'羡之因起拜之。此人曰：'汝有贵相，而有大厄，可以钱二十八文埋宅四角，可以免灾。过此可位极人臣。'后羡之随亲之县，住在县内，尝暂出，而贼自后破县；县内人无免者，鸡犬亦尽，唯羡之在外获全"③。

到了东晋南朝时期，住宅具有浓厚的人文色彩。六朝的园宅都规模不大，多穿山引水，茂林修竹，以山池为代称④。东晋士大夫的住宅具有人文之美的情趣，纪瞻"性静默，少交游，好读书，……厚自奉养，立宅于乌衣巷，馆宇崇丽，园池竹木，有足赏玩焉"。好友之间还立宅奉养⑤。贵族们在城郊山水之间修建自己的住宅园林成为风尚，除了城中的住宅，他们多在郊区建立更大的园宅，如谢安的园宅在郊区去建康二十里⑥。南朝的住宅讲求方位以及环境，有着清雅的道家风味，与当时的玄学之风相切合："广陵城旧有高楼，（徐）湛之更加修整，南望钟山。城北有陂泽，水物丰盛。湛之更起风亭、月观、吹台、琴室，果竹繁茂，花药成行，招集文士，尽游玩之适，一时之盛也。时有沙门释惠休，善属文，辞采绮艳，湛之与之甚厚。"⑦何尚之"立宅南郭外，置玄学，聚生徒。东海徐秀、庐江何昙、黄回、颍川荀子华、太原孙宗昌、王延秀、鲁郡孔惠宣，并慕道来游，谓之南学"⑧。"尚之宅在南涧寺侧，故书云'南濒'，《毛诗》所谓'于以采苹，南涧之濒'也。"⑨宋文帝七子刘宏"少而闲素，笃好文籍。太祖宠爱殊常，为立第于鸡笼山，尽山水之美"⑩。沈庆之"居清明门外，有宅四所，室宇甚丽。又有园舍在娄湖，庆之一夜携子孙徙居之，以宅还官。悉移亲戚中表于娄湖，列门同闬焉。广开田园之业，每指地示人曰：'钱尽在此中。'身享大国，家素富厚，产业累万金，奴僮千计。再献钱千万，谷万斛。以始兴优近，求改封南海郡，不许。妓妾数十人，并美容工艺。庆之优游无事，尽意

① 《晋书》卷四二《王濬传》，第1207页。
② 《宋书》卷七一《王僧绰传》，第1851、1852页。
③ 《宋书》卷四三《徐羡之传》，第1334、1335页。
④ 刘淑芬：《六朝的城市与社会》，第115页。
⑤ 《晋书》卷六八《纪瞻传》，第1824页。
⑥ 刘淑芬：《六朝的城市与社会》，第121页。
⑦ 《宋书》卷七一《徐湛之传》，第1847页。
⑧ 《宋书》卷六六《何尚之传》，第1734页。
⑨ 《宋书》卷六六《何尚之传》，第1736页。
⑩ 《宋书》卷七二《文九王传》，第1858页。

欢愉，非朝贺不出门"①。吴兴武康人沈道虔"少仁爱，好《老》《易》，居县北石山下。孙恩乱后饥荒，县令庚肃之迎出县南废头里，为立小宅，临溪，有山水之玩。时复还石山精庐，与诸孤兄子共釜庚之资，困不改节"②。会稽山阴人孔稚珪"祖道隆，位侍中。父灵产，泰始中罢晋安太守。有隐遁之怀，于禹井山立馆，事道精笃，吉日于静屋四向朝拜，涕泗滂沱"③。邵明太子"性爱山水，于玄圃穿筑，更立亭馆，与朝士名素者游其中"④。新野人庚诜"幼聪警笃学，经史百家无不该综，纬候书射，棋算机巧，并一时之绝。而性托夷简，特爱林泉。十亩之宅，山池居半。蔬食弊衣，不治产业"⑤。

南朝贵族的宅院也非常富丽堂皇，阮佃夫"宅舍园池，诸王邸第莫及。妓女数十，艺貌冠绝当时，金玉锦绣之饰，宫掖不逮也。每制一衣，造一物，京邑莫不法效焉。于宅内开渎，东出十许里，塘岸整洁，泛轻舟，奏女乐。中书舍人刘休尝诣之，值佃夫出行，中路相逢，要休同反；就席，便命施设，一时珍羞，莫不毕备"⑥。刘悛为皇帝所宠幸，"车驾数幸悛宅。宅盛治山池，造瓮牖"⑦。萧恭"性尚华侈，广营第宅，重斋步櫩，模写宫殿"⑧。

可见，南朝贵族住所较北方更为精致且富有艺术情调。洛阳也有贵族的园林，但是因为儒家观念的影响以及等级地位等导致他们的园林不如南方的精致。这体现出二者城市景观的差异⑨。

南朝贵族宅院僭越给他们带来了灾难，"上性虽严，多布耳目，太子所为，无敢启者。后上幸豫章王宅，还过太子东田，见其弥亘华远，壮丽极目，于是大怒，收监作主帅；太子惧，皆藏匿之，由是见责"⑩。齐清河"昭武王岳……起第于城南，厅事后开巷。（高）归彦谮之于帝曰：'清河僭拟宫禁，制为永巷，但无阙耳。'帝由是恶之"⑪。

南朝贵族往往有多套住宅，沈庆之"居清明门外，有宅四所，室宇甚丽"⑫。陈郡

---

① 《宋书》卷七七《沈庆之传》，第2003页。
② 《宋书》卷九三《隐逸传》，第2291页。
③ 《南齐书》卷四八《孔稚珪传》，第835页。
④ 《梁书》卷八《昭明太子传》，第168页。
⑤ 《梁书》卷五一《处士传》，第750、751页。
⑥ 《宋书》卷九四《恩幸传》，第2314页。
⑦ 《南齐书》卷三七《刘悛传》，第651页。
⑧ 《梁书》卷二二《太祖五王传》，第349页。
⑨ 刘淑芬：《六朝的城市与社会》，第182页。
⑩ 《南齐书》卷二一《文惠太子传》，第401页。
⑪ 《资治通鉴》卷一六六《梁纪二十二·敬皇帝》，第5235页。
⑫ 《宋书》卷七七《沈庆之传》，第2003页。

阳夏人袁顗有"都下两宅未成"①。蔡廓"罢豫章郡还，起二宅"②。"东乡君薨，资财巨万，园宅十余所，又会稽、吴兴、琅邪诸处，太傅、司空（谢）琰时事业，奴僮犹有数百人。"③刘义恭"性嗜不恒，日时移变，自始至终，屡迁第宅"④。

大家族有因多妻导致分宅居住的，"刘氏居彭城县者，又分为三里，帝室居绥舆里，左将军刘怀肃居安上里，豫州刺史刘怀武居丛亭里，及吕县凡四刘。虽同出楚元王，由来不序昭穆"⑤。

贵族的家园也有狭小的，有的因为破落，有的因为节俭或者人口太多。王衍"父卒于北平，送故甚厚，为亲识之所借贷，因以舍之。数年之间，家资罄尽，出就洛城西田园而居焉"⑥。"（诸葛）璩性勤于诲诱，后生就学者日至，居宅狭陋，无以容之，太守张友为起讲舍。"⑦颜延之"少孤贫，居负郭，室巷甚陋。好读书，无所不览"⑧。刘裕"与（卢）循书，令遣（吴）隐之还，久方得反。归舟之日，装无余资。及至，数亩小宅，篱垣仄陋，内外茅屋六间，不容妻子。刘裕赐车牛，更为起宅，固辞"⑨。

贵族为瓦屋，贫民多草屋，多在城市的边缘，"明帝陈贵妃，讳妙登，丹阳建康人，屠家女也。世祖常使尉司采访民间子女有姿色者。太妃家在建康县界，家贫，有草屋两三间。上出行，问尉曰：'御道边那得此草屋，当由家贫。'赐钱三万，令起瓦屋"⑩。王玄谟"初围城，城内多茅屋，众求以火箭烧之"⑪。陆倕"于宅内起两间茅屋，杜绝往来，昼夜读书，如此者数载"⑫。裴子野"外家及中表贫乏，所得俸悉分给之。无宅，借官地二亩，起茅屋数间"⑬。

城市中贵族住宅不断扩大，与贫民矛盾很深。"会稽多诸豪右，不遵王宪。又幸臣近习，参半宫省，封略山湖，妨民害治。（蔡）兴宗皆以法绳之。会土全实，民物殷阜，王公妃主，邸舍相望，桡乱在所，大为民患，子息滋长，督责无穷。兴宗悉启

①　《宋书》卷八四《袁顗传》，第2152页。
②　《宋书》卷五七《蔡廓子兴宗传》，第1573页。
③　《宋书》卷五八《谢弘微传》，第1593页。
④　《宋书》卷六一《武三王传》，第1651页。
⑤　《宋书》卷七八《刘延孙传》，第2019、2020页。
⑥　《晋书》卷四三《王戎（从弟衍衍弟澄）传》，第1236页。
⑦　《梁书》卷五一《诸葛璩传》，第744页。
⑧　《宋书》卷七三《颜延之传》，第1891页。
⑨　《晋书》卷九十《吴隐之传》，第2342页。
⑩　《宋书》卷四一《后妃传》，第1296页。
⑪　《宋书》卷七六《王玄谟传》，第1974页。
⑫　《梁书》卷二七《陆倕传》，第401页。
⑬　《梁书》卷三十《裴子野传》，第444页。

罢省。"①员外郎刘思效表陈谠言曰："宋自大明以来,渐见凋弊,征赋有增于往,天府尤贫于昔。兼军警屡兴,伤夷不复,戍役残丁,储元半菽,小民嗷嗷,无乐生之色。贵势之流,货室之族,车服伎乐,争相奢丽,亭池第宅,竞趣高华,至于山泽之人,不敢采饮其水草。贫富相辉,捐源尚末。"②

城市中皇族、贵族的住宅不仅是他们生活的场域,也具有某种政治象征性的意义,正如吉登斯所说,城市情境中活动的集中在此以多种方式起到了重要的作用。不过,许多传统城市中纯粹的自然布局,可能也会产生意识形态方面的效果,因为在这类城市形态中,衙门和宗教大厦在建筑方面时常占据主导地位,而这种力量的视觉呈现无疑会给那些迁入这些城市近郊的人们留以深刻的印象③。

总的看来,从邺城中轴线布局的建立到洛阳里坊制度,魏晋南北朝时期城市住宅的布局较以前更为规整,贵族的住宅规模宏大,住宅等级制度更为鲜明,反映了加强皇权的政治需求,具有鲜明的中国城市的特色。同时,城市住宅也体现出了城市文明的变迁,如道家与佛教的传播使一些贵族的住宅具有宗教修习的气息,在城市住宅更加规整的同时,贵族住宅外溢于城郊山林,也体现了对城市权力控制的逃避。

魏晋南北朝的都城规制体现了各政权要求中央集权加强的趋势,士族势力的根基虽在乡村,但从其在都市中的住宅来看,其也在城市中有着极大的势力。聚族而居的士族大家也有着不小的规模,还将乡村自然的山水情趣放到城市园林中④。

---

① 《宋书》卷五七《蔡廓子兴宗传》,第1583页。

② 《南齐书》卷五四《顾欢传》,第929页。

③ 〔英〕安东尼・吉登斯著,胡宗泽、赵力涛译,王铭铭校:《民族—国家与暴力》,生活・读书・新知三联书店,1998年,第18页。

④ 韩昇:《南北朝隋唐士族向城市的迁徙与社会变迁》,《历史研究》2003年第4期,第49~67页。该文认为魏晋南北朝根源于乡村的士族势力,在隋唐时期随着社会经济、政治文化以及科举制度等社会变迁,逐步开始步入城市化,逐渐失去了在乡村的政治文化势力的根基,发生了从士族政治到官僚政治演变中具有关键意义的转变。

慕容儁称大燕皇帝、迁都蓟城探析*

〔韩〕李椿浩

（惠州学院历史系　惠州　516007）

　　4世纪初慕容鲜卑兴起于辽邦[①]，先定都于棘城，结束部落联盟而建立前燕[②]，而后迁至龙城时实现"不复禀命于晋"[③]，日益走上独具政治军事、社会经济特色的新发展之路。然而，三四世纪的中国北方正值气候寒冷干燥期，沙漠扩展的速度逐渐加快，生存环境已经开始恶化，同时中原汉人遭永嘉丧乱，流亡而入辽邦境内，故而外来人口剧增，耕地面积严重不足，构成了农牧经济的绝对危机。另外，慕容廆作为慕容鲜卑势力发展的奠基者，曾多言"吾积德累仁，子孙当有中原"[④]，嘱咐慕容子孙

---

　　*　基金项目："惠州学院自主创新能力提升计划项目"（Hzu201910）。

　　①　《晋书》卷一〇八《慕容廆载记》，中华书局，1974年，第2805页。"辽邦"或称"辽海"，泛指辽东、辽西之地，是慕容氏祖先莫护跋率部众迁徙于此，随后势力崛起、发展，并居于称霸之位的地方。辽邦与河北、中原相比，始终是慕容鲜卑的龙兴之所，乃河北及中原之后方。

　　②　"前燕"究竟何时建国？有学者根据《晋书·慕容皝载记》中"廆以武帝太康六年（285年）称公……"所言，以慕容廆称公之年作为前燕政权之始合乎情理（赵红梅：《前燕史》，中国社会科学出版社，2019年，第18页）。当年慕容廆"称公"，到底称何公？根据《晋书·慕容皝载记·校勘记》："廆载记亦未言廆于是年称公，但云'建兴中愍帝遣使拜廆镇军将军、昌黎辽东二国公'，魏书廆传同。"他称昌黎公还是辽东公，抑或称昌黎、辽东二国公？从中确知慕容廆绝非"称燕公"，且"燕"国号尚未出现。那么，这时间怎能作为"燕"政权之始？如果这位学者的观点正确无误，慕容廆称昌黎公或辽东公，抑或昌黎、辽东二国公的话，这时间应作为昌黎政权或辽东政权之始，绝非前燕政权之始。笔者认为在慕容鲜卑的发展历史上，"前燕"应指燕王作为权力中心，加强自主意识，谋求摆脱"尊晋勤王"，而后逐步建立起有独立政治军事、社会经济等制度的封建王朝。据此，东晋咸康三年（337年）九月慕容皝即燕王位后，像"备置群司"一样设置"列卿将帅"，同时建立"乘金根车，驾六马，出入称警跸"等王侯礼仪（《晋书》卷一〇九《慕容皝载记》，第2818页）。除此之外，慕容皝共十一次亲征，主要发生在他称燕王之前。而在他称燕王后开始建立国家制度，以令慕容宗室完成诸多军事活动来代替亲征（姜文皓：《中国中世政治史研究》，国学资料院，1999年，第120、121页）。以上，倘若慕容皝称燕王事件在慕容鲜卑历史发展中确实具有划时代意义，东晋咸康三年（337年）九月应是前燕建国的时间。

　　③　《资治通鉴》卷九七"晋穆帝永和元年"条胡三省注，中华书局，1956年，第3068、3069页。

　　④　《十六国春秋》卷二六《前燕录四·慕容儁上》，文渊阁四库全书第463册，台湾商务印书馆，1986年影印本，第521页下栏。

早日进入中原。其孙慕容儁在东晋永和四年（348年）十一月即燕王位后不久，结合国内实际情况，决定走出辽邦开始南下，企图将其国家中心转移到河北①，以缓和经济危机，并实现慕容廆的嘱咐。直至永和六年（350年）二月，他兵分三路开始南征后赵，不久攻克蓟城，而后准备实施迁都计划，等待了将近三年时间，在元玺元年（352年）十一月，河北基本转变为新的政权腹地，慕容儁终于下定决心即大燕皇帝位，在次年二月完成了这次迁都。当时东晋却"介居江表"，其国力"不能及远"于中国北方，无力拯救坠于涂炭的人民②。多数汉族豪强及百姓归降而来，认可慕容儁已掌握"天命"，显得"方以义取天下"③，希望安定中国北部、拯救人民的历史使命由他来完成。由此，慕容儁对河北这块汉族的主要居住地有了新的认识，增强了对它进行有效治理的信心，将来"当有中原"，与前秦、东晋争夺中华正统，以实现一统天下。

据悉，在五胡十六国史中关于慕容鲜卑的研究成果最丰富，涉及政治、经济、人物、考古等各个方面，同时最近几年连续出版了研究慕容鲜卑通史及断代史的学术专著④。然而，笔者发现，其中对慕容儁究竟为何走出辽邦，何时迁都蓟城，同时慕容儁自称大燕皇帝与迁都蓟城间有何关联等问题还尚未进行分析和探讨。目前多数学者认为慕容儁在永和六年三月攻占蓟城后就完成了迁都，于是前燕自这一时间至光寿元年（357年）十一月便以蓟城为都将近八年。事实是否如此？笔者认为有必要对它进行详尽的探讨，这是本次研究的动机和出发点。除此之外，笔者想要确定慕容儁自称大燕皇帝与迁都蓟城这两个事件间是否存在着因果关系。此事最终对前燕国家性质的转变产生了怎样的影响，将是本次研究关注的重点。如果慕容儁自称大燕皇帝，属于他为和前秦、东晋争夺中华正统而做出的正当行为，那么迁都蓟城肯定意味着他以河北为跳板将国家势力继续向中原扩展，继而将来以中华之主身份追随华夏文化，以完成一统天下。慕容儁未来以邺城为都而实现"当有中原"，需要提前在河北之蓟城定都，调整一系列宏观政策和相应的国家制度。由此，慕容鲜卑才能够在农业及汉文化核心区即中原大体适应。

---

① "河北"在本文中泛指黄河以北，屡见于十六国北朝史书中。笔者并非给予河北特定含义，只表达它是慕容鲜卑从辽邦进入中原时所过的必经之地。

② 《资治通鉴》卷九〇"晋元帝太兴元年"条，第2855页。

③ 《资治通鉴》卷九八"晋穆帝永和六年"条，第3104页。

④ 李海叶：《慕容鲜卑的汉化与五燕政权——十六国少数民族发展史的个案研究》，中国社会科学出版社，2015年；高然：《慕容鲜卑与五燕国史研究》，北京大学出版社，2018年；赵红梅：《前燕史》，中国社会科学出版社，2019年；田立坤：《后燕史》，中国社会科学出版社，2018年；尚永琪：《北燕史》，中国社会科学出版社，2019年。

一

东晋永和四年（348年）十一月甲辰，慕容儁即燕王位。直至次年四月，他被晋穆帝封拜为使持节、侍中、大都督、都督河北诸军事、幽冀并平四州牧、大将军、大单于、燕王①，其对中国北部河北以东的控制权才被东晋认可。东晋虽偏居江南，但仍对中国北方局势产生了一定的影响。据此，慕容儁就有正当名分进入河北，在已控制平州的基础上实际获得幽冀并三州民政之权、河北军事之权。

据记室参军封裕言，"自永嘉丧乱，百姓流亡，中原萧条，千里无烟，饥寒流陨，相继沟壑。先王以神武圣略，保全一方，威以殄奸，德以怀远，故九州之人，塞表殊类，襁负万里，若赤子之归慈父"②，可见多数胡、汉人进入辽邦境内，成为慕容氏的臣民。特别是针对"中国流民归庞者数万家"，慕容庞按照"以冀州人为冀阳郡，豫州人为成周郡，青州人为营丘郡，并州人为唐国郡"③进行安置。及至其子慕容儁在位时，辽邦境内人口不断增加，最终"流人之多旧土十倍有余，人殷地狭，故无田者十有四焉"④，凸显出耕地面积严重不足。除此之外，当时前燕"官司猥多，游食不少"，同时"游食数万，损亦如之"，国家"政之巨患莫甚于斯"⑤。面对这种经济形势，虽然慕容儁"躬巡郡县，劝课农桑"⑥，且"苑囿悉可罢之，以给百姓无田业者"⑦等，以减少对财政经济造成更大的冲击，但其形势要得到根本性的改善，可能还需要寻找一条新的出路。笔者认为这条出路很可能要通过把国家经济中心转移到河北这块新的经济腹地来实现。另外，据学者们的研究考证，在魏晋南北朝时，以黄河流域、广大草原地带为主的中国北方正值一个气候寒冷干燥期。从东汉起，气候开始转向寒冷，并且出现干旱，气温则明显下降，至四五世纪达到最低点，气温下降了2.5～3℃，平均气温较现在低1.5℃。由于气候条件的异常变化，灾害频繁发生，进而缩小了游牧民族赖以生存的草原范围，他们无法在草原地带继续生活下去。因而，游牧民族被迫向别处迁徙，其迁徙的方向只能是相对较为温暖湿润的南方，于是他们开始进入河北及中原，寻求更能适合游牧经济发展的生存空间。据悉，他们在上述过程中有的已被汉族豪强沦为"田客"，其人数达到"多者数千"⑧。由于气候逐渐寒冷干

---

① 《晋书》卷一一〇《慕容儁载记》，第2831页。
② 《晋书》卷一〇九《慕容儁载记》，第2823页。
③ 《资治通鉴》卷八九"孝愍帝建兴二年"条，第2814页。
④ 《晋书》卷一〇九《慕容儁载记》，第2823页。
⑤ 《晋书》卷一〇九《慕容儁载记》，第2824页。
⑥ 《晋书》卷一〇九《慕容儁载记》，第2822页。
⑦ 《晋书》卷一〇九《慕容儁载记》，第2825页。
⑧ 《晋书》卷九三《王恂传》，第2412页。

燥，蒙古高原草原退化，沙漠扩展的速度也逐渐加快，游牧民族的生存环境已经开始恶化了[①]。据《晋书·康帝纪》："（建元二年，344年）二月，慕容皝及鲜卑帅宇文归战于昌黎，归众大败，奔于漠北。"可见辽邦境内，即昌黎以北是今辽河流域的广大地区，往西是燕山山脉，则沙漠已扩展近辽东地区[②]。我们坚信当时据于辽邦的慕容鲜卑也像其他游牧民族一样面临着气候寒冷干燥的威胁[③]，为了避免这种外部环境的干扰，他们只能选择一个出路，即南下进入气候相对较为温暖湿润的河北及中原，以解除后顾之忧。

经济问题、气候因素为慕容鲜卑走出辽邦提供了客观条件，他们在酋帅慕容涉归、慕容廆的引导下"渐慕诸夏之风矣"[④]。尤其慕容廆曾认真学习过儒家经典，模仿过当时汉族士人的衣着服饰，充分说明他积极汉化的态度。同时他为了让慕容部众在辽邦境内过着像"教以农桑"的初步定居生活，进而实现"法制同于上国"的愿望[⑤]，做出了进行经济转型、政治改革的决定[⑥]。这为慕容鲜卑积极南下进入河北及中原提供了一个主观条件。慕容廆为让其子孙"当有中原"，不仅自身"积德累仁"，同时积极招揽汉族士人，实施较深的汉化政策。当时汉族士人的代表之一裴嶷希望统一中原的历史使命由慕容廆来承担，曰："晋室衰微，介居江表，中原之乱，非明公不能拯也。"[⑦]慕容廆虽然不能如裴嶷所愿，但他将这种历史使命寄托于子孙，希望他们早日"当有中原"，深入了解并且认同汉文化。这种意识被其子慕容皝所认可并继承。及至永和四年八月，慕容皝对世子慕容儁嘱咐曰："今中原未平，方经建世务，委贤

① 楼嘉军：《气候演变与民族迁徙——东汉、魏晋时期北方少数民族内迁新探》，《历史教学问题》1992年第4期，第12~16页；张利：《气候变迁与我国古代北方民族的南下》，《许昌师专学报》1997年第4期，第82~84页；张敏：《自然环境变迁与十六国政权割据局面的出现》，《史学月刊》2003年第5期，第21~25页。

② 张敏：《自然环境变迁与十六国政权割据局面的出现》，《史学月刊》2003年第5期，第26页。

③ 据《资治通鉴》卷九五"晋成帝咸和八年"条，当年慕容皝继任部落联盟酋帅后，对慕容宗室采取"用法严峻"的措施，以进行严厉打击。为此，慕容子弟感到"多不自安"。慕容仁正是在这种情况下举兵反叛慕容皝的。及至东晋咸康二年（336年），慕容皝将讨伐慕容仁。司马高诩谏净曰："……自仁反以来，连年冻者三矣。且仁专备陆道，天其或者欲使吾乘海冰以袭之也。"慕容皝对此"从之"（《资治通鉴》，第2990、3005页）。可见自慕容仁反叛以来，从昌黎海岸到平郭渡口的渤海海边连续三年的冬天一直结冰。从中可推断4世纪中叶辽邦正处于寒冷干燥的气候。这次慕容皝按照高诩的军事安排，率兵从昌黎以东"践冰而进，凡三百余里"，可到达历林口。而后他决定舍弃辎重，率轻骑袭击慕容仁于平郭，得以大胜。

④ 《晋书》卷一〇八《慕容廆载记》，第2803页。

⑤ 《晋书》卷一〇八《慕容廆载记》，第2804页。

⑥ 郑小容：《慕容廆汉化改革略述》，《西南民族大学学报（人文社科版）》2005年第1期，第281~286页。

⑦ 《十六国春秋》卷三一《前燕录九·裴嶷》，第559页下栏。

任哲，此其时也。恪智勇兼济，才堪任重，汝其委之，以成吾志。"又说道："阳士秋志行高洁，忠干贞固，可托大事，汝善待之。"①由此可推测，慕容儁按照其父慕容皝的安排部署，为了入主中原，起用以慕容恪为首的宗室势力、以阳骛为首的汉族士人，并把平定"中原之乱"作为他一生的目标，最终下定决心南下寻找新的发展机遇。

二

慕容儁终于决定走出辽邦而南下，当时河北及中原处于石虎死后所爆发的"赵魏大乱"②之中。石虎生前身为后赵国君，其性格原本"残忍"，多次穷兵黩武、大兴土木，狩猎巡行无度，导致"百姓失业，十室而七"③。他在位期间多次出现像"豪戚侵恣，贿托公行"④一样的社会深层矛盾。据《晋书·石季龙载记》，除了石虎外，其诸子都是贪得无厌、胡作非为的人，如石邃"荒酒淫色，骄恣无道"；石宣"荒酒内游"；石韬"沈湎好猎"。因此，石虎死后中国北方汉人进行强烈反抗，最终冉闵抓住胡汉矛盾，煽动民族仇恨，颁布"杀胡令"⑤。其"杀胡令"给刚开始趋于胡汉初步杂居的中国北方社会造成不可挽回的破坏，胡汉互不信任，百姓陷入了十分悲惨的境地⑥。这种局势正好给慕容儁提供了南下的绝佳机会。他针对"赵魏大乱"，实施"将图兼并之计"⑦。事实证明，慕容儁南征后赵后，兵不血刃攻占蓟城，继而准备实施迁都计划，经过将近三年时间，终于完成了这次迁都。那么，我们首先搞清楚当时前燕不同阶层对南征后赵这件事情做出了怎样的表态。据《资治通鉴·晋纪二十》，可见宗室出身的慕容霸和汉族士人孙兴分别把征伐后赵看成一个控制河北及中原的绝好时机；另一个汉族士人黄泓说为了符合天意，以攻灭后赵；甚至鲜卑贵族出身的慕舆根表达为了拯救"中国之民"，一定要攻灭后赵，此事将成为得天下的捷径。尤其是当时受过慕容儁重用的封奕提出"先取蓟城，次指邺都"的建议，将入主中原作为这次

---

① 《十六国春秋》卷二五《前燕录三·慕容皝下》，第521页上栏。

② 《晋书》卷一一〇《慕容儁载记》，第2831页。

③ 《晋书》卷一〇六《石季龙载记上》，第2761、2772页。

④ 《十六国春秋》卷一六《后赵录六·石虎中》，第448页上栏。

⑤ 《十六国春秋·后赵录·石鉴》曰："（冉闵）颁令内外赵人，斩一胡首送凤阳门者，文官进位三级，武官立拜牙门。一日之中，斩胡首数万人。闵亲率赵人以诛胡羯，无贵贱男女少长皆斩之。胡人死者二十余万。于时有高鼻多须者，无不滥死尸诸城外，悉为野犬豺狼所食。其屯戍四方者，闵皆以书命赵人为将帅者，诛之。"（《十六国春秋》，第468页上栏）

⑥ 李椿浩：《五胡时期汉人王朝冉魏的兴亡及其特点——以胡汉对立与克服其局限为中心》，《中国古中世史研究》（第23辑），韩国中国古中世史学会，2010年，第123～136页。

⑦ 《晋书》卷一一〇《慕容儁载记》，第2831页。

南征后赵的最终目标。慕容儁采纳他们的进言，分别任命慕容恪、慕容评、阳骛为辅国、辅弼、辅义将军，谓之"三辅"，同时下令慕容霸出任前锋都督、建锋将军，选拔二十多万精兵接受训练。如此便为南征后赵做出了实际性的军事准备。虽然未有史载这次慕容儁做了哪些具体准备，但在此其间以他为首的前燕统治阶层即慕容宗室、鲜卑贵族、汉族士人等征伐后赵的想法不可动摇，这应是事实。

　　及至东晋永和六年（350年）二月，慕容儁终于决定出兵开始南征，其重点进攻的目标是从辽邦进入河北的必经之地——蓟城。蓟城周围广阔的原野是入塞各胡人从游牧生活过渡到定居农耕生活的良好场所①。慕容鲜卑攻占蓟城的经过可根据《十六国春秋·前燕录》《资治通鉴·晋纪二十》简而略述如下：慕容儁身为一国之君，亲自领兵从中道走出卢龙塞，同时令慕容霸率兵两万从东道走出徒河，且使慕舆根②从西道走出蠮螉塞。当然，慕容儁出兵前，"留世子晔守龙城，以内史刘斌为大司农，与典书令皇甫真留统后事"。这一将农业生产力留置于龙城的措施，可证明其对慕容氏势力根据地辽邦的重视③。这次南征中，我们发现慕容恪、鲜于亮作为前锋将领，担当击破后赵第一防线的军事任务，同时轻车将军慕舆埿"槎山开道"，为南征军提供军事后勤支援。慕容霸经过辽西走廊（沿海通道）抵达三陉，该消息传到后赵征东将军邓恒耳边，使他十分"惶怖"，于是焚烧粮仓，抛弃安乐（或称乐安）这一军事要冲，逃至蓟城。他之所以如此下定决心，是因为其本想与幽州刺史王午一起集中兵力防守蓟城，以提高防御效力④。这次南部都尉孙泳跟随慕容霸参与南征后赵，他急忙进入安乐扑灭余火，以确保军粮。由此，慕容霸才能顺利保住安乐及北平的军粮，而后与慕容儁会合于临渠。三月，慕容儁、慕容霸等抵达无终，对蓟城构成直接威胁。王午面对这种严峻的形势，最终下令王他（或称王佗）率数千人防守蓟城，与邓恒一同退至鲁口（今河北饶阳县）。王午、邓恒当时拥有多少兵力，为什么只安排王他等数千人抵御敌人的进攻，这一切我们不得而知，但毋庸置疑的是，他们轻易放弃蓟城，能大大减小慕容鲜卑南征的阻力，使其南征的步伐更为通畅。乙巳，慕容儁终于攻克蓟城，

---

　　① 赵国印：《魏晋和北朝时期的幽州蓟城》，《文博》1986年第4期，第26页。

　　② 据《十六国春秋》，慕舆根自蠮螉塞出兵走上西道，以征伐后赵，但却发现在《资治通鉴》把其人物改写为"慕舆于"。笔者认为，慕舆于首次被记录，且其履历不详，但慕舆根前一年担任殿中将军，已劝说慕容儁对后赵采取军事征伐。由此可推测，这次参与征战的应是慕舆根，《十六国春秋》的记录更为信服。

　　③ 雷家骥：《慕容燕的汉化统治与适应》，《东吴历史学报》1995年第1期，第46页。

　　④ 据《资治通鉴》卷九七"晋穆帝永和元年"条，当年邓恒接受石虎的命令前往乐安，将"治攻具，为取燕之计"。对此，慕容皝"以慕容霸为平狄将军，戍徒河"。邓恒"畏之"而"不敢犯"（《资治通鉴》，第3069页）。邓恒为何对慕容霸产生如此畏惧，我们不得而知，但这次他可能在其畏惧心理下下定决心退至蓟城，和王午联合防守，以提高其防御效力。笔者认为这对邓恒来说是唯一一个能想到的办法。

擒拿王他，斩之，同时要坑杀后赵士兵千余人。慕容霸谏净曰："赵为暴虐，王兴师伐之，将以拯民于涂炭而抚有中州也。今始得蓟而坑其士卒，恐不可以为王师之先声也。"我们认为慕容鲜卑这次南征后赵不是用"坑其士卒"来解除"赵为暴虐"，更不是满足于攻占蓟城后的扩张疆域，而是"先取蓟城"后以此为跳板将国家势力继续向河北及中原扩展，将来"次指邺都"后，进一步"拯民于涂炭"，而"抚有中州"，最终实现入主中原。据此，我们可推想慕容儁带着迁都的想法进入蓟城，即"入都于蓟"，如此，"中州士女降者相继"。这使他直接面对众多"中州士女"，开始思考如何进行有效统治。

那么，慕容儁"入都于蓟"是否可以理解为实际将都城迁至蓟城，即"因而都之"①？目前多数学者据此所言，在自东晋永和六年（350年）三月至光寿元年十一月间前燕定都蓟城将近八年②。笔者却认为在永和九年（353年）二月前慕容儁尚未把都城迁至蓟城，"入都于蓟"应是"欲都于蓟"，只是他带着迁都的想法进入蓟城而已。迁都绝非所谓慕容儁"入都于蓟"就能完成，其间要考虑行政机构的转移、都城规划的实施等问题，非一朝一夕能成。为此，慕容儁在四月甲子特意令中部俟釐慕舆句"督蓟中留事"③。这应是在正式迁都前为更有效地管理蓟城内部之事，如修建宫室、官府等而做出的举措。我们发现过去慕舆句身为慕容廆的心腹，曾经掌管府库，发挥其分理财政的能力④。那么，房玄龄等人为何把"入都于蓟"改写为"因而都之"，而引起争议？这是否过于强调蓟城将成为慕容王朝的新都城这件事而引起的误解，或是由文书传抄困难，或由其他政治原因，而出现字词的改变？无论如何，由于客观条件的限制，慕容儁刚攻占蓟城后未能下定决心迁都。当时形势按照慕容霸所言"今始得蓟"只是刚攻占蓟城而已，绝不是"因而都之"。

三

就慕容鲜卑走出辽邦而南下谋求发展而言，在蓟城从被攻占到被作为新都城的这三年时间里，从所谓新占领地域的河北传来的军事威胁尚未消泯。同时，当时龙城在慕容鲜卑心目中的象征性地位不可取代，仍扮演着前燕都城的重要角色。这表明蓟

---

① 《晋书》卷一一〇《慕容儁载记》，第2832页。

② 于德源：《北方各少数民族始据蓟城的年代》，《史苑》1983年第1期，第116页；赵国印：《魏晋和北朝时期的幽州蓟城》，第26页；刘国石：《鲜卑慕容氏与赵魏士族》，《吉林大学社会科学学报》1997年第5期，第69页；等等。

③ 《十六国春秋》卷二六《前燕录四·慕容儁上》，第523页下栏。

④ 《资治通鉴》卷八四"晋惠帝太安元年"条："廆以其臣慕舆句勤恪廉靖，使掌府库，句心计默识，不按簿书，始终无漏。"（《资治通鉴》，第2676页）

城尚未成为前燕之新都城，甚至慕容儁在这期间共两次返回龙城，以表示高度重视。第一、二次分别为从晋永和六年十月至永和七年二月、从永和七年十二月至永和八年三月，他在龙城共停留七月有余。据悉，蓟城（今北京市）至龙城（今辽宁朝阳市）距离为五百多千米，慕容儁利用哪一条路返回龙城，我们不得而知。那么，他为何返回龙城？回龙城后做了何事？笔者认为，慕容儁第一次返回龙城是为了亲自"谒陵庙"[①]，以宣告攻占蓟城等南征后赵的一些胜利喜讯。虽然未有史载慕容儁第二次返回的理由，但他回到龙城后在其近郊发现了甘棠树，他特意对此事做出了解释："将有赫赫之庆于中土，吾谓国家之盛，此其征者也。"内外诸臣为此上言"甘棠颂"，以表示庆祝[②]。另外，在永和八年（352年）四月慕容儁生擒冉闵，"鞭之三百"，便把他押送到龙城，而告祭于慕容廆、慕容皝之庙[③]。笔者认为这一举动既宣告了冉魏之灭亡又表明慕容儁君临河北之决心。冉闵不久被斩于龙城遏陉山，慕容儁特意押送冉闵于龙城再把他斩杀，该举动所蕴含的政治意图较为深远。龙城作为慕容鲜卑兴起时的都城，定都其间他们不仅征伐高句丽，以"掠男女五万余口，焚其宫室，毁丸都而归"，同时攻灭宇文鲜卑，以"开地千余里，徙其部人五万余落于昌黎"[④]。可见，慕容儁选择在龙城斩杀冉闵，是希望以此来团结慕容宗室及其部众，同时要化解冉闵当权时激化的胡汉矛盾。慕容儁承担调解胡汉矛盾的重任，也进一步肩负起促进胡汉和谐共处的责任。于是他后来进入河北后将初衷变为实际，积极对当地汉族豪强及百姓采取绥抚、拉拢之策。

其实，慕容儁迁都蓟城后又在永和十年（354年）十月返回过龙城，此次他停留的时间更长，有半年之久。有学者言慕容儁有牵制高句丽的必要故而返回[⑤]，这种观点或许有其考量，但笔者认为前两次应侧重于龙城所具有的象征性地位。对于当时的慕容鲜卑来说，龙城是他们的精神寄托，慕容儁亦深知其意，常返龙城以表重视。他在第一次返回龙城期间分别接受了后赵使臣张举、冉魏使臣常炜的到访。并且此次他派遣悦绾率兵三万前往襄国，以解救后赵之危难[⑥]。无论如何，像这种外交上的重要举措以及其他具有象征意义的事情都发生在龙城，由史家特意记录下来，以显示当时龙城所具有的特殊地位。由此可见，永和九年二月前蓟城还没有资格成为慕容王朝之新都城。

---

① 《资治通鉴》卷九八"晋穆帝永和六年"条，第3109页。

② 《十六国春秋》卷二六《前燕录四·慕容儁上》，第526页上、下栏。

③ 《晋书》卷一〇七《石季龙载记下》，第2797页。

④ 《晋书》卷一〇九《慕容皝载记》，第2822页。

⑤ 小林聪：《慕容政权の支配构造の特质——政治过程の检讨と支配层の分析を通して》，《九州大学东洋史论集》第16号，日本福冈九州大学文学部东洋史研究会，1988年，第54页。

⑥ 《资治通鉴》卷九九"晋穆帝永和七年"条，第3112页。

四

　　迁都蓟城之事确实发生在永和九年（353年）二月吗？笔者发现封奕曾在永和七年四月绥抚逢约时言："今已都蓟，南临赵魏。"封奕为何这么说，其内容是否属实，有必要对此进行分析。慕容儁为了便于治理多数汉人的居住地河北，以及将来入主中原能够适应生存，对"反燕"势力进行军事征伐，或者实施绥抚之策。其"反燕"势力主要指当地汉族豪强。他们控制着乡党舆论，凭借其权威，或效劳后赵，或出任冉魏，继续左右着当地民心之走向。对刚进入河北的慕容氏而言，绥抚之策所带来的实际效益远远大于军事征伐，可以让汉族豪强及百姓对慕容氏的统治心悦诚服。为了绥抚之策更有效地实施下去，慕容儁认为让对其治国方略①已有认知的汉族士人承担宣传该方略的任务更为合适。例如，封奕等汉族士人早已出仕于慕容王朝，并确知其治国方略。慕容儁希望封奕等人完成其任务，以实现他曾保持的慕容、汉族和谐共处的初衷。后赵末年，逢约作为当地豪强"拥众数千"，归附冉闵，已出任渤海太守。封奕接受慕容儁之命令，决定率兵征讨逢约。然而，封奕知道逢约为自己同乡，有机会能绥抚他，于是派人表达心意。逢约因"素信重奕"，而愿意见封奕于"门外"。两人终于进行"单马交语"。封奕希望与逢约"享祚无穷"。当今"祸乱方始"，可知"天命不可力争也"。慕容儁作为前燕国君，以"奕世载德"治国多年，同时奉义讨伐"反燕"势力。自从"今已都蓟，南临赵魏"以来，多数胡汉人"襁负归之"。此处封奕所言慕容儁"今已都蓟"是否属实？笔者认为像慕容霸所言"今始得蓟"一样，他要强调蓟城已被攻占，整个河北即赵魏之地，亦将成为慕容鲜卑下一个安抚拉拢以及军事征伐的目标地域。以封奕看来，逢约要抵抗也起不了任何作用，不如尽早归降于慕容氏。正是因为他有必要绥抚逢约，就歪曲了历史真相。据此，"今已都蓟"是不可相信的。封奕强调冉闵之败亡昭然易见，相反慕容儁要"肇开王业，虚心贤儁"，真心希望逢约"翻然改图，则功参绛灌，庆流苗裔"。逢约听后，"怅然不言"。可见，封奕的用意在于慕容儁已"载德"，必定攻灭冉魏，赢得河北及中原，以此瓦解他效力于冉闵的心理基础②。逢约最终决定出降，而后出任大将军参军事。他因"诱于人而遇获"，而更名为逢钓③。

---

　　①　笔者认为慕容王朝的"治国方略"应指一种自慕容廆为了"法制同于上国"而崇慕汉文化以来，要宽待汉族士人及百姓，又积极采取汉化政策，最终将其国家性质向魏晋等汉人王朝转变而采取相关措施的指导原则。

　　②　彭丰文：《两晋时期国家认同研究》，民族出版社，2009年，第242页。

　　③　《十六国春秋》卷二六《前燕录四·慕容儁上》，第525页上、下栏。

五

　　到了永和八年中旬，慕容鲜卑仍旧对河北"反燕"势力采取军事征伐或绥抚之策，进一步赢得了赫赫战果，如中山、常山等河北重镇被其攻占；贾坚、封放、刘准等汉族豪强及鲜卑段勤、丁零翟鼠归降而来；冉闵被擒而杀，等等。于是，前燕诸臣上书慕容儁称尊号，但他因"实匪寡德所宜闻"而表示婉拒。不久河北最大重镇，即冉魏首都邺城被攻克，冉闵妻董氏及冉魏诸多僚属来降后，慕容儁"欲神其事业"，所言"历运在己"①，最终决定自称大燕皇帝，而后迁都蓟城。据《十六国春秋·前燕录》《晋书·慕容儁载记》《资治通鉴·晋纪二十一》等可知与此相关的内容，具体如下：

　　永和八年十一月，慕容恪等五百五人奉上"皇帝玺"于慕容儁，请即皇帝位。其"皇帝玺"应指假称冉闵妻董氏曾呈献出的那块传国玺。在"君权神授"，即君权来自于天神的封建专制政治理论中，所谓"天之神玺"②的传国玺被认为是"天命"的物质载体。慕容儁知道这一原理，就假称已拥有传国玺，这完全符合"临轩朝万国之征"，于是即皇帝位是理所当然的。丁亥，慕容儁先设置太尉、尚书令等大燕帝国之官，同时做出官职任务调动，如国相封奕为太尉、慕容恪为侍中、左长史阳骛为尚书令、右司马皇甫真为尚书左仆射、典书令张悕为尚书右仆射、宋活为中书监、韩恒为中书令，其余文武百官拜授各有差。三公及中枢官大多为汉族士人所任，这是因为慕容氏和他们曾长期合作，形成和谐关系，乃诸多胡人王朝中所仅见③。戊辰，慕容儁终于在蓟城正阳殿即大燕皇帝位④，大赦境内殊死以下，而后建元"元玺"，国号大燕，于郊祭祀天地。可见慕容儁已不是被东晋皇帝所封拜的燕王，更不是从前在辽邦控制胡汉人民的当地霸主，而是以上天之子的崭新身份君临天下。庚午，慕容儁下令曰："追崇祖考古人之令典也。"据此分别追尊祖慕容廆、父慕容皝为高祖武宣皇帝、太祖文明皇帝。当时东晋使者到达蓟城，慕容儁曰："汝还白汝天子，我承人乏，为中国所推，已为帝矣。"笔者认为他以此表达当时中国北方正处于大混乱中，帝王人才难以找出，他本人已被汉族士人及百姓所拥戴，有资格取代东晋皇帝，成为中华之主。如此，前燕正式结束长期以来与东晋的君臣名分，以一个完全独立的国家政权的

---

①　《晋书》卷一一〇《慕容儁载记》，第2834页。

②　《晋书》卷一一〇《慕容儁载记》，第2832页。

③　陈琳国：《中古北方民族史探》，商务印书馆，2010年，第355页。

④　《晋书·地理志》："及穆帝永和五年（349年），慕容儁僭号于蓟，是为前燕。七年（351年），儁移都于邺。"（《晋书》，第426页）可见慕容儁在349年即燕皇帝位，同时直至351年从蓟城迁至邺城。然而，其记录却难以信服。

面目出现①。慕容儁的想法非常明确，不再返回辽邦，称作"草原国家"之君主，而追求成为包括中原汉人在内的胡汉人民的真正统治者。既然如此，如果有一些汉族士人对此怀有疑心，或仍把慕容氏看成夷狄的话，慕容儁有必要公开承认自己是基于晋之正统而"为中国所推"即大燕皇帝位的，进而以此打消他们在大燕帝国出仕为官的种种疑虑。由此，他运用五德相生论，使得前燕继承晋之正统，成为唯一的合法王朝。诸臣上言："大燕受命，上承光纪黑精之君，运历传属，代金行之后，宜行夏之时，服周之冕，旗帜尚黑，牲牡尚玄。"慕容儁对此"从之"②。可见，前燕诸臣所言慕容儁已拥有"天命"，并有资格继承晋之正统。于是，他们既要求继承晋之金德，应为水德，又要求实施夏历、周冕。慕容儁坦然接受其上言，完全满足出仕于前燕的汉族士人之内心要求，使他们安心留下来，最终继续为大燕帝国效劳。这明确表示了前燕不承认其是继承匈奴汉赵、羯族后赵以及寓居于江南的东晋，而是曾统一天下的西晋之正统，自愿将其国家性质向魏晋等汉人王朝转变下去。

　　上述内容凸显天下围绕慕容儁而转，大燕帝国正符合中华正统。正是为了满足这种政治要求，慕容儁要完成迁都计划，先建留台于龙城，使乙逸出任尚书，以处理留台事务。笔者认为这预示着正式迁都的计划即将实施。胡三省做注曰：前燕因将都城从龙城迁至蓟城，而"时迁于蓟"，故而"建留台于龙城，谓之龙都"，以作为蓟城的陪都。由龙都之称可见，除了蓟城作为新都城具有它的新任务之外，龙城扮演着另一个陪都的角色，我们不妨称它为"两都体制"。两都体制象征着胡人王朝所具有的"草原国家"的性质开始蜕变，但其性质未能彻底转变为"中原国家"③。那么，慕容儁之所以实施龙都—蓟都体制，一是因为辽邦作为慕容鲜卑势力的崛起之地，任命前玄菟太守乙逸为尚书，以掌管龙城之留台，继续对它表示重视；二是因为蓟城位于农业区内且接近农牧交错线，不仅是辽邦与河北的交通枢纽、交易场所，而且是入塞各胡人从游牧生活过渡到定居农耕的良好场所④。以上，在元玺二年（353年）春二月庚子，慕容儁立可足浑氏为皇后，立慕容晔为皇太子，"自龙城迁于蓟宫"。如此一来，迁都蓟城的任务终于完成。据《太平寰宇记》引《郡国志》："蓟城南北九里，东西七里，开十门。慕容儁铸铜为马，因名铜马门。"⑤由此可见蓟城这座城市的初步规模。最后，笔者在这里要强调的是，不同史载永和八年四月慕容儁"僭帝号于中

　　①　彭丰文：《两晋时期国家认同研究》，第222页。
　　②　《晋书》卷一一○《慕容儁载记》，第2834页。
　　③　朴汉济：《魏晋南北朝各王朝的首都选定及其意义——洛阳与邺都》，《历史学报》（第168辑），韩国历史学会，2000年，第150页。
　　④　雷家骥：《慕容燕的汉化统治与适应》，第46、47页。
　　⑤　《太平寰宇记》卷六九《河北道十八·幽州》，中华书局，2007年，第1399页。

山"①，已得到一些专家学者的支持和肯定②，然而，虽然当时中山因有孙兴作为其太守"善于抚绥"，得以"遂安"，但是其周围战火仍未平息③，特别是与冉魏间的决战即将爆发。据此，可确认慕容儁绝无可能在中山称帝，其记录难以信服④。

综上所述，在4世纪，蓟城先后由西晋、段鲜卑、后赵、前燕、前秦、后燕、北魏所占据，短则数年，长则数十年，始终因其北方重镇的地位而受到重视。特别是，前燕虽定都于蓟城只有近四年的较短时间，但其所扮演角色的重要性远远超出其他民族、王朝只以之作为北方重镇的地位。燕王慕容儁既要解决当时所面临的耕地不足等经济危机，又要缓和天气寒冷干燥引起的环境恶化，最终按照其祖慕容廆、父慕容皝的战略安排，下定决心走出辽邦，开始南下进入河北。慕容儁何时迁都蓟城？一种主张认为他在永和六年三月攻占蓟城后就决定迁都于此。然而笔者研究后发现其观点是难以成立的。这是被史载"入都于蓟""因而都之"误导所致。除此之外，当时龙城仍以前燕都城的身份受到重视。正因如此，慕容儁攻占蓟城后几乎每年都要返回龙城，以实际行动表达对它的重视。然而，自中山、邺城等河北重镇先后被攻克，成为前燕新的军事重镇，同时逢约、李绩等当地汉族豪强归降而来，认可慕容儁是当时唯一能"方弘唐虞之化"之人的时候，慕容儁就把河北这块汉族的主要居住地确立为新的政权腹地。正是在这个时候，他终于下定决心即大燕皇帝位，以蓟城为国都，并"建留台于龙城，谓之龙都"，以作为蓟城的陪都。由此，将近三年的迁都计划正式宣告完成，蓟城成为大燕帝国第一大都城。这时间正是在元玺二年，即东晋永和九年二月。笔者坚信慕容儁称大燕皇帝之事与迁都蓟城之事紧密联系在一起，给慕容王朝的国家性质转变带来了深远影响。故而，慕容儁在永和五年"僭号"于蓟城，或者在永和八年四月"僭帝号"于中山，这些记录是不可信服的。

笔者最后要强调的是，直至光寿元年十月，慕容儁"尽陷河北之地"后，十一月癸酉"自蓟迁都于邺"⑤。如果蓟城作为大燕帝国的第一大都城，为前燕国家性质的转变提供一个外部环境和内部条件，那么邺城作为大燕帝国的第二大都城，会展现出何种时代特色？笔者将在另一个研究中探讨相关问题。

① 《晋书》卷八《穆帝纪》，第198页。
② 车传鼎：《徒何鲜卑之附塞汉化及其对拓跋鲜卑之影响》，《兴大历史学报》1994年第4期，第28、32页。
③ 《十六国春秋》卷二六《前燕录四·慕容儁上》，第526页上栏。
④ 弓因：《慕容儁称帝建都何处》，《社会科学辑刊》1986年第1期，第94页。
⑤ 《十六国春秋》卷二七《前燕录五·慕容儁下》，第533页下栏。

河东薛氏与西魏北周政权

黄寿成

（陕西师范大学历史文化学院　西安　710119）

　　魏晋南北朝时期是一个社会大动荡的重要历史时期，周边的许多少数民族不断涌入中国北方的农业地区，甚至建立割据政权。在与汉民族交往过程中，自身所具有的少数民族文化与当地的汉文化相互交流、相互影响，最终认同了以儒家思想为核心的汉文化。并且在其所建立的政权封建化的过程中，广泛吸收了汉族各阶层人群加入，特别是汉士族这一拥有经济特权、文化修养的阶层的加入，使得各少数民族所建立的政权封建化的进程进一步加快。至于这些汉士族多传承儒学，学识水准较高，并在十六国乃至北朝时期各政权中多有表现，而河东薛氏在西魏北周政权统治时期亦有相当突出的表现。可是以往学者对于这个问题未予以足够的认识，只有毛汉光教授在《晋隋之际河东地区与河东大族》一文有所涉及，不过此文是对整个河东地区的士族加以考述，不是专门论述河东薛氏家族的，难免有所疏漏[①]。因此余以为还有必要进一步弄清楚河东薛氏这一汉族郡姓士族在西魏北周政权中的具体表现到底如何，到底在该政权中起到了什么作用，在此略作短文加以分析探讨，祈请专家学者指正。

一

　　宇文泰割据关陇之初就广泛纠集胡汉各族中有才力者，特别是那些汉士族。由于河东地区实为西魏北周政权统治中心的关中地区的门户，故此地理位置重要，以宇文泰为首的宇文氏家族极力笼络该地区的柳氏、薛氏、裴氏等郡姓士族，而这些士族也出于种种考虑，与宇文氏等胡族保持密切的联系，积极加入到西魏北周政权中去。如：薛端，《周书》卷三五本传说他曾任工部中大夫、民部中大夫、蔡州刺史、基州刺史。"转尚书左丞，仍掌选事。进授吏部尚书，赐姓宇文氏。端久处选曹，雅有人伦之鉴，其所擢用，咸得其才。"[②]薛胄，《隋书》卷五六本传说他在北周政权时期曾任司金大夫、上仪同，加开府。袭爵文城郡公。薛濬，《隋书》卷七二本传说他是薛

---

　　①　毛汉光：《晋隋之际河东地区与河东大族》，《中国中古政治史论》，上海书店出版社，2002年，第105～147页。

　　②　《周书》，中华书局，1971年，第622页。

胄之从祖弟,曾任纳言上士、新丰令。薛善,《周书》卷三五本传说他曾任工部中大夫、御正中大夫、民部中大夫、中外府司马、司会中大夫、京兆尹、隆州刺史、益州总管府长史、少傅。薛慎,《周书》卷三五《薛善传》说他是薛善之弟,曾任御正下大夫、车骑大将军、仪同三司、师氏中大夫、御伯中大夫、湖州刺史、蕃部中大夫。薛舒,《周书》卷三八《薛憕传》说他是薛憕之子,曾任礼部下大夫、仪同大将军、聘陈副使。薛寘,《周书》卷三八本传说他曾任御正中大夫、淅州刺史。薛世雄,据《隋书》卷六五本传记载,他参与北周灭北齐政权的军事行动,以功授帅都督。而据《周书》卷二四《卢辩传》记载及王仲荦先生《北周六典》所考,在西魏北周统治区生活的河东薛氏七人所任职事官在中央最高为八命的京兆尹,此下皆任正五命的工部中大夫、民部中大夫、御正中大夫、司会中大夫、师氏中大夫、御伯中大夫、蕃部中大夫,在外最高为正七命的蔡州、基州、隆州、湖州等州刺史。这当是缘于这两个地区地理位置重要,处于关陇地区的统治中心的关中的外围,这就需要河东薛氏联络当地士人抵御东魏北齐政权的进攻,进而拱卫西魏北周政权的统治中心区域——关中。

不过与河东柳氏这一士族家族相比较,河东柳氏则有柳庆在西魏后期任尚书右仆射,转左仆射,参与最高决策[1]。薛氏却没有人进入西魏北周政权的中枢权力核心,同为河东士族的裴氏家族亦无人进入西魏北周政权的权力核心[2]。

再看汉士族在军事上的表现,首先看在西魏与东魏之间的几次重大战役——小关战役和沙苑战役中汉士族的情况。据《周书》卷三五《薛端传》记载:

> 魏孝武西迁,太祖令大都督薛崇礼据龙门,引端同行。崇礼寻失守,遂降东魏。东魏遣行台薛循义、都督乙干贵率众数千西度,据杨氏壁。端与宗亲及家僮等先在壁中,循义乃令其兵逼端等东度。方欲济河,会日暮,端密与宗室及家僮等叛之。循义遣骑追,端且战且驰,遂入石城栅,得免。栅中先有百家,端与并力固守。贵等数来慰喻,知端无降意,遂拔还河东。东魏又遣其将贺兰懿、南汾州刺史薛琰达守杨氏壁。端率其属,并招喻村民等,多设奇以临之。懿等疑有大军,便即东遁,争船溺死者数千人。端收其器械,复还杨氏壁[3]。
>
> ……
>
> 从擒窦泰,复弘农,战沙苑,并有功。加冠军将军、中散大夫,进爵为伯[4]。

---

① 见拙文《北周政权是否实行九品中正制》,《文史哲》2014年第4期,第97~115页。
② 见拙文《北周政权是否实行九品中正制》,《文史哲》2014年第4期,第97~115页。
③ 《周书》,第621页。
④ 《周书》,第621页。

《隋书》卷六五《薛世雄传》又载：

> 年十七，从周武帝平齐，以功拜帅都督①。

可见在军事方面，河东薛氏只有薛端、薛世雄有所表现，特别是薛世雄在隋代成为名将，其子薛万彻、薛万均更是唐初名将。另外，据《周书》卷三八《薛寘传》记载："军中谋略，寘并参之。"②说明薛寘颇有军事谋略。不过就整个河东薛氏来看，其在军事方面则略逊于同为河东士族的柳氏、裴氏这两大家族。

因此说生活在西魏北周政权统治区的河东薛氏，不仅积极参与西魏北周政权，而且在军事上也颇有建树，显示出相当的军事才能，可以说他们为西魏北周政权的建立、巩固以及最后完成统一中国北方的大业作出一定的贡献。

二

中国古代文化特别是其主体儒家文化自东汉以来多在于士族，虽然"永嘉之乱"后中国北方经历了十六国的战乱时期，许多士族为躲避战乱纷纷迁徙到江左，但也有一些士族仍然留在故乡，还有一些从其他地区辗转来到该地区的士族，其中不乏一些第一流的高门。而河东薛氏则是众多士族中的一支，他们以习读经史起家，并且世代相传，这就是所谓"家学渊源"。这样使得以儒家文化为主体的汉文化能够在中国北方继续传习下去。据《周书》卷三五《薛端传》所云，薛端字仁直，"少有志操。遭父忧，居丧合礼。与弟裕，励精笃学，不交人事。……从擒窦泰，复弘农，战沙苑，并有功。……端久处选曹，雅有人伦之鉴，其所擢用，咸得其才"③。薛裕，据《周书》卷三五《薛端传》记载，他是薛端之弟。"少以孝悌闻于州里。初为太学生，时黉中多是贵游，好学者少，唯裕耽玩不倦。弱冠，辟丞相参军事。"④薛胄，据《周书》卷三五《薛端传》记载，他是薛端之子。"幼聪敏，涉猎群书，雅达政事。"⑤《隋书》卷五六本传又载："胄少聪明，每览异书，便晓其义。常叹训注者不会圣人深旨，辄以意辩之，诸儒莫不称善。性慷慨，志立功名。"⑥薛濬，据《隋书》卷七二本传记载，他是薛胄之从祖弟，字道赜，"父琰，周渭南太守。濬少丧父，早孤，养

---

① 《隋书》，中华书局，1973年，第1533页。
② 《周书》，第685页。
③ 《周书》，第621、622页。
④ 《周书》，第622页。
⑤ 《周书》，第622页。
⑥ 《隋书》，第1387页。

母以孝闻。幼好学，有志行，寻师于长安。时初平江陵，何妥归国，见而异之，授以经业"①。虽然他们的郡望是河东，而河东又地处东西对峙的拉锯地区，但是《周书》卷三五《薛端传》记载，他是"汾阴侯辨之六世孙。代为河东著姓。高祖谨，泰州刺史、内都坐大官、涪陵公。曾祖洪隆，河东太守。……洪隆子麟驹徙居之，遂家于冯翊之夏阳焉。麟驹举秀才，拜中书博士，兼主客郎中，赠河东太守。父英集，通直散骑常侍"②。其高祖以下多在中央或山东地区为宦，这些人都是薛端之弟或子侄，因此说他们的学业兴趣当都源自山东地区。薛善，据《周书》卷三五本传记载，他字仲良，"善少为司空府参军事，迁悦城郡守，转盐池都将。魏孝武西迁，东魏改（攻）河东（为）秦州，以善为别驾。善家素富，僮仆数百人。兄元信，仗气豪侈，每食方丈，坐客恒满，弦歌不绝。而善独供己率素，爱乐闲静。……善干用强明，一郡称最"③。据此可知，薛善有一兄长薛元信，"仗气豪侈"④。薛慎，据《周书》卷三五《薛善传》记载，他是薛善之弟。"慎字佛护，好学，能属文，善草书。少与同郡裴叔逸、裴诹之、柳虬、范阳卢柔、陇西李璨并相友善。起家丞相府墨曹参军。太祖于行台省置学，取丞郎及府佐德行明敏者充生。悉令旦理公务，晚就讲习，先六经，后子史。"⑤其父祖为宦情况据记载："祖瑚，魏河东郡守。父和，南青州刺史。"⑥因此说他的学术兴趣当源自山东地区。薛憕，据《周书》卷三八本传记载，他字景猷，"曾祖弘敞，值赫连之乱，率宗人避地襄阳。憕早丧父，家贫，躬耕以养祖母，有暇则览文籍。时人未之奇也。……不交人物，终日读书，手自抄略，将二百卷。……大统初，仪制多阙。太祖令憕与卢辩、檀翥等参定之"⑦。襄阳虽然处于南北相争之地，但是文化上多受南朝影响，故此他的学术兴趣当源自南朝。薛寔，据《周书》卷三八本传记载："寔幼览篇籍，好属文。……魏废帝元年，领著作佐郎，修国史。寻拜中书侍郎，修起居注。……朝廷方改物创制，欲行《周礼》，乃令寔与小宗伯卢辩斟酌古今，共详定之。……所著文笔二十余卷，行于世。又撰《西京记》三卷，引据该洽，世称其博闻焉。"⑧而本传又说其"祖遵彦，魏平远将军、河东郡守、安邑侯。父义，尚书吏部郎、清河广平二郡守"⑨。故此他的学术兴趣当源自山东地区。薛世雄，

---

① 《隋书》，第1663页。
② 《周书》，第621页。
③ 《周书》，第623、624页。
④ 《周书》，第623页。
⑤ 《周书》，第624、625页。
⑥ 《周书》，第623页。
⑦ 《周书》，第683、684页。
⑧ 《周书》，第685页。
⑨ 《周书》，第685页。

据《隋书》卷六五《薛世雄传》记载，他字世英，"世雄为儿童时，与群辈游戏，辄画地为城郭，令诸儿为攻守之势，有不从令者，世雄辄挞之，诸儿畏惮，莫不齐整"①。可见史书中有明确记载的在西魏北周统治区生活、学业等情况可考的河东薛氏十人中好学者有七人，占总数的70%；豪气崇尚武力者二人，占总数的20%多；文武兼备者一人，占总数的10%。因此说生活在该地区的河东薛氏也是以好学者为主，而好学者的学术兴趣都源自山东地区。

至于同为河东士族的柳氏、裴氏的学识情况，据拙作所考，在西魏北周统治区生活的河东柳氏十五人中好学者有十四人，占总数的93%多；崇尚武功者一人，约占总数的7%；因此说生活在该地区的河东柳氏也是以注重儒学为主。而他们的学业渊源除柳裘源自江左外，多源自山东地区。生活在该地区的河东裴氏也是以注重儒学为主。但是他们的学业渊源却比较复杂，好学者加上文武兼备者共十一人，其中源自山东地区的九人，约占82%；源自关陇地区的一人，占9%多；源自江左地区的一人，占9%多，总体来看还是多源自山东地区②。而当时在关陇地区生活的河东薛氏多重视儒学，说明该地区学术大多是由士家大族掌握传习，并代表了该地区的学术水准，他们对北方文化的发展起了重大的作用，对于当时该地区新的汉文化的形成也起了一定的积极作用。

三

另外，还需要关注河东的地理环境，而据《晋书》卷一四《地理志》所载：

> 河东郡……蒲坂有历山，舜所耕也。有雷首山，夷齐居其阳，所谓首阳山③。

《元和郡县图志》卷一二《河东道》又载：

> 河东县，……本汉蒲坂县地也，属河东郡。隋开皇三年罢郡，县仍属蒲州。十六年，移蒲坂县于城东，仍于今理别置河东县，大业二年省蒲坂县入河东县④。

---

① 《隋书》，第1533页。

② 见拙作《嬗变、趋同及比较——北朝后期民族认同及区域文化研究》，中国社会科学出版社，2019年，第390～396页。

③ 《晋书》，中华书局，1974年，第417页。

④ 《元和郡县图志》，中华书局，1983年，第325页。

雷首山，一名中条山，在县南十五里①。

风陵堆山，在县南五十五里。与潼关相对②。

河水，北自桑泉县界流入③。

州城，即蒲坂城也，城中有舜庙，城外有舜宅及二妃坛④。

蒲坂关，一名蒲津关，在县西四里⑤。

可见河东郡有着蒲坂这一重要的关隘，而据《太平寰宇记》卷四六《河东道·蒲州》所载：

> 蒲坂故城。《郡国志》云："州南二里有蒲坂城，旧地理书相传曰汉蒲坂城，即今郡所理大城，后人增筑，大河在其西，雷首山在其南。后魏太武帝神麚元年自安邑移郡于此城。"⑥

可见蒲坂地理形势独特，其位于黄河以东，中条山以北，又仅距潼关六十里⑦，是拱卫关中地区的一个主要关口。同时黄河东岸的重要渡口蒲津又在其境内。该地是河曲要冲，其得失对于山东地区和关中地区的各割据政权来说战略地位极为重要，山东地区之敌如果要攻取关中地区，多要先占领蒲坂，以此打开门户。而关中地区割据政权如要进攻山东地区之敌，也要攻占蒲坂，以此作为北上晋阳或东进河北的战略基地。因此可以说蒲坂的战略地位极为重要，进可攻，退可守，史书中有关各种势力对于蒲坂的争夺亦可证明这点。

此外，其境内的蒲津又是黄河上的重要渡口，据《史记》卷五《秦本纪》记载：

> ［昭襄王五十年十二月］初作河桥。《正义》曰："此桥在同州临晋县东，渡河至蒲州，今蒲津桥也。"⑧

《隋书》卷二四《食货志》又载：

---

① 《元和郡县图志》，第325页。
② 《元和郡县图志》，第325页。
③ 《元和郡县图志》，第325页。
④ 《元和郡县图志》，第325页。
⑤ 《元和郡县图志》，第326页。
⑥ 《太平寰宇记》，中华书局，2007年，第955页。
⑦ 见《艺文类聚》卷六四《居处部·宅舍》，中华书局，1965年，第1144页。
⑧ 《史记》，中华书局，1982年，第214～218页。

　　　　时百姓承平日久，虽数遭水旱，而户口岁增。诸州调物，每岁河南自潼
　　关，河北自蒲坂，达于京师，相属于路，昼夜不绝者数月①。

这些确实说明蒲坂不论对于割据山东地区还是关中地区的各政权来说都是极为重要的
战略要地。

　　再则，就陆路交通来说，可由晋阳南下经平阳郡、河东郡至蒲坂，其间并无大山
大川阻隔，行军便利。也可从邺城出发越过太行山南麓及王屋山，走垣曲道至蒲坂，
这样也避过了黄河天险。再从蒲津桥渡过黄河，进入关中地区。这都说明位于河东的
蒲坂不论对于割据山东地区还是割据关中地区的政权来说都是至关重要的战略据点，
这也从另一个方面证明河东地区地理位置之重要。

四

　　再则，就河东地区的历史人文状况来看，据卢云《汉晋文化地理》一书中所述：
"曹魏时，河东郡的文化发展最为显著。……曹魏一代，河东人物很盛。"②西晋时期
"洛阳周围的颍川、汝南。南阳、陈留、河内、河东一带，文化发展水平最高"③。
"河东自曹魏时发展起来，此时方兴未艾。"④而《隋书》卷三〇《地理志》却对北朝
后期乃至隋代河东地区有一个总体的评价：

　　　　河东、绛郡、文城、临汾、龙泉、西河，土地沃少瘠多，是以伤于俭
　　啬。其俗刚强，亦风气然乎⑤?

可见《隋书·地理志》的叙述不仅与卢云所论述的西晋时期河东文化存在很大的差
异，也与《汉书》卷二八下《地理志》的河东"其民有先王遗教，君子深思，小人俭
陋"⑥，"皆思奢俭之中，念死生之虑"⑦记载存在着差异。至于为何会出现这种变
化，当与东汉以至西晋时期一些少数民族进入该地区，此后的十六国时期匈奴、鲜
卑、氐等少数民族又占据该地区，不无关系。加之原居于此的一些士族则由于"永嘉

---

①　《隋书》，第681、682页。
②　卢云：《汉晋文化地理》，陕西教育出版社，1991年，第107页。
③　卢云：《汉晋文化地理》，第114页。
④　卢云：《汉晋文化地理》，第115页。
⑤　《隋书》，第860页。
⑥　《汉书》，中华书局，1962年，第1649页。
⑦　《汉书》，第1649页。

之乱"，逃避战乱，离开家乡，该地区的文化在这一时期出现了较大的退步。不过由于此时在该地还有许多士族没有离开故土，或又返回家乡，使得该地区仍然是以儒家思想为核心的汉文化居于主导地位，这则是因为在中国北部农业地区生活的汉士族文化水准大多高于生活在该地区的其他人群，他们的存在当然与该地区汉文化居于主导地位局面的出现有密切的关系。

综上所述，由于生活在西魏北周政权统治区的河东薛氏这一汉士族的文明程度高于进入中原的各少数民族，他们凭借其拥有的政治、经济实力进入各政权中，也为西魏北周政权进一步巩固其政权做出了应有的贡献。在军事上，由于长期的战乱使得有些汉士族具有相当的军事才能，在西魏北周政权的建立巩固以至最后统一中国北方的过程中河东薛氏在这方面也有一些不凡的表现。另外，在文化方面由于河东薛氏等汉士族的不断影响，使得那些进入关陇地区且占据河东地区的以宇文氏为首的各少数民族认同并接受汉文化，而且这些士族也为新的汉文化在这一地区最终确立做出了相当大的贡献，且为此后盛唐文化的出现埋下伏笔。加之在这一时期河东地区居于西魏北周政权与东魏北齐政权的交界之处，地理位置极为重要，这又使得西魏北周政权统治者不得不对河东薛氏加以重视，给予了相当的权势。

淝水之战后后秦对河陇地区的经略[*]

周 莹

（安徽师范大学历史学院 芜湖 241000）

十六国中期，氐族苻氏凭借枋头集团之力立国关中，建立前秦。以建元十九年（前秦年号，383年）淝水之战为契机，前秦败于东晋，政权崩溃，各地的族群纷纷寻求自立，导致北方再次陷入四分五裂的局面。羌族姚苌继承苻氏核心区——关中的政治遗产，建立后秦，得以成为十六国后期最强大的国家①。但仅凭关中一隅，毕竟领土狭促，缺乏战略缓冲带，因此立国伊始后秦便像前秦苻坚主政时一样东进西击，将其东南一带边境线拓至淮汉以北②，在经过与北魏的柴壁之战后，将东部战线稳定在河东地区③。

关中西部的核心区主要是陇右、河西。陇右紧邻关中，形势险要，对姚秦来说至关重要，以此为媒介，姚氏既可南讨杨氏氐族，又可向西插手凉州事务。河西地区自建元十二年（376年）前秦灭前凉后，就归入关中政权统治之下。这一地区诸族群在淝水之战后，迅速成长，建立政治体。因此，相对于东部边境线的开拓来说，后秦在西部河陇一带的经营相对曲折，虽一时难以制驭河西，但诸凉彼此竞争，为后秦插手河西事务提供了余隙。

武守志在《五凉政权与中原江左政权的关系》一文中讨论了"四凉"与后秦的关系④。俄琼卓玛在《后秦史》一书中，专门讨论了"后秦与河陇诸政权之关系"⑤，所

---

* 基金项目：2021年度安徽省高校人文社会科学重大项目"南朝宗室政治变动研究"（SK2021ZD0019）。

① 有关淝水之战后关陇地区族际政治以及后秦立国关中问题研究，请参看李磊：《淝水战后关陇地区的族际政治与后秦之政权建构》，《西南民族大学学报（人文社会科学版）》2018年第7期。

② 《晋书》卷一一七《姚兴载记上》，中华书局，1974年，第2980页；《资治通鉴》卷一一一将此事系于晋安帝隆安三年（399年）（中华书局，1956年，第2980页）。

③ 后秦虽然在柴壁之战中败于北魏，但在蒲坂一带抵御住了北魏的攻势，此后北魏长期受北境柔然侵扰，故与后秦保持了良好的外交关系，双方边境线稳定在河东一带。《资治通鉴》卷一一二"晋安帝元兴元年"（402年）条，第3543、3544页。"柴壁之战后，北魏与后秦还发曾发生过小规模的边境冲突，而在两国关系中占主导地位的却是和平通使"，张金龙：《北魏政治史》（二），甘肃教育出版社，2008年，第235～236页。

④ 武守志：《五凉政权与中原江左政权的关系》，《兰州教育学院学报》1985年第3期，第1～8页。

⑤ 俄琼卓玛：《后秦史》，上海古籍出版社，2018年，第88～98页。

述甚详。但笔者通过研读史料，发现仍有剩义，比如未注意到经营陇右的姚硕德与陇右一地的历史联系、对后秦经营河陇地区过程的复杂性关注不足、因客观原因对后出的研究成果利用不全，故本文欲以姚秦对河陇地区的经营为研究对象，以便于更好地理解淝水之战后关中与河陇政权的互动关系。

一、姚硕德经略陇右

（一）与姚苌东西联合

姚硕德为姚苌之弟。后秦白雀元年（384年）姚苌脱离前秦起兵时，姚硕德率领所统陇上羌众起兵应苌。"初，后秦主苌之弟硕德统所部羌居陇上，闻苌起兵，自称征西将军，聚众于冀城以应之；以兄孙详为安远将军，据陇城，从孙训为安西将军，据南安之赤亭，与秦州刺史王统相持。苌自安定引兵会硕德攻统，天水屠各、略阳羌胡应之者二万余户。"《资治通鉴》将姚硕德与王统相持之事系于晋孝武帝太元十一年（386年，后秦建初元年）八月[①]，《晋书・姚苌载记》记此事经过为："苌如安定，击平凉胡金熙、鲜卑没奕于，大破之。遂如秦州，与苻坚秦州刺史王统相持，天水屠各、略阳羌胡应苌者二万余户。"[②]陈勇对比两条史料，认为"与王统相持者乃姚苌，《通鉴》表述略显含混"[③]。笔者以为未必如此，结合以上两处史料，可知天水屠各、略阳羌胡响应后秦，很大程度上是因为姚硕德与姚苌从两侧夹击前秦秦州刺史王统，也就是说与王统相持者应该不只有姚苌。司马温公记姚硕德起兵应苌事、姚硕德与王统相持事、姚苌自安定援助硕德事、天水屠各略阳羌胡倒向后秦事，显示了它们之间的内在历史逻辑，不存在含混之处。

在姚硕德和姚苌的东西夹击下，略阳太守王皮和秦州刺史王统投降后秦[④]。秦州为三国时魏文帝分陇右所置，开启了在陇右设置州级行政区划的先河[⑤]。王皮、王统投降后，姚苌随即任免姚硕德管理秦州，《晋书・姚苌载记》记："（姚苌）拜弟硕德都督陇右诸军事、征西将军、秦州刺史，领护东羌校尉，镇上邽。"《资治通鉴》则载："后秦主苌以姚硕德为使持节、都督陇右诸军事、秦州刺史，镇上邽。"陈勇说："硕德所任官职，《载记》多领护东羌校尉，而《通鉴》多使持节，疑各有所

① 《资治通鉴》卷一百六"晋孝武帝太元十一年"（386年）条，第3368页。

② 《晋书》卷一一六《姚苌载记》，第2967页。

③ 陈勇：《〈资治通鉴〉十六国资料释证——前秦、后秦国部分》，中国社会科学出版社，2015年，第319页。

④ 《资治通鉴》卷一百六"晋孝武帝太元十一年（386年）八月"条，第3368、第3369页。

⑤ 有关魏晋时期秦州废置历程及秦州诸郡建置分合的考察，请参看丁树芳：《从"抚纳氐羌"到控御秦州：东羌校尉与魏晋陇右政局》，《青海民族研究》2015年第2期，第144～148页。

本。"① "'持节领护'校尉与州刺史兼领的制度"确立于晋惠帝元康中，受此制度的影响，（晋惠帝元康中）东羌校尉开始与秦州刺史兼领，使它在履行管理陇右氐、羌这一基本职能的同时，进一步涉入陇右地方政治，宣告了东羌校尉与秦州刺史共同管理秦州军政、民族事务体制的成立②。因此，姚苌所授姚硕德的官职，不论是使持节、还是东羌校尉，实际上都是继承了西晋制度。从西晋至后秦初年，陇右族群势力变动不小，汉国、前赵、后赵多次将陇右氐、羌迁往关中、关东，同时又有河西鲜卑力量进入陇右，因此姚硕德以秦州刺史领护东羌校尉所发挥的实际职能，与西晋时期并不能完全等同。"征西将军"一职则为姚硕德起兵时自称，在此时得到了姚苌承认。

　　姚硕德在陇右与秦州刺史王统相持不下时，姚苌能从安定迅速救援，主要是因为姚苌起兵渭北后，针对苻坚和慕容冲在长安相互角逐的局面，果断确定了"移兵岭北，广收资实，须秦弊燕回，然后垂拱取之"的战略③。对于"岭北"所指范围，学界有不同的认识，论史料之翔实、考辨之精准，当以牛敬飞一文为首，"南北走向的子午岭与西方的陇山平行，二山南端与关中北缘山系相连，形状近似一只斜置水杯，'岭北'即在其中"，"五将山为岭北之南界"，"作为一个政治地理单元，岭北北界不太明确，从高平可称'岭北'来看，岭北或北及今甘肃庆阳市甚至北包整个陇东高原"④。安定位于泾水上游，是岭北核心区，陇右紧邻岭北西侧，如此也就可以理解为何姚苌可以从安定出兵，救援姚硕德，东西夹击王统，从而一举攻克秦州了。

（二）被逼退到关中

　　王皮、王统虽然投降了后秦，但陇右尚潜伏着一股前秦势力。前秦宗室苻登，为苻坚族孙，早年因事被黜为狄道长。淝水之战后，他凭借宗室身份，接替在淝水之战前出镇的毛兴所领枹罕氐而崛起⑤。与姚硕德起兵响应姚苌几乎同时，陇右的苻登被啖青等推为"使持节、都督陇右诸军事、抚军大将军、雍河二州牧、略阳公，帅众五万，东下陇，攻南安，拔之，驰使请命于秦"⑥，"丕以登为征西大将军、开府仪同三司、南安王、持节及州郡督，因其所称而授之"⑦。在苻丕授予苻登征西将军前，姚硕德已自称征西将军，因此苻丕此举是有意以苻登势力制衡姚硕德。

————————

　　①　陈勇：《〈资治通鉴〉十六国资料释证——前秦、后秦国部分》，第320页。

　　②　丁树芳：《从"抚纳氐羌"到控御秦州：东羌校尉与魏晋陇右政局》，《青海民族研究》2015年第2期，第144～148页。

　　③　《晋书》卷一一六《姚苌载记》，第2966页。

　　④　牛敬飞：《十六国时期"岭北"地望综论》，《西北民族论丛》2017年第2期。

　　⑤　《晋书》卷一一五《苻登载记》，第2947、2948页。

　　⑥　《资治通鉴》卷一百六"晋孝武帝太元十一年"（386年）条，第3367页。

　　⑦　《晋书》卷一一五《苻丕载记》中将"州牧、都督"讹作"州郡督"，第2946页。

其实在苻登崛起前,他与兄长苻同成均在毛兴手下活动,但苻登因"好为奇略"的个性,未能得到毛兴重用。毛兴去世前,在给苻登兄长苻同成的一段遗嘱中,要求苻同成启用苻登,从侧面透露出姚硕德在陇右对毛兴形成的巨大军事压力。"姚苌作乱,遣其弟硕德率众伐毛兴,相持久之。兴将死,告同成曰:'与卿累年共击逆羌,事终不克,何恨之深! 可以后事付卿小弟司马,珍硕德者,必此人也。卿可换摄司马事。'"①其中"相持久之"四字,反映出姚硕德在陇右活动对后秦有重大意义。

后秦建初元年(386年)十月,苻登攻克南安,进攻姚硕德。姚苌前往救助,在胡奴阜一战中大败②,撤回上邽。《资治通鉴》记载此事在诸史中最为详赡③:"秦南安王(苻)登既克南安,夷、夏归之者三万余户,遂进攻姚硕德于秦州,后秦主苌自往救之。登与苌战于胡奴阜,大破之,斩首二万余级,将军啖青射苌,中之。苌创重,走保上邽,姚硕德代之统众。"④苻登势头颇盛,姚苌鉴于此种形势,劝服姚硕德下陇:"登既代卫平,遂专统征伐。是时岁旱众饥,道殣相望,登每战杀贼,名为熟食,谓军人曰:'汝等朝战,暮便饱肉,何忧于饥!'士众从之,啖死人肉,辄饱健能斗。姚苌闻之,急召硕德曰:'汝不来,必为苻登所食尽。'硕德于是下陇奔苌。"⑤

苻登由此顺利入关,并在苻丕去世后,于建初元年(386年)十一月在陇东称帝,之后与姚苌角逐于岭北安定和新平一带。苻登东进关中后,并没有放弃陇右。苻丕在位时支持前秦的陇右力量继续与新主苻登保持了君臣关系⑥。建初二年(387年)三月,"秦主登以窦冲为南秦州牧,杨定为益州牧,杨壁为司空、梁州牧,乞伏国仁为大将军、大单于、苑川王"⑦。

姚苌崛起于岭北,西临陇右,为保证岭北西侧的安全,姚苌也着意于经营陇右。建初元年六月,姚苌迁徙秦州豪杰三万户于安定⑧。建初二年四月"后秦征西将军姚硕德为杨定所逼,退守泾阳。定与(前)秦鲁王纂共攻之,战于泾阳,硕德大败"⑨。杨定为杨安之子。杨安因仇池国内讧,于前秦寿光二年(356年)投奔前秦。杨安、杨定父子均为前秦骁将。前秦建元二十一年(385年)五月,杨定被慕容冲所

① 《晋书》卷一一五《苻登载记》,第2947、2948页。

② 《资治通鉴》卷一百六"晋孝武帝太元十一年"(386年)条胡三省注:胡奴阜在上邽西。第3370页。

③ 陈勇:《〈资治通鉴〉十六国资料释证——前秦、后秦国部分》,第231页。

④ 《资治通鉴》卷一百六"晋孝武帝太元十一年"(386年)条,第3370页。

⑤ 《晋书》卷一一五《苻登载记》,第2948页。

⑥ 《资治通鉴》卷一百六"晋孝武帝太元十年"(385年)条,第3355页。

⑦ 《资治通鉴》卷一百七"晋孝武帝太元十二年"(387年)条,第3376页。

⑧ 《资治通鉴》卷一百六"晋孝武帝太元十一年"(386年)条,第3375页。

⑨ 《资治通鉴》卷一百七"晋孝武帝太元十二年"(387年)条,第3376、3377页。

俘①，十月慕容冲将高盖被后秦打败，杨定亡奔陇右，"复收集其旧众"②。之后杨定先后受苻丕、苻登领导，是陇右不可小觑的一股势力，因此他有能力打败后秦秦州刺史姚硕德。建初四年（389年）八月，姚苌派遣姚硕德镇守安定③，九月姚苌趁大界之战中苻登集团元气大伤之际④，重新使姚硕德安排秦州布防，"后秦主苌使姚硕德置秦州守宰，以从弟常戍陇城，邢奴戍冀城，姚详戍略阳"，但再次受到杨定的逼迫，"杨定攻陇、冀，克之，斩常，执邢奴；详弃略阳，奔阴密"⑤。杨定在陇右的势力不断壮大，他自称秦州牧、陇西王，苻登因其所称而授之⑥。

　　苻登东进关中后，杨定的存在使得后秦迟迟无法控制陇右。建初七年（392年）四月，姚苌寝疾，命姚硕德镇守渭北重镇李润，保卫长安东北部安全⑦。姚苌死后，建初八年（393年）十二月，继位的姚兴又以姚硕德镇守岭北的阴密⑧。

　　根据姚硕德上述动向，可知自建初四年（389年）九月，在杨定的逼迫下，后秦暂时放弃了陇右，而将注意力全部放在与苻登争夺关中。

（三）在陇右崛起的历史因素

　　姚苌去世后，其子姚兴即位，建初八年（393年）十二月，姚硕德将佐劝硕德脱离姚兴，自立于秦州，但遭到姚硕德反对。"硕德将佐言于硕德曰：'公威名宿重，部曲最强，今丧代之际，朝廷必相猜忌，非永安之道也。宜奔秦州，观望事势。'硕德曰：'太子志度宽明，必无疑阻。今苻登未灭而自寻干戈，所谓追二袁之踪，授首与人。吾死而已，终不若斯。'"⑨姚硕德虽然没有发动叛乱，但他所统部众在后秦政权中颇占分量则是事实。姚硕德崛起于陇右，靠陇右所统部众起家，姚苌利用硕德治理秦州，应该主要看中了硕德与陇右地方的历史联系。

　　姚氏为南安赤亭羌，该集团自东晋咸和八年（333年）在姚弋仲带领下东徙关东滠头。姚苌为姚弋仲第二十四子，《晋书·姚苌载记》记"以太元十八年死，时年六十四"⑩，以此推之，姚苌出生于330年。姚硕德为姚弋仲子、姚苌同母弟，他若在

---

①　《资治通鉴》卷一百六"晋孝武帝太元十年"（385年）条，第3346页。

②　杨定亡奔陇右事，见于《资治通鉴》卷一百六"晋孝武帝太元十年"（385年）条，第3355页。

③　《资治通鉴》卷一百七"晋孝武帝太元十四年"（389年）条，第3389页。

④　大界之战发生于太元十四年（389年）年二月至八月，苻登损失惨重。《资治通鉴》卷一百七"晋孝武帝太元十四年"（389年）条，第3388、3389页。

⑤　《资治通鉴》卷一百七"晋孝武帝太元十四年"（389年）条，第3389页。

⑥　《资治通鉴》卷一百七"晋孝武帝太元十四年"（389年）条，第3389页。

⑦　《资治通鉴》卷一百八"晋孝武帝太元十七年"（392年）条，第3404页。

⑧　《资治通鉴》卷一百八"晋孝武帝太元十八年"（393年）条，第3411页。

⑨　《晋书》卷一一七《姚兴载记上》，第2975页。

⑩　《晋书》卷一一六《姚苌载记》，第2973页。

333年前出生，也只是襁褓幼儿，应该是随同前往关东了。前秦皇始元年（351年）苻氏集团抢先姚氏集团立国关中，永兴元年（357年），姚襄（姚弋仲第五子）意图从陕北攻入关中，兵败身亡，姚苌率部众投降前秦[①]，姚硕德也应在其中。前秦打败入侵的姚襄后，获姚弋仲灵柩，《晋书·姚弋仲载记》云："（苻）生以王礼葬之于天水冀县。"[②]《资治通鉴》记："秦主生以王礼葬弋仲于孤磐。"胡三省注："孤磐，在天水冀县界。"[③]同时对待已逝的姚襄，"苻生以公礼葬之"[④]。这表明姚氏集团虽早已东迁关东，但与其故乡陇右的联系尚十分密切。前秦建元二年（366年）十二月，羌敛岐以略阳四千家叛秦，西依张天锡叛将李俨[⑤]。建元三年（367年）二月，苻坚以"辅国将军王猛、陇西太守姜衡、南安太守南安邵羌、扬武将军姚苌等帅众七千讨敛岐"[⑥]，"敛岐部落先属姚弋仲，闻姚苌至，皆降。"[⑦]敛岐，南安人，姚弋仲去世后，曾在姚襄军府中任右部帅[⑧]。敛岐重回陇右当与姚硕德同时，在姚襄入侵陕北失败后。以上种种迹象表明，姚氏集团与陇右的联系十分深厚。

苻生将姚弋仲葬于冀县，又以公礼安葬姚襄[⑨]，都表明前秦有意安抚和拉拢姚氏。从淝水之战后姚硕德能凭借羌众起兵陇右来看，前秦在姚苌投降之初就将一部分姚氏族人和部众遣返其故乡。姚苌因平定敛岐有功，开始在前秦政局中崭露头角，逐渐参与前秦军政大事[⑩]。除姚苌之外，参与前秦政权核心的姚氏旧人，还有姚兴、薛赞、权翼。姚兴，姚苌长子，苻坚时为太子舍人[⑪]。薛赞，太原人，权翼，略阳人，二人同为姚襄参军，并助力苻坚篡取皇位，在苻坚即位后分任中书侍郎、给事黄门侍郎，与王猛共掌机密[⑫]。淝水之战后姚硕德聚众于冀城，并在陇城、南安赤亭布防力量，响应姚

---

① 《资治通鉴》卷一百"晋穆帝升平元年"（357年）条，第3161、3162页。

② 《晋书》卷一一六《姚弋仲载记》，第2961页。

③ 《资治通鉴》卷一百"晋穆帝升平元年"（357年）条，第3162页。

④ 《晋书》卷一一六《姚襄载记》，第2964页。

⑤ 《晋书》卷一一三《苻坚载记上》，第2889、2890页；《资治通鉴》卷一百一"晋海西公太和元年"（366年）条，第3203页。

⑥ 《资治通鉴》卷一百一"晋海西公太和二年"（367年）条，第3203、3204页。

⑦ 《资治通鉴》卷一百一"晋海西公太和二年"（367年）条，第3203、3204页。

⑧ 《晋书》卷一一六《姚襄载记》，第2962页。

⑨ 《晋书》卷一一六《姚襄载记》，第2964页。

⑩ "及襄死，苌率诸弟降于苻生。苻坚以苌为扬武将军，历左卫将军，陇东、汲郡、河东、武都、武威、巴西、扶风太守，宁、幽、兖三州刺史，复为扬武将军，步兵校尉，封益都侯。为坚将，累有大功。"《晋书》卷一一六《姚苌载记》，第2965页。

⑪ 《晋书》卷一一七《姚兴载记上》，第2975页。

⑫ 《晋书》卷一一六《姚襄载记》，第2962页；《晋书》卷一一三《苻坚载记上》，第2884、2885页。

茋，胡三省在姚硕德起兵一事下注"诸姚本赤亭羌"①，可谓有识。前秦遣姚硕德返回陇右，用意应有二：一是以硕德为姚弋仲守陵，二是借硕德之力，管理当地羌众，稳定陇右。上述诸人事迹，颇可反映前秦对姚氏降众处理的政策，姚氏同族和军府中诸酋长重返陇右②，剩余人物则活跃于前秦军政核心，总体来看，是前秦有意为之的一种分化瓦解的政策。

（四）重 返 陇 右

姚硕德于建初四年（389年）九月，在杨定的逼迫下返回关中，在战胜关中的苻登后，到皇初二年（395年）十二月重返陇右，其间争夺陇右的主要有西秦乞伏氏、仇池氏杨定、后凉吕氏。皇初元年（394年）十月，苻登子苻崇为乞伏乾归所驱逐，奔陇西王杨定，杨定留司马邵强守秦州，率众二万与苻崇共击乾归，最后为乾归凉州牧轲弹、秦州牧益州、立义将军诘归联合打败。胡三省注："轲弹、益州、诘归皆乞伏氏也。凉、秦二州牧，乾归所置，非能有其地。"③姚茋谋臣古成诜曾为姚茋分析关陇局势，指出三大敌对势力，其中就有活动于陇右的杨定④。但自上述乞伏乾归与杨定之间的那场战争后，乾归就真正尽有陇西之地，胡三省注："乞伏始得秦州。"⑤也就是说姚硕德重新返回陇右后的皇初二年十二月，所面临最大的敌人是陇右西部的乞伏乾归。

随着后秦稳定在关中的统治后，此前在陇右活动的氐人杨氏势力南下仇池，遣使请命⑥。"鲜卑越质诘归率户二万叛乞伏乾归，降于兴，兴处之于成纪，拜使持节、镇西将军、平襄公。"⑦但还有一些陇右当地的豪族叛乱。皇初三年（396年）十二月，"姚硕德讨平凉胡金豹于洛城，克之。初，上邽姜乳据本县以叛，自称秦州刺史。硕德进讨之，乳率众降。以硕德为秦州牧，领护东羌校尉，镇上邽。征乳为尚书。强熙

---

① 《资治通鉴》卷一百六"晋孝武帝太元十一年"（386年）条，第3368页。

② 敛岐，曾在姚襄时任姚氏集团右部帅。姚襄脱离东晋，北争洛阳时，曾做梦："梦茋服衮衣，升御坐，诸酋长皆侍立，且谓将佐曰：'吾梦如此，此儿志度不恒，或能大起吾族。'"《晋书》卷一一六《姚茋载记》，第2964页。姚襄梦境实则反映出姚氏集团权力结构中的部落因素。姚襄时姚氏集团主要有军府组织和四（左、右、前、后）部帅，其中敛岐为右部帅，当属姚襄梦境中的酋长。《晋书》卷一一六《姚襄载记》，第2962页。参照敛岐重返陇右事迹，推断前秦对其他三部（左部帅略阳伏子成、前部帅略阳王黑那、后部帅强白）的处理政策亦如此。

③ 《资治通鉴》卷一百八"晋孝武帝太元十九年"（394年）条，第3417页。

④ 《晋书》卷一一六《姚茋载记》，第2969页。

⑤ 《资治通鉴》卷一百八"晋孝武帝太元十九年"（394年）条，第3417页。

⑥ 《晋书》卷一一七《姚兴载记上》，第2977页；《资治通鉴》卷一百八"晋孝武帝太元二十一年（396年）十二月"条，第3436页。

⑦ 《晋书》卷一一七《姚兴载记上》，第2977页。

及略阳豪族权干城率众三万围上邽，硕德击破之。熙南奔仇池，遂假道归晋。硕德西讨干城，干城降"①。强熙为武都氐豪，曾助力苻登太子苻宏假道归晋，投降姚苌后任安南将军，不久又推窦冲为盟主而叛乱。窦冲弟弟与窦冲离贰，冲奔赴强熙，强熙也因畏惧姚兴而率户二千逃往秦州②。皇初四年（397年）一月，吕光讨伐乾归，被乾归打败，退还姑臧③。从史料记载来看，姚硕德在平定陇右当地的豪族叛乱后，征讨乞伏乾归的战事颇为顺利，弘始二年（400年）"（姚兴）使硕德率陇右诸军伐乞伏乾归，兴潜军赴之，乾归败走，降其部众三万六千，收铠马六万匹。军无私掠，百姓怀之。兴进如枹罕，班赐王公以下，遍于卒伍"④。

综上所述，淝水之战后各地兵锋四起，关中政权对于陇右地方的控制力大为减弱，姚苌利用本地豪右，也是姚氏同族人在本地的影响力以加强地方控制。姚硕德在前秦初年姚氏集团入侵关中失败后，被遣返回陇右，与陇右羌众重新建立了密切联系，这为其在淝水之战后起兵应苌提供了重要基础。姚苌也凭借姚硕德的力量，逐步经营陇右，虽然硕德一度被前秦陇右地方势力逼退关中，但在后秦最终战胜苻登后，于皇初二年十二月，被后秦主姚兴封为陇西王，以继续经营陇右。

二、姚兴经略河西的败局

弘始二年五月至九月，陇西公姚硕德降服西秦，统一陇右西部，至此陇右稳定处于后秦的统治之下。陇右是关中西部的重要门户，亦是沟通关中与河西的重要交通枢纽，因此后秦在稳定关中、陇右的统治后，逐步以陇右为基础，插手河西政局。

---

① 《晋书》卷一一七《姚兴载记上》，第2977页。《资治通鉴》记"权干城"为"权千城"，卷一百八"晋孝武帝太元二十一年"（396年）条，第3436页。陈勇据姚弋仲在永嘉六年（312年）东徙榆眉时，自称护西羌校尉，至淝水战后姚苌克秦州，授予弟姚硕德领护东羌校尉、再至姚兴以姚硕德领护东羌校尉，认为"姚氏建国后，羌人内部仍有东西之分，后秦官制中，亦可找到相关证据"。陈勇：《〈资治通鉴〉十六国资料释证——前秦、后秦国部分》，第289页。

② 《晋书》卷一一四《苻坚载记下》，第2929页；《晋书》卷一一七《姚兴载记上》，第2977页。

③ 《资治通鉴》卷一百九"晋安帝隆安元年"（397年）条，第3439页。有关此一战役以及后秦灭西秦前河陇政局的考察，请参考魏军刚、张弘：《试论后凉西秦"河南之战"及其对河陇政局的影响》，《乐山师范学院学报》2011年第3期。

④ 《晋书》卷一一七《姚兴载记上》，第2981页；《资治通鉴》卷一一一"晋安帝隆安四年"（400年）条，第3511～3513页。姚兴继帝位时，姚硕德封陇西王，弘始元年（399年）姚兴降号称王，姚硕德也降为公。陈勇注意到关于姚硕德讨伐西秦所率兵力，诸史有不同记载，《十六国春秋·后秦录》作六万，《晋书·乞伏乾归载记》作五万，《资治通鉴》作五千，根据《晋书·姚兴载记上》下文称乾归投降的部众有三万六千，陈勇认为"硕德以五千兵力迫降乾归部众三万六千，颇难置信，疑《通鉴》所记不确"，笔者以为此说可从。陈勇：《〈资治通鉴〉十六国资料释证——前秦、后秦国部分》，第345页。

（一）姚硕德出兵河西及吕隆投降后的动向

自前凉张氏于建元十二年（376年）八月投降前秦，至淝水之战前，河西地区处于前秦梁熙管理之下。淝水之战后，前秦政权土崩瓦解，梁熙亦脱离前秦而自立，出土的吐鲁番白雀元年衣物券，表明梁熙有可能曾奉用后秦姚苌的白雀年号[①]。吕光从西域东返后，自前秦建元二十一年（385年）九月从梁熙手中夺得对河西的领导权[②]。建元二十二年（386年）九月吕隆在得知苻坚去世，苻丕登位后，使用苻丕太安年号[③]。不久苻丕去世，十一月苻登在陇东称帝，改元太初，吕光则继续使用太安年号，至后秦建初四年（389年）二月，才改元麟嘉，独立称王[④]。吕光不承认苻登帝位，但继续使用已故的苻丕年号，有可能是出于凝聚部众的需要，毕竟他所率领的军队属于前秦[⑤]。

---

① 关于吐鲁番文书中白雀年号的归属问题，学者们的意见有很大分歧，王素通过梳理各家之说，在辨析史料的基础上，基本认同史树青、吴震、关尾史郎三位将其归为梁熙曾采用了后秦白雀年号，但并不认为梁熙采用后秦白雀年号是因为与姚苌是旧交、同属羌族而存在密切政治关联，只是因为苻坚战败，后秦姚苌崛起，梁熙改后秦姚苌白雀年号是一种见风转舵的自保之举（王素：《高昌史稿·统治编》，文物出版社，1998年，第137~143页）。张荣强结合《前秦建元二十年籍》，认为梁熙在建元二十年（384年）四月姚苌建号白雀以前，可能与之暗自通款，三月造籍的目的在于呈交人民、土地等簿籍作为臣服姚氏政权的标志（张荣强：《〈前秦建元籍〉与汉唐间籍账制度的变化》，《历史研究》2009年第3期，第16~38页）。丁树芳认为梁熙的确奉用了后秦白雀年号，但提出"张荣强所谓编造《前秦建元籍》旨在呈交人民、土地等簿籍以臣服于姚氏政权的论断，显然论据不足。本户籍应该是按照郡县官府的常规来制作的，以常规或即三年一造籍的定式"（丁树芳：《〈前秦建元二十年籍〉补说》，《敦煌学辑刊》2013年第4期，第78~85页）。综上所述，学界现在基本认同吐鲁番文书中白雀年号是梁熙使用了后秦白雀年号。

② 《资治通鉴》卷一百六"晋孝武帝太元十年"（385年）条，第3352~3353页。

③ 《资治通鉴》卷一百六"晋孝武帝太元十一年"（386年）条，第3369页。关于吕光此时所用年号，《晋书·吕光载记》记"太安"，而《资治通鉴》作"大安"，陈勇结合《晋书》标点本《校勘记》，认为太安乃苻丕年号，为光所用，非自建元，故《魏书·吕光传》称光纪年始于麟嘉，可从（陈勇：《〈资治通鉴〉十六国资料释证——前秦、后秦国部分》，第230页）。

④ 《资治通鉴》卷一百七"晋孝武帝太元十四年"（389年）条，第3387页。

⑤ 魏军刚详细考察了西征功臣在后凉立国中的政治命运。西征功臣集团是后凉政权的核心力量，但是在吕光逐步确立专制集权统治的过程中，功臣集团与吕氏矛盾不断加深，以杜进被杀、彭晃叛乱为标志，西征功臣集团军政核心领导层遭到严重打击。而这一系列事件恰好发生在吕光继续使用苻丕年号直至自立称王的过程中，可证明本文的上述论断，即吕光继续使用前秦苻丕年号确有其深层次的政治考量[魏军刚：《西征功臣集团与后凉政治演变》，《阴山学刊（社会科学版）》2014年第3期]。除此之外，吕光在苻丕去世后，继续使用苻丕年号，实际上反映了他不承认苻登皇位的思想，这种思想的来源或许因苻登并非苻坚嫡系亲属，只是帝室疏属，在人望和正统上皆有所欠缺。苻登在淝水之战前不过任职不足为道的狄道长，后来因缘际会，投奔镇守枹罕的毛兴，在毛兴去世后，从卫平手中接收枹罕氏，才得以崛起。有关苻登崛起及其身世事，请参看《晋书》卷一一五《苻登载记》，第2947、2948页。

后秦弘始元年（399年），吕光去世后，诸吕陷入内讧，政治黑暗，国力衰弱，四周又有沮渠氏、秃发氏虎视眈眈。

弘始三年（401年）七月，"秦陇西公硕德自金城济河，直趣广武，河西王利鹿孤摄广武守军以避之"①。魏安人焦朗劝硕德乘诸吕内争之际，进至姑臧②。硕德听从将领姚国方的建议，"今悬师三千，后无继援，师之难也。宜曜劲锋，示其威武。彼以我远来，必决死距战，可一举而平"③，由广武直击河西政治中心姑臧，大败后凉大将吕超、吕邈，巴西公吕佗率东苑之众投降于秦④。河西其他小政权西凉公暠、河西王利鹿孤、沮渠蒙逊各遣使奉表入贡于后秦⑤，"时硕德攻吕隆，抚纳夷夏，分置守宰，节粮积粟，为持久之计。隆惧，遂降。硕德军令齐整，秋毫无犯，祭先贤，礼儒哲，西土悦之"⑥。如上所述，姚硕德进入凉州的过程是比较顺利的。

关于吕隆投降后姚硕德的动向，《晋书·吕隆载记》记："硕德表隆为使持节、镇西大将军、凉州刺史、建康公。于是遣母弟爱子文武旧臣慕容筑、杨颖、史难、阎松等五十余家质于长安，硕德乃还。"⑦从后续历史发展来看，硕德应该是返回了自己的本职地陇右，但具体时间还需进一步考察。

姚兴发动柴壁之战前，于弘始四年（402年）五月，任命鲜卑"没奕干权镇上邽"⑧。没奕干，"牵屯山鲜卑别种破多兰部世传主部落，至木易干有武力壮勇，劫掠左右，西及金城，东侵安定，数年间诸种患之"⑨，于前秦甘露二年（360年）十月投降前秦⑩，淝水之战后，后秦建初七年（392年）三月，投降姚苌，任车骑将军，封高平公⑪。弘始四年五月，没奕干被任命镇守上邽，此时没奕干已投降后秦十年之久。上

---

① 《资治通鉴》卷一一二"晋安帝隆安五年"（401年）条，第3525页。
② 《晋书》卷一二二《吕隆载记》，第3069、3070页。
③ 《晋书》卷一二二《吕隆载记》，第3070页。
④ 《晋书》卷一二二《吕隆载记》，第3070页。《晋书》卷一一七《姚兴载记上》记为"吕佗"，第2982页。"佗"为"他"的异体字。吕佗统领的东苑兵户是后凉军力的重要组成部分。在位者吕隆鉴于先前政治斗争中争权者均凭借东苑之力反叛的教训，未将东苑之众的统领权交予堂兄弟，而是让叔父吕佗统领。虽然吕佗未凭此发动政变，威胁吕隆皇位，但他投降后秦，可以说促进了后凉的灭亡。有关姑臧城东苑与后凉政局变动以及兴盛关系的讨论，见朱艳桐：《姑臧城空间布局与五凉河西政治》，《敦煌学辑刊》2017年第2期，第61页。
⑤ 《晋书》卷一一七《姚兴载记上》，第2982页；《资治通鉴》卷一一二"晋安帝隆安五年"（401年）条，第3526页。
⑥ 《晋书》卷一一七《姚兴载记上》，第2982页。
⑦ 《晋书》卷一二二《吕隆载记》，第3070页。
⑧ 《资治通鉴》卷一一二"晋安帝元兴元年"（402年）条，第3543页。
⑨ 《魏书》卷一百三《高车传》，第2313页。
⑩ 《资治通鉴》卷一百一"晋穆帝升平四年"（360年）条，第3183页。
⑪ 《资治通鉴》卷一百八"晋孝武帝太元十七年"（392年）条，第3404页。

邦是秦州治所，如果姚硕德此时在陇右的话，断不可能任用没奕干来镇守重镇。所以《晋书·吕隆载记》记吕隆一投降（弘始三年九月，401年），硕德就返回陇右，显然是不合理的。但没奕干毕竟是异族，在姚兴安抚陇右之际，欲起兵叛乱，只是在长史皇甫序的劝谏下才终止行动①，还在北魏入侵之际，放弃部众，逃亡秦州，使魏军得以不费吹灰之力侵入瓦亭，导致长安大震②。没奕干的上述表现，不能说对后秦是忠诚的。姚兴在大军东征北魏、姚硕德又远在姑臧之际，应该是出于不得已才暂时任命没奕干镇守上邦。推断姚硕德在姚兴盛兵出迎吕隆降众的弘始五年（403年）七月前后，已离开了姑臧，回到了自己的本职地陇右。

（二）姚兴处理河西政局的困境和举措

弘始四年五月至十月，后秦主姚兴与北魏对峙于平阳，无暇西顾，直到战事结束后，于十二月才开始处理河西事务，"遣其兼大鸿胪梁斐，以新平张构为副，拜秃发傉檀车骑将军、广武公，沮渠蒙逊镇西将军、沙州刺史、西海侯，李玄盛安西将军、高昌侯"③。胡三省注："史言河、湟诸国皆畏姚秦之强。"④这种认识固然不错，但姚兴从东线战场腾出手干的第一件事不是考虑如何处置投降的后凉，而是给予河西其他几个集团首脑以封赏，这说明让后秦感到恐惧的并不是后凉，而是围绕在后凉四周的其他诸凉势力。姚兴根据他们的实力大小，授予不同官爵。比如诸凉中以秃发氏力量最强，因此授予秃发氏公爵，而沮渠蒙氏、李氏则只得到侯爵。以上种种迹象表明，后秦迟迟不对后凉做出处置，从弘始三年九月后凉投降，到弘始四年十二月才开始处理河西政事，固然与柴壁之战有关，但更主要的恐怕是后凉虽已行将就木，但它曾是河西地区最强大的政权，并且仍然占据着政治中心姑臧，一旦对后凉进行处理，必然会牵一发而动全身。

除授予诸凉首脑官爵外，姚兴派大将助吕隆守姑臧。"遣镇远赵曜率众二万西屯金城，建节王松念率骑助吕隆等守姑臧。"⑤后秦将领前往姑臧的途中，就被南凉王傉檀弟俘虏，"松念至魏安，为（南凉王）傉檀弟文真所围，众溃，执松念，送于傉檀"⑥，证实了姚兴的担忧。

弘始五年七月，南凉王傉檀和沮渠蒙逊互出兵攻吕隆，姚兴在臣子建议下，决定趁机取而代之，吕隆也深知姑臧危机四伏，乃请迎于后秦。"兴遣齐难及镇西姚

① 《晋书》卷一一七《姚兴载记上》，第2981页。
② 《晋书》卷一一七《姚兴载记上》，第2981页。
③ 《晋书》卷一一七《姚兴载记上》，第2983页。
④ 《资治通鉴》卷一一二"晋安帝元兴元年"（402年）条，第3547页。
⑤ 《晋书》卷一一七《姚兴载记上》，第2983页。
⑥ 《晋书》卷一一七《姚兴载记上》，第2983页。

诘、镇远乞伏乾归、镇远赵曜等步骑四万，迎隆于河西。"[①]八月，吕隆素车白马迎齐难[②]。姚兴盛兵迎接投降的吕隆，不难看出是向沮渠以及秃发宣示其在河西的霸主地位。

随后，后秦对吕隆降众进行安抚，《晋书·吕隆载记》记："隆率骑一万，随难东迁，至长安，兴以隆为散骑常侍，公如故；超为安定太守；文武三十余人皆擢叙之。"[③]其中"隆率骑一万"，与《资治通鉴》"徙隆宗族、僚属及民万户于长安"不同[④]，陈勇以为"当各有所本"[⑤]，《晋书·吕隆载记》校勘记根据《太平御览》卷一二五引《后凉录》《晋书·姚兴载记》认为，此处"骑"应作"户"[⑥]。陈说和校勘记，未详孰是。但结果都是吕隆降众被大规模迁往关东，留在姑臧的只有齐难司马王尚行凉州刺史，以三千兵镇守姑臧，同时又布防地方势力，以将军阎松为仓松太守，郭将为番禾太守，分成二城[⑦]。王尚治理河西也卓有成效，"王尚绥抚遗黎，导以信义，百姓怀其惠化，翕然归之。北部鲜卑并遣使贡款"[⑧]。应该说到此为止，姚兴处理河西政务的举措还是比较成功的。吕隆投降后，姑臧的权力交接也比较顺利。

综上所述，姚兴迟迟不对吕隆降众进行处理，除忙于东线战场外，与姑臧周围沮渠氏、秃发氏诸侯力量虎视眈眈，一旦对吕隆进行处理，必定会牵一发而动全身有关。姚兴从东线战争抽身后，首先授予对河西威胁最大的沮渠氏、秃发氏、李氏官爵，又盛兵出迎吕隆降众，主要是宣示其在河西的霸主地位[⑨]。

（三）姚兴以秃发傉檀为凉州刺史

王尚行凉州刺史，并不是真正的凉州刺史。沮渠蒙逊与秃发傉檀竞争，欲从后秦

---

① 《晋书》卷一一七《姚兴载记上》，第2984页。
② 《晋书》卷一二二《吕隆载记》，第3071页。
③ 《晋书》卷一二二《吕隆载记》，第3071页。
④ 《资治通鉴》卷一一三"晋安帝元兴二年"（403年）条，第3551页。
⑤ 陈勇：《〈资治通鉴〉十六国资料释证——前秦、后秦国部分》，第359页。
⑥ 《晋书》卷一二二《吕隆载记》校勘记（一六），第3075页。
⑦ 《晋书》卷一一七《姚兴载记上》，第2984页。
⑧ 《晋书》卷一一七《姚兴载记上》，第2984页。
⑨ 李磊敏锐地指出，后秦在河西的战略退却与其在河东的战争有关。在柴壁之战中，后秦丧失了关中、杏城及岭北的大量精锐。姚兴以四万之众迎接吕隆，在新败柴壁的背景下，有虚张声势之嫌。他任用正处于舆论恶评中的齐难，也是因为柴壁之战中四品将军以上包括尚书仆射狄伯支在内的四十余人均被俘，后秦朝廷乏才可用。正因如此，当齐难完成迎接吕隆的任务后，所聚合的步骑四万只能随之东返，留下三千人镇守姑臧已是尽其所能了。姚兴在河西的退却其实是后秦与北魏争夺天下失败的结果（李磊：《从地缘关系的重层构造看十六国后期统一趋势的形成——以五世纪初河陇雍朔的地缘政治为中心》，《社会科学》2020年第2期，第150～159页）。

手中夺得凉州管理权。弘始六年（404年）二月，秃发傉檀求领凉州而不得①，最终在弘始八年（406年）六月，以献马三千匹、羊三万头得到姚兴的信任，由此获得凉州刺史官职②。王尚被调回长安③。以此为契机，后秦完全放弃了经营五年的河西（弘始三年九月~弘始八年六月）。

王尚在调离姑臧前后，还有一些事情颇值得注意。姚兴以秃发傉檀代王尚为凉州刺史之事，引起了凉州本土人士的抗议。《晋书·姚兴载记上》记："凉州人申屠英等二百余人，遣主簿胡威诣兴，请留尚，兴弗许。"但姚兴还是给了胡威一个申诉的机会："威流涕谓兴曰：'臣州奉国五年，王威不接，衔胆栖冰、孤城独守者，仰恃陛下威灵，俯杖良牧惠化。忽违天人之心，以华土资狄。若傉檀才望应代，臣岂敢言。窃闻乃以臣等贸马三千匹，羊三万口，如所传实者，是为弃人贵畜。苟以马供军国，直烦尚书一符，三千余家户输一匹，朝下夕办，何故以一方委此奸胡！昔汉武倾天下之资，开建河西，隔绝诸戎，断匈奴右臂，所以终能屠大宛王毋寡。今陛下方布政玉门，流化西域，奈何以五郡之地资之獫狁，忠诚华族弃之虐虏！非但臣州里涂炭，惧方为圣朝旰食之忧。'"于是姚兴"遣西平人车普驰止王尚，又遣使喻傉檀"，但此时"傉檀已至姑臧，普以状先告之。傉檀惧，胁遣王尚，遂入姑臧"④。姚兴在听从凉州人胡威的申辩后，欲使王尚继任凉州刺史，但傉檀已抢先控制姑臧。需要注意的是，胡威所申诉的都是一般性理由。姚兴作为一国之主，在决定以傉檀任凉州刺史前，理应能想到胡威申诉的几点内容，但他还是在胡威的劝说下，选择收回成命。这说明姚兴在更换凉州刺史一事上欠缺考虑、不够谨慎。凉州刺史乃是后秦管理河西的最早官职。姚兴授予傉檀心仪已久的凉州刺史重任，显然不光是着眼于"马三千匹，羊三万口"的物质交换。当时河西三股势力沮渠氏、李氏、秃发氏互相竞争，均觊觎凉州领导权，而秃发氏略胜一筹⑤。后秦名义上拥有凉州统治权，但实际上仅能控制姑臧一隅。强盛的秃发氏不会长久地容忍后秦占有河西政治中心。姚兴以区区"马三千匹，羊三万口"的条件，授予傉檀凉州刺史一职，应该仅是顺势而为，一方面，以秃发傉檀这一河西本土势力作为后秦统治凉州的代理人；另一方面，让后秦

---

① 《晋书》卷一二六《秃发傉檀载记》，第3149页；《资治通鉴》卷一一三"晋安帝元兴三年"（404年）条，第3562页。

② 周伟洲认为："南凉不仅借归降后秦保存了实力，而且获得了较大的发展，取姑臧'兵不血刃'，扩五郡之地，一时成为河西的霸主。"周伟洲：《南凉与西秦》，陕西人民出版社，1987年，第55页。

③ 《晋书》卷一一七《姚兴载记上》，第2986页；《资治通鉴》卷一一四"晋安帝义熙二年"（406年）条，第3590页。

④ 《晋书》卷一一七《姚兴载记上》，第2986、2987页。

⑤ 有关此时河西局势以及秃发氏强盛情况，请参看周伟洲：《南凉与西秦》，陕西人民出版社，1987年，第41~55页。

以较为体面的方式退出凉州①。

秃发氏占领姑臧后成为众矢之的②。弘始十年（408年）五月至六月，姚兴欲趁机取之，"使中军姚弼、后军敛成、镇远乞伏乾归等率步骑三万伐傉檀"，吏部尚书尹昭建议"傉檀恃远，轻敢违逆，宜诏蒙逊及李玄盛，使自相攻击"，姚兴不从。姚弼拒绝部将姜纪以轻骑突袭傉檀的建议，侵入姑臧失利。姚兴又派姚显援助姚弼，但并未成功，七月，姚弼与傉檀双方达成和解③。乞伏氏以后秦渐衰，也脱离后秦而复国④。从此以后，后秦疲于应付岭北赫连勃勃的侵袭，再无力插手河西事务。

（四）郭黁预言与姚兴对关中西北势力的政治举措

王尚、姚硕德离开河西后的政治境遇如何呢？《晋书》卷一一七《姚兴载记上》保留关于太史令郭黁上表姚兴的一段预言，为考察王尚、姚硕德境遇提供了一个切入口。郭黁有言："戊亥之岁，当有孤寇起于西北，宜慎其锋。起兵如流沙，死者如乱麻，戎马悠悠会陇头，鲜卑、乌丸居不安，国朝疲于奔命矣。"⑤很明显，在郭黁看来，关中西北存在一股潜在不安定的势力，将会搅动陇上政治秩序。史籍对姚兴的反应语焉不详。但《晋书·姚兴载记上》在郭黁上表事后，紧接着记载的三件事，全部与姚兴对后秦西北方势力的政治举措有关。其一，姚硕德从陇右来朝，姚兴"大赦其境内"，"及硕德归于秦州，兴送之"⑥；其二，姚兴以秃发傉檀代王尚为凉州刺史，

---

① 后来秃发傉檀使者史暠与姚兴的对话，颇能反映姚兴以秃发氏为凉州刺史的心态。后凉弘昌五年（406年），秃发傉檀"遣西曹从事史暠聘于姚兴。兴谓暠曰：'车骑坐定凉州，衣锦本国，其德我乎？'暠曰：'车骑积德河右，少播英问，王威未接，投诚万里。陛下官方任才，量功授职，彝伦之常，何德之有？'兴曰：'朕不以州授车骑者，车骑何从得之？'暠曰：'使河西云扰、吕氏颠狈者，实由骑车兄弟倾其根本。陛下虽鸿罗遐被，凉州犹在天纲之外。故征西以周召之重，力屈姑臧；齐难以王旅之盛，势挫张掖。王尚孤城独守，外逼群狄，陛下不连兵十年，殚竭中国，凉州未易取也。今以虚名假人，内收大利，乃知妙算自天，圣与道合，虽云迁授，盖亦时宜。'兴悦其言，拜骑都尉。"（北魏）崔鸿撰，（清）汤球辑补，聂溦萌、罗新、华喆点校：《十六国春秋辑补》卷八十九《南凉录二》，中华书局，2020年，第1005、1006页。

② 有学者注意到，秃发氏占据姑臧使得南凉成为河西其他政权的众矢之的，成了南凉由盛转衰的起点。周伟洲：《南凉与西秦》，陕西人民出版社，1987年，第55页；俄琼卓玛：《后秦史》，上海古籍出版社，2018年，第96页。

③ 《晋书》卷一一八《姚兴载记下》，第2992页；《晋书》卷一二六《秃发傉檀载记》，第3151、3152页；《资治通鉴》卷一一四"晋安帝义熙四年"（408年）条，第3607、3608页。

④ 《晋书》卷一二五《乞伏乾归载记》，第3121页；《资治通鉴》卷一一五"晋安帝义熙五年"（409年）条，第3609页。

⑤ 《晋书》卷一一七《姚兴载记上》，第2986页。

⑥ 《晋书》卷一一七《姚兴载记上》，第2986页。

反悔后，傉檀以半强制方式进据姑臧①；其三，王尚从河西返回长安后，以"坐匿吕氏宫人，擅杀逃人薄禾等，禁止南台"。在凉州别驾宗敞、治中张穆、主簿边宪、胡威等人的劝说下，姚兴赦免了王尚，任其为尚书②。

《资治通鉴》将姚硕德从陇右来朝一事系在晋安帝义熙二年（406年）六月③，比《晋书·姚兴载记上》多"自上邽入朝"一事。姚硕德自吕隆投降后，重返陇右，主要忙于平定陇南仇池氏，上文已有所交代。值得注意的是，《晋书》和《资治通鉴》对硕德来朝始末所记都甚为简略，并未交代来朝是由。考虑郭黁上表中声称关中西北将有大动乱，而硕德所管理的陇右又恰好紧邻关中西北，以此观之，将姚硕德突然上朝，姚兴又给予"大赦其境内"殊荣一事，作为姚兴确认硕德忠君之心，以排除硕德并非将来西北乱事发起者的政治考察，应当说是比较准确的。

郭黁上表预言后，姚兴在西北的第二个举措，是以秃发傉檀代王尚为凉州刺史。《晋书·姚兴载记上》与《资治通鉴》卷一一四"义熙二年六月"条④，对此事的起因、经过以及结果，记载详细。关于起因，二处史料均说秃发傉檀以马三千匹、羊三万口献于秦，姚兴由此以为傉檀忠于己。也就说除去上文中所分析的傉檀势力在河西最强，不断威胁姑臧等原因外，姚兴更换凉州主政者，主要是将傉檀奉献羊马事作为忠诚之举。如果说姚兴以硕德上朝一事，是确认硕德并非将来西北乱事发起者的第一次考察，那么他以傉檀贡羊马、忠己，作为排除傉檀并非将来西北乱事倡导者的第二次考察，应该是可以成立的。

姚兴针对郭黁上表西北将有乱事的第三个举措，是欲以"坐匿吕氏宫人，擅杀逃人薄禾等"，严惩前凉州刺史王尚，将其禁足南台。相比姚硕德、秃发傉檀，此时的王尚，应该说与西北的联系远不如此二人。但若考虑到王尚刚从凉州刺史卸任，返回长安，姚兴就以王尚在凉州刺史任上"坐匿吕氏宫人，擅杀逃人薄禾等"这样十分牵强、不足为道的小事作为惩罚理由，姚兴应该是在确认姚硕德、秃发傉檀并非西北乱事发起者，尤其是傉檀以半强制方式侵入姑臧，而无法进一步确认其忠君之心后，由此将矛头转向与西北有关系的前凉州刺史王尚。王尚在三年的凉州刺史任上，政绩颇佳，与凉州本土势力建立了较为融洽的关系，这一点从姚兴宣布将以秃发傉檀代王尚为凉州刺史，而凉州主簿胡威就代表二百余凉州人物上表反对一事，就可看出⑤。而且就在姚兴将要严惩已返回长安的王尚时，出面为王尚求情的还是凉州人物。

---

① 《晋书》卷一一八《姚兴载记下》，第2986页。
② 《晋书》卷一一八《姚兴载记下》，第2987、2988页。
③ 《资治通鉴》卷一一四"晋安帝义熙二年"（406年）条，第3589页。
④ 《晋书》卷一一七《姚兴载记上》，第2986页；《资治通鉴》卷一一四"晋安帝义熙二年"（406年）条，第3590页。
⑤ 《晋书》卷一一七《姚兴载记上》，第2986页。

　　凉州别驾宗敞、治中张穆、主簿边宪、胡威上表中所谓"（宫人）裴氏年垂知命，首发二毛，鳌居本家，不在尚室，年迈姿陋，何用送为！边藩要捍，众力是寄，禾等私逃，罪应宪墨，以杀止杀，安边之义也"，"论勋则功重，言瑕则过微"，"优劣简在圣心，就有微过，功足相补"云云①，虽是凉州人物试图说服姚兴赦免王尚的理由，但由此也可以看出，姚兴归罪王尚的两件事，确有欲加之罪，何患无辞之嫌。凉州人物上表后，姚兴虽然"大悦"，但他与姚文祖的一段对话，反映出他怀疑此表为王尚自作，而非出自宗敞之手："（兴）谓其黄门侍郎姚文祖曰：'卿知宗敞乎？'文祖曰：'与臣州里，西方之英俊。'兴曰：'有表理王尚，文义甚佳，当王尚研思耳。'"姚文祖以宗敞寄寓在杨桓住所，而王尚又被禁足南台，认为他们二人无法交通。姚兴似乎对此表出自何人之手耿耿于怀，他以宗敞寓住杨桓家，怀疑乃是杨桓所作。姚文祖则以"西方评敞甚重，优于杨桓"，力证此表确为宗敞所作。为彻底消除姚兴心头的疑虑，姚文祖甚至建议姚兴可以进一步向吕氏宗室进行确认。"兴因谓（吕）超曰：'宗敞文才何如？可是谁辈？'超曰：'敞在西土，时论甚美，方敞魏之陈、徐，晋之潘、陆。'"但姚兴还是无法相信此表出自宗敞之手，他以"凉州小地，宁有此才乎"继续诘问，吕超答之以"但当问其文彩何如，不可以区字格物"。至此，姚兴才赦免王尚之罪，并重新任以尚书重任之②。

　　不难看出，姚兴十分介意此表出自何人之手，所以他才不断诘问，反复求证。在证实此表确出自宗敞之手，而非王尚、杨桓之手后，才赦免王尚。需要注意的是，杨桓仅是此事中一个被怀疑的对象，追根究底，姚兴要确认的是此表是否为王尚自作。王尚曾在外敌窥视的情况下，自如运转凉州政务三年，凉州人物在他深陷危境的情况下，主动上表救援，乃是情理中事。但若此表是王尚动员凉州人物为其出面，则性质大变。因此也就可以理解，为何姚兴"览之大悦"后，还三番五次地求证此表是否出自宗敞之手，究其原因，乃是他怀疑这是王尚自作。姚兴的疑虑并非空穴来风，此表"文义甚佳"，而王尚曾在出任凉州刺史前，任后秦中书侍郎，"以文章雅正，参管机密"③。

　　姚兴在王尚已离开凉州后，先以小事追责王尚，又反复确认凉州人物上表并非出自王尚指使和自作，反映出在姚兴看来，王尚与凉州人物联系密切，而怀疑王尚有可能是西北乱事发起者。最后在姚文祖、吕超的先后劝说下，姚兴才打消了疑虑，重新委以王尚重任。

　　综上所述，姚兴围绕姚硕德、秃发傉檀、王尚这三位与关中西北势力有关联的人物，依次排除他们将来发动叛乱的可能。这三位人物与西北的具体联系各不相同，因

①　《晋书》卷一一七《姚兴载记上》，第2987、2988页。
②　《晋书》卷一一七《姚兴载记上》，第2988页。
③　《晋书》卷一一七《姚兴载记上》，第2979页。

而姚兴求证的方法也迥异。姚硕德为宗室重臣，又为后秦平定河陇地区，功勋颇大，镇守陇右，因此姚兴以硕德肯来上朝一事，确认其忠君之心。河西数种势力不断为争夺姑臧进行较量，而以秃发傉檀最为强大。姚兴以傉檀贡献羊马之事，作为其忠诚之举，欲授予其凉州刺史。但当姚兴在凉州人物劝说下，欲收回成命时，对姑臧觊觎已久的傉檀早以半强制方式入城，最终导致姚兴无法再次确认傉檀是否为西北乱事发起者。姚兴在确认傉檀并非西北乱事发起者不果后，转而将矛盾指向已返回长安的前任凉州刺史王尚。王尚案中，姚兴力图求证凉州人物所上之表，并非出自王尚自作或受王尚指使，暴露出他试图确认王尚并非将来西北乱事者的初衷。

姚兴确认姚硕德、秃发傉檀、王尚三人并非西北乱事发起者的举措，应该说是受到了郭黁预言的推动。那么郭黁何以有如此大的能力，促使姚兴有上述举动呢？这需要从史籍中勾勒郭黁的事迹，以进行求证。

郭黁的主要事迹保存在《晋书》卷九五《郭黁传》中。他"少明式易"，校勘记以"'式易'，不明文义。殿本作'老易'，通篇未涉及《老子》。《御览》一九全句引作'少明于易'，或然"[1]。郭黁曾在前凉张天锡政权中任区区西平郡主簿一职，在苻坚灭凉前，向西平太守赵凝卜筮前凉将亡[2]。前秦凉州刺史梁熙接管河西时，郭黁继续活跃于当局[3]。淝水战后，吕光统治河西，郭黁任太史令[4]，"明天文、善占候"[5]。吕光"以郭黁言谶，改昌松为东张掖郡"[6]。后郭黁以上谏吕光袭击叛臣西海太守王桢一事，开始发迹，传文称其"常参帷幄密谋"。在吕光讨伐西秦前，郭黁以天象不详，反对出征，后果验，"时人服其神验"，升任散骑常侍、太常[7]。随着吕氏政权的衰弱，郭黁又以天文说服王祥叛乱，后王乞基、杨轨亦联合郭黁兴兵作乱[8]，因"百姓闻黁起兵，咸以圣人起事，事无不成，故相率从之如不及"，故郭黁曾一度占据上风。郭黁战败后，先后依附乞伏乾归、后秦，他以灭姚者晋，在逃亡东晋的途中，被后秦追兵杀害[9]。他还曾向李暠同母弟宋繇预言李暠将要称王："（李暠）尝与

---

①　《晋书》卷九五《艺术传》校勘记十二，第2505页。

②　《晋书》卷九五《艺术传》，第2497、2498页。

③　《晋书》卷九五《艺术传》，第2498页。

④　《晋书》卷八七《凉武昭王李玄盛传》记李暠"尝与吕光太史令郭黁及其同母弟宋繇同宿，黁起谓繇曰：'君当位极人臣，李君有国土之分，家有騧草马生白额驹，此其时也。'"（第2257页）

⑤　《晋书》卷一二二《吕光载记》，第3062页。

⑥　《晋书》卷十四《地理志》，第434页。

⑦　《晋书》卷九五《艺术传》，第2498页。

⑧　《晋书》卷一二二《吕光载记》，第3062、3063页；《晋书》卷九五《艺术传》，第2498页。《资治通鉴》将郭黁叛乱事，系于卷一百九，"晋安帝隆安元年"（397年）、"隆安二年"（398年）条，第3456～3471页。

⑨　《晋书》卷九五《艺术传》，第2498、2499页。

吕光太史令郭黁及其同母弟宋繇同宿，黁起谓繇曰：'君当位极人臣，李君有国土之分，家有骊草马牛额驹，此其时也。'吕光末，京兆段业自称凉州牧，以敦煌太守赵郡孟敏为沙州刺史，署玄盛效谷令。敏寻卒，敦煌护军冯翊郭谦、沙州治中敦煌索仙等以玄盛温毅有惠政，推为宁朔将军、敦煌太守。玄盛初难之，会宋繇仕于业，告归敦煌，言于玄盛曰：'兄忘郭黁之言邪？白额驹今已生矣。'玄盛乃从之。"①

综观郭黁诸事，可知他以擅长天文数术，得统治者和百姓信重。由此也就可以理解为何姚兴会听从郭黁预言，而依次确认姚硕德、秃发傉檀、王尚并非潜在的西北乱事发动者。

（五）"（姚）兴徙河西豪右万余户于长安"考辨

还需要辨别的一个问题是"（姚）兴徙河西豪右万余户于长安"②，《资治通鉴》将此事系于晋安帝元兴元年（402年）十月。有学者将其理解为是姚兴从凉州迁徙豪右万余户③，笔者以为此河西乃是指山、陕交界处的黄河以西，主要范围应该是平阳—蒲坂相对应的黄河以西。后秦与北魏柴壁之战在十月刚刚结束，后秦在此战中元气大伤，痛失平阳。因为北魏受到北境柔然的入侵，姚兴才侥幸在蒲坂一带抵抗住了北魏的攻势。从此以后，双方的边境线从平阳南移到蒲坂一带。这种事态就使姚兴不得不重视蒲坂西部势力，因为历来关东势力入侵关中，从蒲坂攻入时，若有河西势力接应，则会事半功倍。因此，笔者推断，"（姚）兴徙河西豪右万余户于长安"发生在柴壁之战刚刚结束后，并不仅仅是一种巧合，而是姚兴担忧蒲坂以西的河西势力在日后倒向北魏。其实早在北魏天兴元年（后秦皇初五年，398年）四月，也就是北魏取得后燕中山后，形势转盛，处于后秦境内洛、渭、河三水包围之内的族群势力就曾内附北魏，"鄜城屠各董羌、杏城卢水郝奴、河东蜀薛榆、氐帅苻兴，各率其种内附"④，此时北魏尚与后秦处于比较和平的外交阶段⑤，渭北、河东西两岸势力就倒向了北魏，

① 《晋书》卷八七《凉武昭王李玄盛传》，第2257、2258页。

② 《晋书》卷一一七《姚兴载记上》，第2982页；《资治通鉴》卷一一二"晋安帝元兴元年"（402年）条，第3544页。

③ 李朝阳：《吕他墓表考述》，《文物》1997年第10期，第81、82页。

④ 《魏书》卷二《太祖纪第二》，第36页。

⑤ 后秦皇初五年（398年）时，后秦与北魏之间还未曾发生过直接冲突，双方于弘始二年（400年）互遣使通好。但到弘始四年（402年）之后，情况逐渐发生了变化，北魏对后秦收留宿敌铁弗部赫连勃勃颇为不满，侵入至关中西北门户瓦亭，引起长安震动；北魏平阳太守贰尘攻击后秦河东；北魏求婚于姚兴，姚兴以拓跋珪立慕容氏为皇后，而拒绝联姻。北魏占据并州和合河北地区后，向西扩张领土的愿望越来越强烈。以上种种因素，才促使双方发动了柴壁之战。周伟洲：《中国中世西北民族关系研究》，西北大学出版社，1992年，第88页；张金龙：《北魏政治史》（二），甘肃教育出版社，2008年，第225～236页。

更遑论柴壁之战后河西直接成为双方边境线。

再看此时后秦与凉州政权的关系，吕隆在内外交迫下，于弘始三年九月投降姚硕德，同月"隆遣子弟及文武旧臣慕容筑、杨颖等五十余家入质于长安"[①]。弘始四年十二月，姚兴担忧沮渠氏和秃发氏夺取姑臧，还要遣送大将助吕隆守护姑臧，力图稳定局势，况且吕隆直到弘始五年八月才素车白马出降，姚兴又怎么会在弘始四年十月柴壁之战刚刚结束、凉州局势尚不稳定德情况下，大动干戈地迁徙数万户豪右于长安呢？

综合以上，后秦在控制陇右后，根据陇右地处河、关之间的有利位置，派遣姚硕德出兵河西。诸凉政权彼此竞争，为后秦插手河西事务提供了契机，加上定都姑臧的后凉内外交迫，因此姚硕德进军比较顺利。但如何处理吕隆降众则是更难的问题，因为后凉虽然衰弱，但毕竟占据河西政治中心，况且周围有诸凉虎视眈眈，一旦姑臧有变，势必搅动河西政局。姚兴从东线柴壁之战抽身后，处理河西政务的第一件事就是授予秃发、沮渠、李氏官爵，反映出在他眼中诸凉的威胁更大。随后姚兴派大将助吕隆守姑臧、盛兵迎接吕隆，无不是向诸凉宣示其在河西的霸主地位。姚硕德在此时的动向，则是重返陇右本职地，并接替没奕干镇守上邽。姚兴以王尚行凉州刺史为标志，表明后秦在吕隆投降后成功实现了对姑臧的权力交接。但姚兴以秃发傉檀"献马三千匹，羊三万头"，轻易将凉州刺史假手于人，最终造成了经营河西的败局。西平郭黁长于天文术数，曾先后任职于河西诸政权，后归附姚秦。姚兴听信其关中西北将有乱事的预言，展开了确认了姚硕德、秃发傉檀、王尚并非西北乱世发起者的政治举措。"（姚）兴徙河西豪右万余户于长安"时，凉州吕隆困守姑臧，周围秃发氏、沮渠氏、李氏虎视眈眈，若贸然对凉州采取大规模的迁徙行动，势必会搅动凉州政局，因此此处的"河西"并非指凉州。考虑到上述迁徙行动恰好发生在柴壁之战后，应该是姚兴着眼于魏、秦对峙线从平阳南移蒲坂的现实，迁徙河西豪右，主要是防止河西豪右与河东的北魏东西联合，威胁后秦的东部安全。

三、小　结

淝水之战后，羌族姚苌抓住历史机遇，欲立国关中。地处陇右的姚硕德聚众响应陇山东部的兄长姚苌。姚硕德是在前秦初年姚氏集团入侵关中失败后，被遣返回的陇右，在此期间他与陇右羌众重新建立了密切联系，这为其在淝水之战后起兵应苌打下了重要基础。姚苌看中了姚硕德在陇右的优势，欲凭借硕德之力经营陇右，虽然硕德一度被前秦陇右地方势力逼退关中，但在后秦最终战胜苻登后，于皇初二年十二

---

① 《资治通鉴》卷一一二"晋安帝隆安五年"（401年）条，第3528页。

月，被姚兴封为陇西王，重返陇右。后秦在灭亡西秦后，稳定了自身在陇右的统治。陇右地处关、河通道，地理位置险要，为将势力扩展至河西，姚兴派遣姚硕德出兵河西。此时秃发傉檀、沮渠蒙逊、李暠诸凉势力彼此竞争，加上定都姑臧的后凉内外交迫，就为后秦插手河西政局提供了绝好的机会，因此硕德进军也较顺利。相形之下，如何处理吕隆降众则是更大的难题。因为后凉虽然衰弱，但毕竟占据河西政治中心，况且周围有诸凉虎视眈眈，一旦姑臧有变，势必搅动河西政局。柴壁之战后魏、秦边境线从平阳南移至蒲坂一带，因此"（姚）兴徙河西豪右万余户于长安"中"河西"并非指凉州，而是指蒲坂以西一带，是姚兴防止河西豪右与北魏东西联合，威胁后秦东境安全。姚兴从东线战场抽身后，处理凉州政务的第一件事就是授予秃发、沮渠、李氏官爵，反映在他眼中三者的威胁比吕氏更大。随后姚兴派大将协助吕隆守姑臧、盛兵迎接吕隆，无不是向诸凉宣示其在河西的霸主地位。姚硕德在姚兴采取上述行动之前，被调回本职地陇右，代替没奕干镇守上邽。以王尚行凉州刺史为标志，表明后秦在吕隆投降后成功实现了对姑臧的权力交接。姚兴听从擅长天文术数的郭黁关中西北将有乱事的预言，对在西北有重要势力的姚硕德、秃发傉檀、王尚三人进行忠诚测试，以确认他们并非将来西北乱事的发起者。随着诸凉在河西地区的崛起，后秦最终会退出河西，但姚兴以秃发傉檀"献马三千匹，羊三万头"作为其忠诚之证，轻易将凉州刺史假手于人，加速了其经营河西败局的到来。

后赵政治史三题[*]

（西华师范大学历史文化学院 南充 637009）

后赵是十六国时期影响较大的北方少数民族割据政权，强大时占据中原，东北慕容前燕和河西前凉均臣属之。学术界对于后赵的研究较多，相关成果在李圳《后赵国史》一文中有较详细的梳理，在此不赘[①]。虽然相关研究在后赵史诸多领域均取得了不错的进展，但其中仍有一些问题有待进一步深入探讨，故在此对其中几个问题再加以辨析。

一、石斌之身份

石勒死前曾有遗言曰：

> 大雅冲幼，恐非能构荷朕志。中山已下其各司所典，无违朕命。大雅与斌宜善相维持，司马氏汝等之殷鉴，其务于敦穆也。中山王深可三思周霍，勿为将来口实[②]。

其中专门提到"石斌"，且对其寄予厚望。但此石斌身份较为奇特，看相关记载似应有两人：一个是石勒之子，一个是石虎之子。李圳《后赵国史》中即列为石勒子、石虎子两个石斌；康亚军《后赵国史研究》只列石虎子石斌，但未说明其间关系[③]。故石斌之身份可略加辨析。

石勒之子石斌出现主要是石勒称大赵天王之时：

> 署其子宏为持节、散骑常侍、都督中外诸军事、骠骑大将军、大单于，

---

* 国家社科基金项目："北朝隋唐鲜卑人家族墓志整理与北朝隋唐鲜卑人家族研究"（20XMZ008）阶段性成果。

① 李圳：《后赵国史》，陕西师范大学博士学位论文，2017年，第2～11页。

② 《晋书》卷一○五《石勒载记下》，中华书局，1974年，第2751页。

③ 李圳：《后赵国史》，第180页；康亚军：《后赵国史研究》，兰州大学硕士学位论文，2008年，第105页。

封秦王；左卫将军斌太原王；小子恢为辅国将军、南阳王；中山公季龙为太尉、守尚书令、中山王；石生河东王；石堪彭城王；以季龙子邃为冀州刺史，封齐王，加散骑常侍、武卫将军；宣左将军；挺侍中、梁王①。

以行文来看，石斌夹在石勒子石宏和小子石恢之间，其后为石虎，石生、石堪（石勒养子），石虎子石邃、石宣等，故此石斌应为石勒之子。《晋书·佛图澄传》更明确记为"勒爱子斌"②，且有因病暴毙而为佛图澄所救之事。

此后出现石斌是在石虎掌权后，有徙太原王石斌为章武王，"太原王"《资治通鉴》作"平原王"，严注认为应改回太原王，将其与此前石斌混为一人③。但此后彭城王石堪曾有"先帝旧臣皆已斥外，众旅不复由人"④之语，章武王石斌却多次率兵出征。石虎称大赵天王后，"诸子为王者皆降为郡公，宗室为王者降为县侯"⑤。再次出现的石斌为燕公，且官至录尚书事、都督中外诸军事等官职，掌后赵军政大权；在议立太子之时石斌也为首选之一⑥。从种种迹象可知这里的章武王、燕公石斌应为石虎之子。

对于这两个石斌，前揭《晋书·佛图澄传》所记事件在更早的《高僧传》中亦有记录，且正可说明其中关系，兹引于下：

> 石虎有子名斌，后勒爱之甚重，忽暴病而亡。已涉二日，勒曰："朕闻虢太子死，扁鹊能生。大和上，国之神人，可急往告，必能致福。"澄乃取杨枝咒之，须臾能起，有顷平复。由是勒诸稚子，多在佛寺中养之。每至四月八日，勒躬自诣寺灌佛，为儿发愿⑦。

汤用彤于"后勒爱之甚重"一句中"勒"后注曰："元本、明本、金陵本'勒'下有'为儿，勒'三字。"⑧《太平广记》引《高僧传》亦曰："石虎有子名斌，后勒以为子，勒爱之甚重。"⑨《法苑珠林》记此事为："石虎有子名斌，后为勒儿，爱之甚

① 《晋书》卷一〇五《石勒载记下》，第2746页。
② 《晋书》卷九五《艺术·佛图澄》，第2487页。
③ 《资治通鉴》卷九五"晋成帝咸和八年"条，中华书局，1956年，第2987页。
④ 《晋书》卷一〇五《石勒载记下》附《石弘》，第2754页。
⑤ 《资治通鉴》卷九五"晋成帝咸康三年"条，第3010页。
⑥ 《晋书》卷一〇七《石季龙载记下》："季龙议立太子，其太尉张举进曰：'燕公斌、彭城公遵并有武艺文德。陛下神齿已衰，四海未一，请择二公而树之。'"（第2785页）
⑦ （梁）释慧皎撰，汤用彤校注：《高僧传》卷九《佛图澄》，中华书局，1992年，第348页。
⑧ 见汤用彤校注［三一］，第358页。
⑨ （宋）李昉等：《太平广记》卷八八《异僧类·佛图澄》，江苏广陵古籍刻印社，1995年，第172页。

重。"①应亦本于《高僧传》。从这些记载可知，石斌本为石虎之子，因石勒喜爱而作为养子，石勒死后应重归石虎，所以才能在石勒、石虎两代均享高位。而石斌介于石勒、石虎之间的特殊身份，可能也是石勒托孤之时特别提到他的原因——希冀石斌能够在石虎和石弘之间起到一定的联结、调和作用，以此拱卫石弘皇权。

二、石勒旧臣的境遇

石虎篡位夺权，因此石勒旧臣就成为石虎所要面对的重要问题。其中的太后刘氏、太后程氏、石弘舅程遐、中书令徐光；石勒子石宏、石恢，石勒养子石生、石堪、石朗②等石勒姻亲、子弟，是石虎的坚决反对者，均为石虎所杀，在权力转换过程中的遭遇最为惨烈。此外的一些石勒旧臣被描述为"文武旧臣皆补左右丞相闲任，季龙府僚旧昵悉署台省禁要"，"先帝旧臣皆已斥外，众旅不复由人"③，但这并不是这些人的"终点"，从相关记载来看，这些旧臣的境遇要复杂得多。

石勒最初的"元从十八骑"应该是石勒的核心班底，其中在石虎朝仍有所见的有以下几人：

夔安。夔安在石虎夺位后出任侍中、太尉，守尚书令。此后记载有咸康三年（337年）"太保夔安等文武五百九人劝季龙称尊号"④，又有因韩强献玄玉玺而再次劝进石虎之事⑤；咸康五年夔安出任征讨大都督，"统五将步骑七万寇荆扬北鄙"⑥，主持对东晋作战。咸康六年卒。从其经历可知，夔安应该是较早倒向石虎一方的，故对石虎积极劝进，并能够拥有军政大权。

郭敖。咸和九年（334年），"季龙遣郭敖及其子斌等率步骑四万讨之（郭权），次于华阴。……为羌所败，死者十七八。……季龙闻而大怒，遣使杀郭敖"⑦。从此后石虎行事来看，将领在外败北虽然也有处罚，但多为降级、去职，几乎没有处死的。而且郭敖被处死后，秦王石宏"有怨言"，石宏为石勒之子，石勒在位时为骠骑大将军、都督中外诸军事、大单于，是石勒留给石弘的核心班底。以此来看，郭敖应该是石弘一派，杀郭敖很有可能是石虎的一次借机清洗活动。

---

① （唐）释道世撰，周叔迦、苏晋仁校注：《法苑珠林校注》卷六一《咒术篇第六八》，中华书局，2003年，第1807页。

② 温拓推测石朗亦为石勒养子（参见温拓：《石弘即位之局与后赵的政治变革——兼论二石关系》，《史志学刊》2016年第2期）。

③ 《晋书》卷一○五《石勒载记下》附《石弘》，第2754页。

④ 《晋书》卷一○六《石季龙载记上》，第2765页。

⑤ 此事无准确系年，但《晋书》记在首次劝进之后。

⑥ 《晋书》卷一○六《石季龙载记上》，第2769页。

⑦ 《晋书》卷一○五《石勒载记下》附《石弘》，第2755页。

桃豹、支雄。二人在石勒时期屡次率军出战，是重要的军事将领，但在石虎一朝却很长一段时间没有任何作为。到了咸康四年，为讨伐段辽，"季龙以桃豹为横海将军，王华为渡辽将军，统舟师十万出漂渝津，支雄为龙骧大将军，姚弋仲为冠军将军，统步骑十万为前锋，以伐段辽"①。解决段辽是石虎一朝的一次重要作战，目的在于全力灭段氏之国，故特别起用了后赵名将旧臣桃豹和支雄作为水陆主将。较为奇怪的是桃豹在伐辽成功后第二年即死去，而支雄也在伐辽之后不再见于记载，结合咸康五年石虎即命石宣、石韬"迭日省可尚书奏事"，开始权力传承的"培训"工作来看，很有可能石虎在伐辽之后更为顾忌二人的功绩和影响力，有意除掉二人，为石宣、石韬行使权力铺路。

逯明。逯明于石勒时期也曾长期率军征战，但在石虎朝基本不见行事，只是永和元年（345年）有"金紫光禄大夫逯明因侍切谏，季龙大怒，遣龙腾拉而杀之"②，可见其官职是金紫光禄大夫这一闲职。

赵鹿。赵鹿在石勒、石虎朝都不见军政活动的记载，到了永和二年以太宰身份自邺城奔襄国。

除了"元从十八骑"之外，其他石勒旧臣在石虎一朝仍然可见的有以下几人：

郭殷。原为石勒右司马。此人参与石虎政变，且"虎遣郭殷持节入宫，废弘为海阳王"③，故应该早就归附于石虎。但在咸和九年记载其出任司空之后也不再见。

张离。原为石勒门生主书。石虎以"右仆射张离领五兵尚书，专总兵要"④。咸康六年，燕公石斌在边州不法，"季龙遣尚书张离持节帅骑追斌"⑤，此后不见其人。从张离曾经求媚于石宣来看，其应该是热衷于营求权力之人，在石虎夺权过程中应该早已投靠石虎，才能在石虎朝"专总兵要"。

张良。原为石勒门生主书。此人在石虎朝不显，只有永和五年，有征西将军张良参与讨伐梁犊。推测可能如桃豹、支雄一样，是在需要借重羯胡旧臣之时的偶一为之⑥。

杜嘏。原为石勒经学祭酒。且"（石）弘……受经于杜嘏，诵律于续咸"⑦。石虎末年"召太常条攸、光禄勋杜嘏谓之曰：'烦卿傅太子，实希改辙，吾之相托，卿宜

　　① 《晋书》卷一〇六《石季龙载记上》，第2767页。

　　② 《晋书》卷一〇六《石季龙载记上》，第2777页。

　　③ 《资治通鉴》卷九五"晋成帝咸和九年"条，第2998页。

　　④ 《晋书》卷一〇六《石季龙载记上》，第2773页。

　　⑤ 《晋书》卷一〇六《石季龙载记上》，第2774页。

　　⑥ 另，《晋书·石季龙载记下》又记石虎末年有"以尚书张良为右仆射"（第2786页），不详其与征西将军张良是否为一人。

　　⑦ 《晋书》卷一〇五《石勒载记下》附《石弘》，第2752页。

明之。'署攸太傅，嘏为少傅"①。

　　韦謏。原为石勒黄门郎。咸康八年，有侍中韦謏进谏石虎畋猎无度之事。杜氏、韦氏为汉人大族，石虎时曾因"雍、秦二州望族，自东徙已来，遂在戍役之例，既衣冠华胄，宜蒙优免，从之。自是皇甫、胡、梁、韦、杜、牛、辛等十有七姓蠲其兵贯，一同旧族，随才铨叙，思欲分还桑梓者听之；其非此等，不得为例"②，是石虎笼络的对象。

　　严震。石勒时期中常侍。严震在石勒时期一度权力很大，石勒令太子省可尚书奏事后，"使中常侍严震参综可否，征伐刑断大事乃呈之。自是震威权之盛过于主相矣"③。可知严震是石勒极为亲信的内侍。此后在石虎朝则完全不见严震其人④。

　　以上数人是两见于石勒、石虎朝的，其中的夔安、郭殷、张离等较早倒向石虎，仍能够享有军政权力；杜嘏、韦謏等依靠汉人大族身份仍保持地位。其他石勒旧臣则与在石勒朝频繁的政治、军事活动形成鲜明的对比，长期处于被压制状态，同时石虎也以各种理由对其进行诛杀，以除后患⑤。

三、石虎权力的"失灵"

　　石虎一般被认为是一个强权、暴虐的君主，但其施政过程中也出现了权力"失灵"事件。史载石宣被杀过程中，有：

　　　　宣小子年数岁，季龙甚爱之，抱之而泣。儿曰："非儿罪。"季龙欲赦之，其大臣不听，遂于抱中取而戮之，儿犹挽季龙衣而大叫，时人莫不为之流涕，季龙因此发病⑥。

　　这一"大臣不听"的权力"失灵"很少有人关注，考察其中所涉利害关系，应与石虎继承人问题直接相关。

　　石虎的继承人选择是比较混乱的，并无一定之规。史载：

---

　　①　《晋书》卷一〇七《石季龙载记下》，第2785页。
　　②　《晋书》卷一〇六《石季龙载记上》，第2770页。
　　③　《晋书》卷一〇五《石勒载记下》，第2750页。
　　④　除以上所列之外，两见于石勒、石虎时期的还有氐羌豪酋，但其并未介入后赵权力核心，故暂不论。
　　⑤　温拓以夔安、逯明等转文职为胡人集团拥有兵权的同时，对政治上有了更高的诉求，与本文所论不同（见前揭温拓文）。
　　⑥　《晋书》卷一〇七《石季龙载记下》，第2784页。

　　子邃为魏太子，加使持节、侍中、都督中外诸军事、大将军、录尚书
事；次子宣为使持节、车骑大将军、冀州刺史，封河间王；韬为前锋将军、
司隶校尉，封乐安王；遵封齐王，鉴封代王，苞封乐平王；徙平原王斌为章
武王①。

　　据此知石邃、石宣相继被立为太子是以年齿为序。但二人的太子之位又颇有不
同。石邃时期虽然有"河间公宣、乐安公韬有宠于季龙，邃疾之如仇"②，但石邃可以
说仍是太子"独大"。但到了石宣为太子之时，又有石虎爱子石韬与其地位、权力等
齐，二人争权争斗不断。石虎对石宣、石韬两人权力均等所带来的威胁不可能不知，
早在石虎命二人"迭日省可尚书奏事"之时，即有司徒申钟指出"二政分权，鲜不阶
祸"③。石虎执意如此应有两方面考虑：一者，如此安排很有可能是为了解决之前太子
邃独大谋逆的问题，使两人相互制衡④。再者，虽然石宣已为太子，但石虎似乎并没有
完全确定石宣为唯一继承人。石虎在石宣、石韬二人中更宠爱后者，但又以石宣年长
而以之为太子，在两人中一直犹豫不决⑤，甚至因石宣忤旨而有"悔不立韬"的说法。
因此使石宣、石韬并大，交替处置政事等行为还存在考察二人谁更适合做继承人的
可能。

　　石宣死后的继承人选择又有所争论。永和四年（348年），再次商议继承人问题，
经历了此前"一人独大""两败俱伤"的两次继承人选择失败之后，石虎颇有顾虑。
对此，太尉张举等推荐从燕公石斌、彭城公石遵二人中择一立之，立意在于立长、立
贤⑥；另有戎昭将军张豺建议立石世，立意在于立贵⑦。但石虎意在立幼，以石虎直接
的表述，是因为此前诸位太子均有弑父之心，因此要立一年幼者，以使自己能够逃脱

---

　　① 《资治通鉴》卷九五"晋成帝咸和八年条"，第2987页。
　　② 《晋书》卷一○六《石季龙载记上》，第2766页。
　　③ 《资治通鉴》卷九六"晋成帝咸康六年"条，第3040页。
　　④ 李圳文中即认为石虎此举在于将中枢权力分散，忌惮太子权势过重，威胁自身统治，采取二
人分权的措施（见李圳前揭文第75页）。
　　⑤ 《资治通鉴》卷九八"晋穆帝永和四年"条："赵秦公韬有宠于赵王虎，欲立之，以太子宣
长，犹豫未决。"（第3081页）
　　⑥ 《晋书》卷一○七《石季龙载记下》："燕公斌、彭城公遵并有武艺文德。"（第2785页）
此段《资治通鉴》卷九八《晋纪二十》"穆帝永和四年"条记为："太尉张举曰：'燕公斌有武略，
彭城公遵有文德，惟陛下所择。'"（第3084页）从石斌"淫酒荒猎"、不守法度来看，《资治通
鉴》应更符合实情。
　　⑦ 《晋书》卷一○七《石季龙载记下》：张豺"说季龙曰：'陛下再立储宫，皆出自倡贱，是
以祸乱相寻。今宜择母贵子孝者立之。'"（第2785页）

父子相残的命运①。

而"夺孙"一事就出现在石宣死后、新太子争论之前。从当时形势来看，此时石虎已是"强弩之末"，新的太子很可能就是未来后赵确定的主人，为个人身家性命计，人选必然成为大臣关注的焦点。

石虎诸子中石邃一支已经绝灭②，石宣、石韬已死。如果石宣幼子被保留，这位前太子仅剩的幼子就成为嫡长孙，此人特为石虎所爱，年岁上又符合石虎此后明确表达出的立幼思维，故其成为继承人的可能性是很大的。就此可以推断：诸大臣之所以强行处死石宣幼子，究其原因，应是石宣、石韬两个最受石虎宠爱的儿子死后，继承人出现了暂时的真空，石虎诸多子孙都有了可能，而石宣幼子为石虎所爱，势必成为诸位叔叔和图谋拥立之功的大臣的眼中钉，必欲除之而后快。从另一方面来说，石宣死时遭遇酷刑，牵连死者甚众③，幼子是其唯一的后嗣，诸宗室、大臣也应有"斩草除根"，避免未来遭遇报复的考虑。只是此时石虎本人也已到暮年，虽然"欲赦之"，但并未能真正下令赦免，诸大臣也未给其深思的机会，强行处死了石宣幼子。

---

① 《晋书》卷一〇七《石季龙载记下》："季龙曰：'吾欲以纯灰三斛洗吾腹，腹秽恶，故生凶子，儿年二十余便欲杀公。今世方十岁，比其二十，吾已老矣。'"（第2785页）

② 《晋书》卷一〇六《石季龙载记上》："杀邃及妻张氏并男女二十六人，同埋于一棺之中。"（第2767页）

③ 《晋书》卷一〇七《石季龙载记下》："又诛其四率已下三百人，宦者五十人，皆车裂节解，弃之漳水。污其东宫，养猪牛。东宫卫士十余万人皆谪戍凉州。"（第2784、2785页）

司马消难行实考略

——兼及与颜之推的比较

徐光明

（南京大学文学院　南京　210023）

南北朝末年的颜之推，一生仕宦数朝，由梁入周，又从周逃往北齐，齐亡后再入周，经历周隋易代，行程遍布江左、荆襄、关中与河北等地，正如他在《观我生赋》中自言："予一生而三化，备荼苦而蓼辛。"①在当时战乱纷扰、亡国不断的环境中，与颜之推一样历仕数朝、辗转南北的人实在为数不少，更不乏达官显宦，同时代的司马消难即是一例。周隋易代，司马消难与尉迟迥、王谦共同举兵，反对杨坚擅政，史称"三方之难"②，这是目前司马消难尚为后人熟知的事件。笔者研读史传，以为司马消难之经历尚有待发覆，草成小文，敬请博雅君子指正。

司马消难，字道融，河内温人。《周书》有传，又附见《北齐书》《北史》之《司马子如传》。司马子如，字遵业，东魏权相高欢元从佐命之臣，高洋建齐，子如任司空，后拜太尉，可谓当朝显贵。以下按照司马消难历次出仕的朝代，叙述其官宦生涯和人生经历。

一、东魏与北齐

首先介绍一下司马氏的来历，根据《北齐书·司马子如传》记载，司马子如八世祖为南阳王司马模，模子保因西晋末年战乱出奔，定居凉州。魏平姑臧，司马氏迁居云中。司马子如父司马兴龙官魏鲁阳太守③。

高欢自韩陵之战后，掌握北魏实权，司马子如与高欢早年交情甚笃，高欢引司马子如为大行台尚书，随伴左右，参知军国政务。东魏孝静帝天平（534～537年）初年，司马子如除尚书左仆射、开府，与侍中高岳、孙腾、右仆射高隆之等人共知朝

---

①　《北齐书》卷四五《文苑·颜之推传》，中华书局，1972年，第625页。

②　胡如雷：《周隋之际的"三方之乱"及其平定》，《河北学刊》1989年第6期；收入氏著：《隋唐政治史论集》，河北教育出版社，1997年。

③　参见郑绍宗：《北魏司马兴龙墓志铭跋》，《文物》1979年第9期；马小青：《司马兴龙、司马遵业墓志铭考》，《文物春秋》1993年第3期。

政，深受高欢器重，史称"（消难）起家著作郎。子如既当朝贵，消难亦爱宾客。邢子才、王元景、魏收、陆卬、崔瞻等皆游其门"[1]，"天平中，叔父子如执钧当轴。（司马）膺之既宰相犹子，兼自有名望，所与游集，尽一时名流。与邢子才、王元景等，并为莫逆之交"[2]。司马消难当在天平初年出仕，依照选官起家的年限[3]，此时司马消难已年过弱冠，由此推测司马消难当生于北魏孝明帝熙平年间（516～518年），又，"孝昌中，北州沦陷，子如携家口南奔肆州"[4]，孝明帝孝昌年间（525～527年），受到北魏六镇民众起义的影响，司马子如携家带口南奔肆州，证明当时司马消难已出生，年约十岁。著作郎属于清官系列中的秘书系统，是高门子弟的入仕首选，普通士子出仕毫无染指的希望。著作郎的官品，《魏书·官氏志》列为第五品上，《通典·职官》在后魏百官中列为从五品[5]，司马消难起家便身居清贵的著作郎一职，其父司马子如的作用不容忽视。司马消难自幼聪慧，学涉经、史，颇好沽名钓誉，与邢子才、魏收等人当朝名士交往，又可见司马家门庭之盛。

此后，司马消难"频历中书、黄门郎、光禄少卿"[6]，中书郎、黄门郎分属于清官系列中的中书系统、黄散系统[7]，《魏书·官氏志》列中书侍郎为第四品上，给事黄门侍郎为第三品中[8]，《通典·职官》列中书侍郎为从四品，给事黄门侍郎为第四品。司马消难转黄门郎的时间，约在武定（543～550年）初。《北齐书》记北豫州刺史高慎出投西魏后，其弟高季式免职，时任黄门郎的司马消难曾与高季式酣饮，被留二宿[9]，此时司马消难已经迎娶了高欢的女儿，司马家与高家的政治联姻，为他此后的仕途铺平了道路。

高洋建齐后，司马消难作为主婿，官拜驸马都尉。根据学者的相关研究，南北朝的驸马都尉有所差别，北朝主婿以国戚身份受到重用，参与政治；南朝以清要官职优

①　《周书》卷二一《司马消难传》，中华书局，1971年，第354页。

②　李延寿：《北史》卷五四《司马子如传》，中华书局，1974年，第1950页。

③　〔日〕宫崎市定著，韩昇、刘建英译：《九品官人法研究：科举前史》，中华书局，2008年，第278～282页；刘军：《北魏庶姓勋贵起家制度探研——以墓志所见为基础》，《人文杂志》2016年第4期。

④　《北齐书》卷一八《司马子如传》，第238页。

⑤　《魏书》卷一一三《官氏志》，中华书局，1974年，第2984页；杜佑：《通典》卷三八《职官二十》，中华书局，1984年，第217页。

⑥　《北齐书》卷一八《司马子如传》，第240页。

⑦　参见上田早苗：《贵族官僚制度的形成》，《日本中青年学者论中国史：六朝隋唐卷》，上海古籍出版社，1995年，第16～21页。

⑧　《魏书》卷一一三《官氏志》，第2982、2980页；《通典》卷三八《职官二十》，第216页。

⑨　《北齐书》卷二一《高乾附高季式传》，第297、298页。

养主婿，转迁受到门阀政治的制约，很难有大的作为①。在北齐，身为名公子和主婿的司马消难，仕途更上一层，他先是担任光禄卿②，此后莅任地方，出为北豫州刺史，镇虎牢。北豫州是河南的重镇，西为洛州，东为梁州，北为邺城，南为颍川，为三等上州③，地理位置颇为重要，司马消难坐镇北豫州，可见北齐对他甚为看重。可以说，不出意外的话，在司马消难结束北豫州刺史之任重返中央后，封侯拜相指日可待。仕途风光的背后，司马消难的家庭却不圆满，他与公主的关系并不和睦，时常受到埋怨和谮言。接下来发生的事情更出人意料。

高洋末年嗜杀成性，宗室与臣下频遭毒手，司马消难对此深怀不安，常思自我保全之策。高洋因听信术士"亡高者黑衣"之言而疑忌上党王高涣并欲除之，高涣无奈只得潜逃：

> 属文宣在并，驿召其弟上党王涣，涣惧于屠害，遂斩使者东奔。数日间搜捕邺中，邺中大扰。后竟获于济州。涣之初走，朝士私相谓曰："今上党亡叛，似赴成皋。若与司马北豫州连谋，必为国患。"此言遂达于文宣，文宣颇疑之④。

上党王出逃时，为何有人认为他会南逃至北豫州，与司马消难联合？一种可能是，上党王与消难夫人同出一母（非高欢正妻娄后）。尽管事实证明上党王并未逃至北豫州，但风传上党王与司马消难连谋的话传到了高洋耳中，导致高洋对司马消难起了疑心，司马消难恐惧不已，心中暗自谋划逃生之策。《资治通鉴》系此事于陈武帝永定元年（557年，北齐天保八年），可从。同时发生的另一件事成为促使司马消难出逃的催化剂，司马消难从弟司马子瑞曾经奏弹司徒左长史毕义云，与之交恶，此后毕义云意欲报复司马氏：

> （司马）子瑞又奏弹（毕）义云事十余条，多烦碎，罪止罚金，不至除免。子瑞从兄消难为北豫州刺史，义云遣御史张子阶诣州采风闻，先禁其典签

---

① 黄旨彦：《魏晋南北朝的公主政治》，台湾大学硕士学位论文，2010年，第118～133页。
② 《北齐书》卷一八《司马子如传》作"光禄少卿"（第240页）。依据《通典》北齐职品，光禄少卿正四品，光禄卿正三品（第218、219页）。案：依照司马消难的转迁官职职品，其仕途一路高升，由东魏时的四品黄门侍郎转任北齐的三品光禄卿较为合理，亦符合他的主婿身份。
③ 《通典》记三等上州刺史，正三品（第218页）。案：上党王高涣出逃时朝士担忧他与司马消难联合，酿成国之大患，可见北豫州的重要性，且司马消难出守应为平调，故笔者以为北豫州属三等上州。
④ 《周书》卷二一《司马消难传》，第354页。

家客等。消难危惧，遂叛入周。时论归罪义云，云其规报子瑞，事亦上闻①。

张子阶拘禁司马氏的典签与家客，不许其与外界联系，更加重了司马消难的恐惧情绪，以为朝廷已经着手准备剪除自己，于是决定西附宇文氏，密令亲信裴藻先行入关，举州向北周投诚，时年司马消难年届不惑。

二、北　　周

经过裴藻的先期联络，与北周约定日期后，司马消难决定西行入关，时在北齐天保九年（558年，北周明帝二年）三月甲午。北周特别重视投诚的司马消难，派出重量级人物，以柱国达奚武与大将军杨忠领衔，深入齐境接应司马消难，这次纳降可谓凶险万分，一波三折：

> 及司马消难请降，忠与柱国达奚武援之。于是共率骑士五千，人兼马一匹，从间道驰入齐境五百里。前后遣三使报消难而皆不反命。去北豫州三十里，武疑有变，欲还。忠曰："有进死，无退生。"独以千骑夜趋城下，四面峭绝，徒闻击柝之声。武亲来，麾数百骑以西，忠勒余骑不动，候门开而入，乃驰遣召武。时齐镇城伏敬远勒甲士二千人据东陴，举烽严警。武惮之，不欲保城，乃多取财帛，以消难及其属先归。忠以三千骑为殿，到洛南，皆解鞍而卧。齐众来追，至于洛北。忠谓将士曰："但饱食，今在死地，贼必不敢渡水当吾锋！"齐兵阳若渡水，忠驰将击之，齐兵不敢逼，遂徐引而还。武叹曰："达奚武自是天下健儿，今日服矣！"②

先是此前多次派出的使者均未能返回，情形不明，行将抵达北豫州时达奚武以为有诈，意欲返回。杨忠不从，率众直奔虎牢城，尚无人接应，达奚武见状又欲西返，杨忠不为所动，待门开后入城，又派人通知达奚武。此时突发险情，齐人勒兵严阵以待，达奚武于是领司马消难及其家属先行返回，杨忠率众殿后。行至洛南，齐军尾随而来，杨忠以置之死地而后生之法激励将士，誓与齐兵决战，最终齐人引退，杨忠余众得以全身而退。此次接应，杨忠表现智勇双全，达奚武甚为叹服，而司马消难也因此与杨忠结下了深厚的友谊，二人的关系也影响到了杨坚，"杨忠之迎消难，结为兄弟，情好甚笃。隋文每以叔礼事之"③。

---

① 《北齐书》卷四七《酷吏·毕义云传》，第658、659页。
② 《周书》卷一九《杨忠传》，第317、318页。
③ 《周书》卷二一《司马消难传》，第355页。

自北周明帝二年（558年）三月入关，至北周静帝大象二年（580年）八月奔陈，司马消难在北周生活了二十二年之久，这是他人生中最长的一段仕宦生涯。入周后，司马消难被封荥阳郡公，先后任小司徒、大司寇一类的高级职事官，勋官拜大将军、柱国，还外出担任梁州总管、邙州（郧州）总管，女儿嫁给周静帝成为皇后，他成为北周朝的知名人物。结合《周书》帝纪记载，考察司马消难在北周的任官，作表如表一。

表一　司马消难在北国的任官

时间（北周年号）	官职	备注
明帝二年（558年）三月	小司徒（职事官）	周以消难为小司徒①
武帝天和六年（571年）四月	大将军（勋官） 柱国（勋官）	以大将军、荥阳公司马消难为柱国
武帝建德二年（573年）五月	大司寇（职事官）	
武帝建德四年（575年）闰十月	梁州总管	四年七月，为前二军总管，参与伐齐之战
静帝大象元年（579年）七月	大后丞	七月后，出为邙州总管
静帝大象二年（580年）八月前	邙州总管	八月庚辰，奔陈

通过表一，可知入周后司马消难的人生大致分为前后两个阶段，前十二年的仕途可谓毫无波澜，后十年频繁迁转。

自明帝二年至武帝天和六年，司马消难长期担任小司徒一职，《北周六典》中最高官品为正九命，记小司徒上大夫二人，正六命。至于小司徒的执掌，则是"掌建邦之教法，以稽国中及四郊都鄙之夫家九比之数，以辨其贵贱老幼废疾，凡征役之施舍，与其祭祀饮食丧纪之禁令"②，司马消难在北豫州刺史任上，抚纳百姓，颇得民心，北周予以他小司徒一职，负责民政，看中的正是他善于处理民生问题。此后北周授予他大将军（正九命）的勋官，并加授柱国，《北周六典》记柱国大将军，正九命。但是自宇文泰等八柱国后，"功臣位至柱国及大将军者众矣，不限此秩，无所统御"③，简言之，授予司马消难柱国勋官，更多的是一种奖赏性质的行为，而非予以实权。武帝建德二年，司马消难转任大司寇，《北周六典》记"大司寇卿，一人，正七命"，"掌刑邦国"④。大司寇是司马消难担任的最高职事官官职，此后他被调离中央，转任地方总管。建德四年七月，武帝伐齐，司马消难担任前二军总管参战，因为武帝身体抱恙，九月周人班师回朝，其间未见司马消难取得军功，这也是他在频繁的

---

① 《资治通鉴》卷一六七《陈纪一》，中华书局，1956年，第5174页。
② 王仲荦：《北周六典》，中华书局，1979年，第87、88页。
③ 《北周六典》，第573页。
④ 《北周六典》，第397、399页。

周齐战争中参与的唯一一次军事活动。

大象元年七月庚寅，改授司马消难大后丞。大后丞与大前疑、大左辅、大右弼均为当年元月初置的四辅官，以位高勋重者为之，如以上柱国大冢宰越王盛为大前疑，相州总管蜀国公尉迟迥为大右弼。之所以以司马消难为大后丞，主要原因是静帝要迎娶消难之女为皇后，皇后之父必须要有相应的尊崇地位，七月丙申，静帝以消难女为正阳宫皇后。从司马相消难改授大后丞到静帝纳后，相隔五天，可见大后丞更像是对司马消难的一种褒扬性颁赐，并无太大的实际意义，随即司马消难被任命为邓州总管，出镇陈周边境。

时局瞬息万变，大象二年五月，周宣帝猝死，杨坚辅政，总揽大权。六月，相州总管尉迟迥举兵，七月，申州、荥州、青州相继起兵，面对尉迟迥强大的攻势，当时恐怕没有太多人认为杨坚会有太大的胜算，性情反复的司马消难秉持从中取利的原则，七月己酉（二十六日）于邓州举兵响应尉迟迥：

> 以开府田广等为腹心，杀总管长史侯莫陈杲、邓州刺史蔡泽等四十余人。所管邓、随、温、应、（士）〔土〕、顺、沔、环、岳九州，鲁山、甑山、沌阳、应城、平靖、武阳、上明、（须）〔溳〕水八镇，并从之。使其子泳质于陈以求援。隋文帝命襄州总管王谊为元帅，发荆、襄兵以讨之①。

面对司马消难的举动，杨坚派王谊率兵讨之。八月庚午（十七日），韦孝宽击破尉迟迥，平相州。庚辰（二十七日），司马消难听闻王谊军将至，未及与之交战，率部下夜奔南陈，起兵反杨一个月便宣告终结。当时司马消难已年过花甲。

需要指出的是，在北周二十余年，司马消难大部分时间担任显贵清闲的小司徒、大司寇一类文职，这一方面说明他并非将才，缺少统兵作战的武力值，另一方面反映出北周并未将其视为心腹，予以重任，仅仅利用他特殊的身份，给予高位厚禄而不授以实权，以招徕、吸引更多的北齐士人，从而瓦解高氏政权。联系此前侯景欲归关中而不能，可见宇文泰集团尚具排他性，非武川镇出身的人并不能得到完全的信任，很难融入其中②。

三、南陈与杨隋

司马消难起兵反杨，遣子为质向陈国寻求援助时，立即得到回应，陈宣帝下诏：

---

①　《周书》卷二一《司马消难传》，第354页。

②　参见吉川忠夫：《侯景の乱始末記》，中央公论社，1974年，第38~45页；李万生：《侯景之乱与北朝政局》，中国社会科学出版社，2003年，第21~32页。

（太建十二年八月己未）诏以（司马）消难为使持节、侍中、大都督、总督安随等九州八镇诸军事、车骑将军、司空，封随郡公，给鼓吹、女乐各一部。庚申，诏镇西将军樊毅进督沔、汉诸军事。遣平南将军、南豫州刺史任忠率众趣历阳；通直散骑常侍、超武将军陈慧纪为前军都督，趣南兖州。戊辰，以新除司空司马消难为大都督水陆诸军事。庚午，通直散骑常侍淳于陵克临江郡。癸酉，智武将军鲁广达克郭默城。甲戌，大雨霖。景子，淳于陵克祐州城①。

陈军趁火打劫，攻占了陈周交界的数座城池后，司马消难也逃奔而来。

司马消难起兵反杨，本想趁机分一杯权力之羹，不想输掉了本来拥有的资本，率少量部下仓皇南逃，在陈国无异于寄人篱下。陈宣帝待他尚算宽厚，解除其大都督水陆诸军事之职，保留司空职位和随郡公爵位，改封征东将军、开府仪同三司、东扬州刺史，于太建十三年（581年）三月恩赏消难部下。《通典·职官》记陈官品，司空第一品，开国郡公爵第二品，东扬州刺史第三品，司马消难在陈朝依然受到了很高的礼遇。

陈后主立，至德元年（583年）正月下诏，以征东将军、开府仪同三司、东扬州刺史司马消难进号车骑将军②，后主解除司马消难的实权，仅授予车骑将军的武散官职位，司马消难此时已不如在宣帝时一般受重视，但司空和随郡公的爵位得以保留。至隋平陈时，他尚被后主任命为大监军，随即陈亡被掳入北。司马消难到南陈之后，完全处于失势的状态，利用价值有限，鉴于他反复无常的性格和年龄偏大，陈宣帝、后主并不授以实权，仅以高位虚职加以笼络，以期达到招抚北人的目的。司马消难入陈的九年，我们只能在《陈书》之《宣帝纪》和《后主纪》末年的零星记载中找寻到他的踪迹，中间的五六年他完全处于缺位状态，可见晚年作为甚少，《谈薮》所记一则轶事展现了他晚年生活的片段：

> 司马消难以安陆附陈，宣帝遇之甚厚，以为司空。见朝士皆重学术，积经史，消难切慕之，乃多卷黄纸，加之朱轴，诈为典籍，以矜僚友。尚书令济阳江总戏之曰："黄纸五经，赤轴三史。"消难，齐司空子如之子③。

---

① 《陈书》卷五《宣帝纪》，中华书局，1972年，第97页。
② 《陈书》卷六《后主纪》，第109页。
③ 李昉等：《太平广记》卷二五三，人民文学出版社，1959年，第1967页。

　　《谈薮》所记符合历史实情，当有所根据，从中可以看出司马消难晚年优越富足的生活，也符合他附庸风雅的行事作风（早年亦如此）。司马消难晚年也与佛教有所联系，或信奉释迦，《续高僧传》记载："永阳、鄱阳二王、司空司马消难并相次海运，延仰浙东，故得途香慧炬，以业以焕，顶敬倾心，尽诚尽节"。①

　　随着陈国的覆亡，陈皇室和一干高官被带至长安，参与正式的受降仪式，其中当然包括位居司空的司马消难。入隋后的司马消难本应面临严峻的处罚，但隋文帝顾念旧情，宽大处理，"及陈平，消难至京，特免死，配为乐户。经二旬放免。犹被旧恩，特蒙引见，寻卒于家"②，司马消难终年75岁左右。他至少有两段婚姻，原配高氏有三子（一子谭），入周后新娶，至少有一儿（泳）一女（令姬），除令姬外，其余人都没有太多的记载。

　　司马消难反复无常，仕宦东魏北齐、北周、南陈，终老于隋，游走于各个政权之间，毫无忠心可言，唯利是图，那么需要探究的是，他为何会形成这种性格？我们可以说是他是受到动乱时局的影响，但这是一个笼统的解释，我们需要更仔细地考察。

　　问题的关键在于其父司马子如，他也是在多个阵营之间辗转的政治人物，《北齐书》本传记，子如自代北之乱后，投奔尔朱荣；元颢入洛阳后，又令子如行相州事；尔朱荣被诛，子如弃家追随尔朱世隆，长广王时，子如兼尚书右仆射，前废帝时，为侍中、骠骑大将军；高欢击败尔朱氏后，秉持朝纲，子如追随其左右③。可见司马子如的人生在乱世中亦如浮萍般飘荡，司马消难自幼也生活在这种环境中，深受父亲的影响，难免侵染上其父的习气，改换门庭于司马氏而言早已司空见惯，如何保全身家性命才是他们为人处世的首要考量。尔朱荣被诛杀，司马子如抛妻弃子追随尔朱世隆北走，这多少会给司马消难带来心理打击、造成心灵创伤，此后他也一如其父，邙州反杨失败后，果断投陈，抛妻弃子：

　　　　其妻高氏，齐神武之女。在邺，敬重之。后入关，便相弃薄。消难之赴邙州，留高及三子在京。高言于隋文曰："荥阳公性多变诈，今以新宠自随，必不顾妻子，愿防虑之。"消难入陈，而高母子因此获免④。

　　其妻称他"性多变诈"，杨坚亦有同感，称他是"反覆之虏"⑤，诚然如是，但

————————————

　　①　（唐）道宣撰，郭绍林点校：《续高僧传》卷三一《隋杭州灵隐山天竺寺释真观传四》，中华书局，2014年，第1247页。

　　②　《周书》卷二一《司马消难传》，第355页。

　　③　《北齐书》卷一八《司马子如传》，第238、239页。

　　④　《周书》卷二一《司马消难传》，第355页。

　　⑤　《隋书》卷五〇《宇文庆传》，中华书局，1973年，第1314页。

是如果理解司马消难早年深受其父的影响和不幸的经历，我们就会更清楚司马消难为何如此轻于去就。乱世面前个人的挣扎往往是苍白而无力的，司马消难反复的人生体现的就是乱世之无常。李延寿称司马消难"去齐归周，义非殉国，向背不已，晚又奔陈，一之谓甚，胡可而再"[①]，已然站在道德制高点上对其口诛笔伐，延寿本人何尝没有经历过隋末唐初的乱世，又何必苛责于人呢？当是时移世易，环境有所不同吧。

四、与颜之推的比较

南北朝乱世中类似司马消难、颜之推一类的人物确如过江之鲫，他们并不能主宰自己的前途，命运为时代所裹挟，成为历仕数朝的"贰臣"[②]，辗转于多个政权之间，见证多朝兴衰，承担时代重压，其丰富的经历颇有传奇色彩，也凸显出个体生命在乱世中的悲凉与无奈。后人每每提及颜氏，首先想到的便是他转蓬般飘荡流离的人生，但需要注意的是在当时的历史环境下，众多的"贰臣"，人们首先想到的会是现如今我们耳熟能详的颜之推吗？恐怕不见得，借用林晓光认为王融是永明时代偶像的观点[③]，移位到南北朝末年，人们首先想到的不是颜之推，而是司马消难。二人的人生经历与结局极为类似，但司马消难的政治地位与社会影响明显远大于颜之推，如史称司马消难"性贪淫，轻于去就。故世之言反覆者，皆引消难云"[④]，这固然是消极的评价，树立反面的典型，但从另一角度说，体现的是司马消难的名声更为时人熟知。

随着时间的流逝，颜之推的名声最终超越司马消难，主要原因有三点：

一是后世子孙显贵与否。琅邪颜氏与河内司马氏均是中古时期的名门大族，在当时具有很高的社会影响力。入唐后，颜氏家族继续保持着旺盛的生命力，具有很好的发展前景，人才辈出，之推孙师古是唐初学术大家，主持国家《五经正义》的修订，留有《汉书》注，师古弟勤礼曾孙杲卿、真卿更是声名显赫的烈士纯臣，一门忠义，以书法闻名后世；司马消难四子一女，高氏所出司马谭因消难反杨事被除名，司马泳不可考，司马令姬被杨坚废为庶人，后嫁给隋司隶刺史李丹，唐贞观初，令狐德棻修《周书》时尚在世，这也是司马消难一族存世的最后资料。颜氏与司马氏的发展已然是天壤之别，不得不令人感叹曾身为皇族的司马氏的没落。

二是著述的巨大力量。尽管后世史官在正史当中都为二人作传，但相比之下，颜

---

① 《北史》卷五四论曰，第1974页。

② "贰臣"概念晚出于明清时期，这里借用以统称辗转多个政权的士人，并无褒贬之意。

③ 林晓光：《〈诗品〉"贵公子孙"解——兼论王融在永明体运动中的定位》，《文学遗产》2011年第5期；收入氏著：《王融与永明时代——南朝贵族及贵族文学的个案研究》，上海古籍出版社，2014年。

④ 《周书》卷二一《司马消难传》，第355页。

之推在著作方面远胜司马消难。颜氏著作颇丰，有《之推集》30卷、《颜氏家训》7卷、《集灵记》20卷、《冤魂志》3卷等著作传世，留存下的尚有《观我生赋》《神仙诗》等诗文，在经学、音韵学、文学、教育学等领域有较大的影响。反观司马消难，并未留下片言只字的著作，虽青史留名，却乏善可陈。如曹丕所言："盖文章经国之大业，不朽之盛事。年寿有时而尽，荣乐止乎其身。二者必至之常期，未若文章之无穷。"①颜之推得以不朽，正是他的著作起到了决定性作用。司马消难一生，仕途平畅，位高权重，颜之推则饱经忧患，备受艰辛，但是官位利禄只如过眼云烟，终究不能如著作长存留世，泽被后人。

三是对"道义"的支持和政治认同观念。纵观二人的仕途，司马消难始终是积极地投向另一方政权，除去最后一次入隋，无路可退，他以全身保家为念，对于国家情怀、个人节操的问题毫无顾忌，立身处世的第一原则是利己利家，亡国于他而言并无太大的干系，正如清人赵翼所言："其视国家禅代，一若无与于己，且转藉为迁官受赏之资。"②此人毫无"道义"可言，政治认同观念淡薄，在名节观念兴起的后世，注定要承受负面评论。颜之推则是始终处于被动选择的一方，梁亡入周，虽然投奔北齐，却再次因为国亡而入周。尽管北齐在历史上属于短命王朝，但却是"主昏于上，政清于下"的朝代，《颜氏家训》署名"北齐黄门侍郎颜之推"，黄门侍郎正是他在北齐担任的最高官职，说明颜之推在北齐找到了归属感，政治上认同北齐政权③，颜之推并非那种随波逐流之人，而是有自己的气节和道义理念在内，只不过身处乱世，不能主宰自己的命运，面对时代的洪流，没有选择仕宦的自由和权力。司马消难与颜之推二人虽然经历相似，生前名声不一，身后之影响大相径庭，个中缘由，值得后人思考。

附记：童岭老师惠示部分修改意见，谨致谢忱。

---

①　《文选》卷五二《典论·论文》，上海古籍出版社，1986年，第2271页。

②　赵翼：《陔余丛考》，商务印书馆，1957年，第322页。

③　李俊：《论颜之推的政治认同》，《清华大学学报（哲学社会科学版）》2018年第6期。

距骨的考古学及民俗学探索

党 郁

（内蒙古自治区文物考古研究院　呼和浩特　010010）

距骨为动物后腿的膝盖骨，蒙语中称其为shagai，满语中称其为galaha（音译嘎拉哈），新疆则称为"阿斯克"，因大多为取自羊的膝盖骨，故汉族地区俗称"羊拐"。有文字记载的较早的要数《辽史》中记载辽穆宗应历六年，"与群臣水上击髀石为戏"[①]，这里的髀石指的就是嘎拉哈。《元史·太祖纪》载："复前行，至一山下，有马数百，牧者唯童子数人，方击髀石为戏。纳真熟视之，亦兄家物也。给问童子，亦如之。"[②]清代浙江山阴人杨宾《柳边纪略》记载满族"童子相戏，多剔獐、狍、麋、鹿前腿前骨，以锡灌其窍，名噶什哈，或三或五，堆地上，击之中者，尽取所堆，不中者与堆者一枚。多者千，少者十百，各盛于囊，岁时闲暇，虽壮者亦为之"[③]。而清代满族人一直有着玩嘎拉哈的游戏，直到20世纪八九十年代，其都是流行于北方地区的玩具。汉族地区称之为抓子、挝子、抓羊拐等，除了羊拐外，还有石子、杏核等相类之物，笔者儿时在陕西关中地区更多玩的是用瓦片磨制而成的小方块。用距骨制作的四个面分别称"肚""轮""坑""眼"，也有将坑（山羊）、背/肚（绵羊）、耳/轮（驴、骡子、骆驼）、眼/针/珍（马），各地叫法也不尽相同，这与长期以来民族文化交融与民族语言的转译等都有关系。其玩法也很多，利用四个面的不同组合分别进行"弹""抓"等，有人对不同地域、不同时代的玩法有专门的研究和统计[④]。从作为占卜的用具来看，各地也有根据扔出来的面与数量的组合差异来判定吉凶的情况。

本文不对其操作方法进行探讨，而是从其考古发现和文化传承上来探讨一下距骨在不同时代、地区或民族之中所体现的文化含义。

---

① 《辽史》卷六八《游幸表》，中华书局，1974年，第1043页。

② 《元史》卷一《太祖纪》，中华书局，1976年，第3页。

③ （清）杨宾：《柳边纪略》卷四，黑龙江大学出版社，2014年，第424页。

④ 杨涛、陆淳：《民间髀石游戏研究》，《体育文化导刊》2010年第5期；王天军、王志华：《髀石游戏考论》，《体育文化导刊》2015年第3期；柏嘎力：《蒙古民族传统沙嘎游艺——以苏尼特蒙古部沙嘎游艺为中心的考察研究》，内蒙古大学硕士学位论文，2011年。

一、中国境内所发现所见羊距骨

羊距骨是伴随着羊的出现，伴随着其作为家畜被饲养和食用后，在人们对吃剩的动物骨骼物尽其用的摸索中成为区别于其他部位、被赋予独特意义的骨骼制品。牛和羊作为北方地区畜牧业、游牧业经济方式下的主要动物种类，其骨骼被广泛使用且延续时间较长，不同部位被有效加工制作成生活用具、生产工具、乐器、饰品等，随着近现代工业文明的发展，其中生产生活用具大多都被其他性价比更好的材质取代，而仅存部分玩具、宗教用品、饰品等作为文化遗产仍然流传下来。而距骨及制品在大部分的北方地区作为玩具被传承下来，成为北方地区草原民族的一种具有某种特殊含义的遗物。

商代晚期的殷墟遗址发现了许多羊距骨或牛距骨，且明显有人工修整的痕迹，与羊距骨相比，牛的距骨更大，因此可以刻铭文。1936年河南安阳殷墟遗址曾出土一块牛左距骨（图一，4、5），其上刻有商王（很可能是商代末王纣辛）表示：分割这个在白山的山麓猎获的牲体（应即此距骨之野牛），并将祭肉分给宰丰（此人常侍商王出猎）[1]。与之相同的是，2010年载有刻辞的另一块晚商距骨上也发现相近的铭文，这块距骨还镶嵌了绿松石（图一，1、2）。最左列最后一字，为上骨、下夫的结构，据考证所指的应是此牛的距骨部位，并揭示古汉语中"夫""巨"二字常通用的事实，指出此字为距骨之"距"。有学者通过文字考释还研究了距骨的用途。根据刻辞所述，这距骨是商王日常所用的器物，后来赏赐给了"小臣奉"，臣子于距骨上刻字来纪念。也有诸多学者提出这种经人工修整的牛距骨在当时很可能被用来进行某种游戏，且指出骨骼专名和博具或游戏用具之名是完全可以合二而一的，将牛距骨称为"距"，也是指游戏用具的名称。

近现代东北地区通古斯各族，以及蒙古族、藏族，甚至非洲游牧民族的民俗史料都详细地说明了牛、羊距骨作为一种游戏道具的普遍性与历时性，这点从后文考古出土文物中的介绍中可以清楚地发现。至清代定名为"背之骨"，此娱乐活动一直保留到了现代的民间各地，从未中断消失。可见此类游戏除了具有古老渊源之外，更保留在包含今日汉族在内的各民族文化当中，确实是值得重视的一个文化现象。

除了商代发现的牛距骨作为游戏赏赐物被刻辞用来纪念外，中国境内经过收集发现最早的属西藏新石器时代出土物，而新疆发现的则主要集中在青铜时代至早期铁器时代的发现中。

---

[1]　高去寻：《殷墟出土的牛距骨刻辞》，《中国考古学报》1949年第4期。

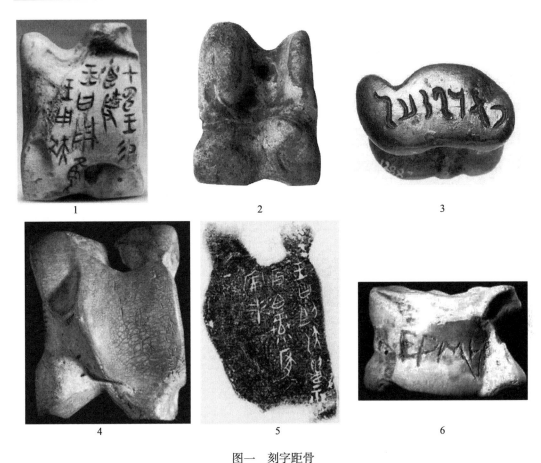

图一　刻字距骨

1、2.殷墟出土的镶绿松石的距骨及卜辞　3.大英博物馆藏刻字距骨

4、5.殷墟出土牛距骨及卜辞　6.古希腊文刻铭Hermes（信使之神赫尔墨斯）

1.青藏地区文化系统

西藏邦嘎新石器时代遗址[①]，2000年进行了考察及考古发掘，发现建筑、灰坑、石框等遗迹。器物主要是陶器残片、石器和各种动物遗骸。该遗址的建筑是平面为方形的石墙房屋建筑，围墙内发现有五座窖藏。遗址内出土的骨片（条）共计600余片，多为羊骨，应为骨器原料。遗址中出土有一件打磨加工较为精致的羊距骨，见于遗址最早期地层堆积中。发掘者根据遗物特征推测遗址年代应为新石器时代晚期。

西藏地区羊距骨制品至今仍广为流传，当地人现今还在玩的"阿久"游戏就是羊距骨游戏。但是考古出土制品目前材料较少，流传在民间的距骨制品却很多。

---

①　夏格旺堆：《邦嘎新石器时代遗址的考察及考古发掘》，《中国西藏（中文版）》2001年第4期。

2. 西域文化系统

新疆地区发现大量青铜时代至早期铁器时代石堆墓葬和青铜时代的遗址，部分墓地中的墓葬时代可延续至两汉、魏晋，甚至隋唐时期。

（1）青铜时代至早期铁器时代

阿敦乔鲁SM4安德罗诺沃文化（距今3500～3000年）石围墓，石围内为两个东西向石棺，其中一座石棺内，成年男性墓主人手掌内握有三节羊距骨[1]。哈密五堡墓地[2]年代为公元前1350～前1010年，发掘墓葬114座，其中在墓室填土中有发现羊距骨的现象。尼勒克县穷科克墓地[3]年代为公元前1040～前500年，墓主人头部一侧放置羊骶骨、距骨、肋骨等。以出土骶骨的墓葬为多，距骨仅见于2座墓葬。M468墓主人的腰部发现2枚，M52出土19枚。察吾乎沟口墓群发现5处墓地，其中一号墓地共发掘墓葬238座，年代为公元前990～前625年，墓葬中有12%的墓葬存在马头坑或牛头坑，以马头坑居多，大多位于墓葬石围西北边，数量1～7座，坑内放置有马头或牛头1～2具。所发现的羊距骨皆位于墓室之内的头端西北位置，此类仅发现3座。四号墓地发掘墓葬248座，墓室内也大多随葬马、牛、羊等动物骨骼，羊肋骨和羊距骨占多数。一般位于西北头端，羊骨周围有铜刀，有的羊骨见于头端的陶器或木盘内[4]。新疆拜城克孜尔吐尔墓地[5]，共清理27座墓葬，年代为公元前1100～前795年，其中11座随葬有羊骨，多为羊腿骨、距骨和肩胛骨，放置于墓主人头端的陶器内。群巴克墓群一号墓地，共清理43座墓葬，年代为公元前955～前680年，随葬动物骨骼皆位于墓室内，仅见羊脊椎骨、距骨，脊椎骨多与小铁刀一同放置于木盘内，羊距骨大多位于儿童墓葬内[6]。察

---

① 中国社会科学院考古研究所、博尔塔拉蒙古自治州博物馆、温泉县文物局：《新疆温泉县阿敦乔鲁遗址与墓地》，《考古》2013年第7期；丛德新、贾笑冰、贾伟明等：《阿敦乔鲁：西天山地区青铜时代遗存新类型》，《西域研究》2017年第4期。

② 新疆文物考古研究所：《新疆哈密五堡墓地151、152号墓葬》，《新疆文物》1992年第3期。

③ 新疆文物考古研究所：《尼勒克县穷科克一号墓地考古发掘报告》，《新疆文物》2002年第3、4期。

④ 中国社会科学院考古所新疆队、新疆巴音郭楞蒙古自治州文管所：《新疆和静县察吾乎沟口一号墓地》，《考古学报》1988年第1期；新疆文物考古研究所：《新疆察吾乎——大型氏族墓地发掘报告》，东方出版社，1999年；新疆文物考古研究所：《新疆和静县察吾乎沟口四号墓地一九八六年度发掘简报》，《新疆文物》1987年第1期；新疆文物考古研究所：《和静察吾乎沟四号墓地1987年度发掘简报》，《新疆文物》1988年第4期。

⑤ 新疆文物考古研究所：《新疆拜城县克孜尔吐尔墓地第一次发掘》，《考古》2002年第6期。

⑥ 中国社会科学院考古研究所新疆工作队、新疆巴音郭楞蒙古自治州文管所：《新疆轮台群巴克古墓葬第一次发掘简报》，《考古》1987年第1期；中国社会科学院考古研究所新疆工作队、新疆巴音郭楞蒙古自治州文管所：《新疆轮台县群巴克古墓葬第二、三次发掘简报》，《考古》1991年第8期。

布查尔县索墩布拉克墓地①，年代为公元前5世纪～前3世纪。共发掘36座墓葬，发现有动物骨骼的墓葬13座，有羊和牛骨。大多位于陶器内，有骶骨、距骨、椎骨等。库尔勒上户乡墓葬②，发掘3座墓葬，仅1座随葬动物。M3为多人墓葬，随葬器物多，墓室人骨分上下两层，两层均有马、牛、羊骨，下层陶器内放有牛距骨或羊脊椎骨。新疆吐鲁番地区发现的公元前1000年至公元前后的洋海墓地，发掘Ⅰ、Ⅱ、Ⅲ号墓地共521座墓葬③。出土大量陶、木、骨器及殉牲动物，但羊距骨仅发现1件，中心孔较大（图二，7、9）。

（2）两汉时期与魏晋时期

塔城地区沙湾大鹿角湾墓地④共发掘墓葬36座，地表有明显的石头封堆，墓葬形制有竖穴土坑墓及竖穴带二层台墓、竖穴偏洞室墓。其中只有竖穴土坑墓随葬羊距骨，少者数件，多者可达几十件，其他随葬品常见穿孔砺石和陶器等。M11随葬有39块羊距骨（图二，8）。遗存年代下限可至西汉初期。新疆巴里坤县东黑沟遗址⑤中发现有石头垒砌高台建筑及房址数座，其中高台建筑的上层出土马距骨1件，两面磨平（图二，6）。其中在一座房址里共发现一组27件羊距骨，表面打磨光滑，其中5件上刻划有直线、弧线、波浪线、月牙纹及草叶纹或锯齿状刻槽。这些羊距骨与石陀螺共出，应属玩具一类（图二，1～5）。另有石圈X04，圈内中部偏西有人骨，似被肢解。人骨附近也有羊距骨及红玛瑙串珠及2件陶器。发掘者根据地层关系，推测时代不晚于两汉。温宿包孜东墓地发掘4座墓葬中，1座随葬动物骨骼，有羊距骨、牛骨，伴随有小铁刀⑥。恰甫其海A区ⅩⅤ号墓地⑦发掘西汉时期墓葬8座，3座随葬有羊或马的椎骨、距骨、胫骨等，铁刀为插在羊椎骨上的。新疆奇台石城子遗址城西清理发掘墓葬10座，有竖穴土坑墓、竖穴偏室墓和竖穴二层台墓，其中竖穴土坑墓6座，竖穴偏室墓3座，

---

① 新疆文物考古研究所：《察布查尔县索墩布拉克古墓群》，《新疆文物》1995年第2期。

② 巴音郭楞蒙古自治州文物保护管理所：《新疆库尔勒市上户乡古墓葬》，《文物》1999年第2期。

③ 吐鲁番市文物局、新疆文物考古研究所、吐鲁番学研究所等：《新疆洋海墓地》，文物出版社，2019年。

④ 新疆文物考古研究所、沙湾县文管所：《新疆沙湾县大鹿角湾墓群的考古收获》，《西域研究》2016年第3期。

⑤ 新疆文物考古研究所、西北大学文化遗产与考古学研究中心：《新疆巴里坤县东黑沟遗址2006～2007年发掘简报》，《考古》2009年第1期。

⑥ 新疆维吾尔自治区博物馆、阿克苏文管所、温宿文化馆：《温宿县包孜东墓葬群的调查和发掘》，《新疆文物》1986年第2期；新疆博物馆考古部、阿克苏地区文物局、温宿县文体广电局等：《新疆温宿县博孜墩古墓2008年发掘简报》，《文物》2012年第5期。

⑦ 新疆文物考古研究所、西北大学文化遗产与考古学研究中心：《新疆特克斯恰甫其海A区ⅩⅤ号墓地发掘简报》，《文物》2006年第9期。

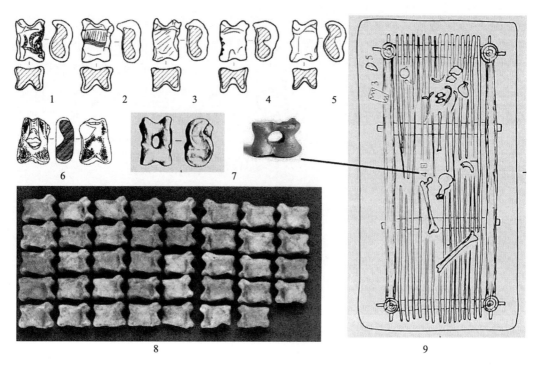

图二　新疆地区出土距骨及墓葬平面图

1～5.巴里坤县东黑沟遗址F06出土刻纹羊距骨　6.巴里坤县东黑沟遗址上层出土马距骨　7.洋海墓地Ⅰ M3出土
穿孔距骨　8.塔城沙湾大鹿角湾墓地出土羊距骨　9.洋海墓地Ⅰ M3墓葬平面图

竖穴二层台墓1座。随葬品以陶器和铜器为大宗，另有五铢钱币2枚。个别墓主人头部随葬羊距骨[①]，其时代当不晚于两汉时期。克尔木齐墓地[②]为汉晋时期，共发掘32座墓葬。少数墓葬随葬有羊、马等，羊骨有距骨、肢骨等，均出自墓室内。焉不拉克墓地[③]共发现有11座墓随葬动物，10座随葬的是羊距骨，1座随葬有牛脊椎骨。牛、羊骨都置于墓主人身旁，牛脊椎骨放置于墓主人头部左侧的木盘上。

新疆广大地域内较长时间段内都发现有随葬距骨的现象，遗址中也伴随着距骨的发现，可见距骨在人们生活中具有特殊地位。根据出土动物部位与放置位置的关系来看，随葬头蹄或完整的动物更多地反映墓主人的财产和身份地位，而其他诸如肋骨、脊椎骨等多置于陶罐或木盘内，有的甚至在上面插有铜或铁刀以示供逝者享有之意。

————————————

① 田小红：《新疆奇台县石城子遗址考古发掘及收获》，《文物天地》2021年第7期；新疆文物考古研究所：《新疆奇台县石城子遗址2018年发掘简报》，《考古》2020年第12期。

② 新疆社会科学院考古研究所：《新疆克尔木齐古墓群发掘简报》，《文物》1981年第1期。

③ 黄文弼：《新疆考古发掘报告（1957—1958）》，文物出版社，1983年；新疆维吾尔自治区文化厅文物处、新疆大学历史系文博干部专修班：《新疆哈密焉不拉克墓地》，《考古学报》1989年第3期。

而距骨放置位置不定，有的见于头骨附近，有的置于手掌之中，有的见于居住遗址与陀螺共存，加之所见距骨都有经过人工打磨的痕迹，与墓内放置动物头蹄或其他部位表示的意义显然存在区别。尤其是在遗址中发现的刻有不同花纹的距骨，与近现代儿童将距骨染成不同颜色来装饰自己的玩具有相似之处。

3. 鲜卑文化系统

拓跋鲜卑从嘎仙洞到呼伦贝尔地区，又西迁至乌兰察布，再迁山西大同，最终在洛阳建立北魏政权。迁徙沿线分布诸多鲜卑文化遗存，也留下诸多关于羊距骨的线索。这一文化系统考古发掘较多，可提供信息比较客观。

扎赉诺尔墓地[①]历经多次考古调查和发掘。1960年内蒙古自治区文化局对木图那雅河东岸的墓地进行发掘，共发掘31座墓葬。有殉牲的墓葬18座，种类以马、牛、羊为主，偶见鹿，部位多为头和蹄。随葬有羊距骨的墓葬7座，共8件。除M17发现有2件外，其余皆为1件（图三，1）。31座墓葬中人骨大多性别不明，随葬羊距骨的墓葬中可明确性别的有男性墓葬1座，男女合葬墓1座及儿童墓葬1座。蘑菇山墓地[②]位于满洲里市扎赉诺尔区，共发掘7座墓葬，其中有殉牲的墓葬4座，皆为马、牛或羊的蹄骨。M1的木棺盖板上放置牛蹄骨6个、羊蹄骨1个。随葬品集中放置在墓主人头部及胸部周围，有陶罐、漆器和煤精与料珠组成的项饰。墓主人头部上方有牛蹄骨2个，左臂处放置带孔羊距骨1个（图三，3），墓主人为成年女性。1987年，额尔古纳右旗拉布达林墓地[③]共发掘3座墓葬。M1破坏严重，M3殉牲有马和牛的头、蹄骨。M2棺盖上殉牲有牛头和蹄骨，左肩部发现有羊距骨1件。墓主人为成年男性。1992年对该墓地进行了全面发掘，此次发掘墓葬24座，儿童墓有7座。有殉牲的8座墓葬，殉牲有马、牛、羊及野生的猪、鹿或狍子的头、蹄骨等。其中4座墓葬随葬有羊距骨，均为1件（图三，2），据统计，出土距骨的墓葬与殉牲头蹄的墓葬不共存，发现距骨的墓主人两座为成年男性，两座为儿童。科右中旗北玛尼吐墓地[④]共发掘26座墓葬，其中仅3座墓葬有殉

① 内蒙古文物工作队：《内蒙古扎赉诺尔古墓群发掘简报》，《考古》1961年第12期；内蒙古文物考古研究所：《扎赉诺尔古墓群1986年清理发掘报告》，《内蒙古文物考古文集》（第一辑），中国大百科全书出版社，1994年；陈凤山、白劲松：《内蒙古扎赉诺尔鲜卑墓》，《内蒙古文物考古》1994年第2期。
② 中国社会科学院考古研究所内蒙古工作队、呼伦贝尔民族博物院、满洲里市文物管理所等：《满洲里市蘑菇山墓地发掘报告》，《草原文物》2014年第2期。
③ 内蒙古自治区文物考古研究所、呼伦贝尔盟文物管理站、额尔古纳右旗文物管理所：《额尔古纳右旗拉布达林鲜卑墓群发掘简报》，《内蒙古文物考古文集》（第一辑），中国大百科全书出版社，1994年。
④ 钱玉成、孟建仁：《科右中旗北玛尼吐鲜卑墓群》，《内蒙古文物考古文集》（第一辑），中国大百科全书出版社，1994年。

牲，皆为狗头。羊距骨与殉牲不共存，M7和M17皆随葬1件，墓主人皆为成年男性。1961年南杨家营子墓地①共发掘20座墓，简报未见墓葬图或照片，仅从墓葬登记表中可知殉牲有马、牛、羊及狗的个体，部位有头、蹄、肢骨等。出土羊距骨的墓葬共4座，M7为两位男性合葬墓，M8为两男两女的四人合葬墓，其余2座为单人葬。M7出土2件，其余墓葬均为1件。根据出土羊距骨的墓主人性别、年龄来看，除M11为成年女性外，其余皆为成年男性。5件羊距骨皆经过打磨，但未见钻孔。集宁察右前旗土城子旗杆山墓地②，发现3座鲜卑墓葬，均为土坑竖穴墓，随葬砂质或泥质陶罐、铜带饰、铁器、料珠项饰、羊距骨、骨弓弭等，其中殉牲发现有羊肋骨、羊肢骨和羊头等。仅1座墓葬发现随葬有6件羊距骨的现象，放置于墓主人手边处，因发掘材料尚未发表，根据照片可见其中4件在边缘处有明显小穿孔（图三，4）。商都东大井墓地③发现并发掘18座墓葬，皆为竖穴土坑墓，有头龛或尾龛，有7座墓葬殉牲，殉牲多为羊的肩胛骨、角等，也可见牛的肩胛骨。随葬羊距骨的墓葬有2座，为M3和M13，墓主分别为一成年男性和一成年女性。所见羊距骨有磨痕，但未见穿孔。山西右玉善家堡墓地④共发现23座墓葬，保存完整的单人葬15座，合葬5座。报告中称随葬羊距骨共6件。根据发表墓葬材料可知有3座墓葬随葬有距骨。M9为成年男性，左臂肘关节出土1件；M15为成年女性，右侧胸部位置随葬1件羊和1件鹿距骨；M16为男、女、儿童三人合葬墓，鹿距骨位于儿童身旁。所发现的距骨皆有穿孔。呼和浩特市美岱村北魏墓⑤有砖室墓一座，随葬品中有铜制之距骨一枚。

　　从对以上发现的距骨材料进行的分析来看，鲜卑文化系统中存在距骨与殉牲不共存的现象，殉牲位于棺上或头上部，而距骨则在身体部位，明显存在意义上的差别。性别上以男性和儿童墓葬多见，且距骨多见有穿孔，可以用来挂系，具有护身符的象征意义。不仅有羊距骨，也发现有牛、鹿、猪等动物的距骨。

　　4. 契丹、女真及蒙古族文化系统

　　辽、金、元三代由于各民族交融杂居，生活风俗和民族习俗上存在诸多延续性，对于动物距骨的喜爱如出一辙。

---

　　①　中国社会科学院考古研究所内蒙古工作队：《内蒙古巴林左旗南杨家营子的遗址和墓葬》，《考古》1964年第1期。

　　②　内蒙古文物考古研究所：《乌兰察布市集宁路古城旗杆山墓地》，《内蒙古文物考古年报》2016年第12期。

　　③　内蒙古文物考古研究所：《商都县东大井墓地》，《内蒙古地区鲜卑墓葬的发现与研究》，科学出版社，2004年。

　　④　山西省考古研究所、右玉县博物馆：《山西省右玉县善家堡墓地》，《文物世界》1992年第4期。

　　⑤　内蒙古文物工作队：《内蒙古呼和浩特美岱村北魏墓》，《考古》1962年第2期。

1　　　　　　　　　　　　　　　2

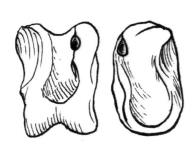

3　　　　　　　　　　　　　　　4

图三　鲜卑系统墓葬出土距骨
1.扎赉诺尔墓葬出土　2.拉布大林墓葬出土　3.蘑菇山墓葬出土
4.乌兰察布市察右前旗土城子旗杆山墓地出土

　　1983年巴林右旗清理一座辽代古墓，发现9枚距骨。牛距骨1枚，山、绵羊距骨7枚，还有1枚钢铸的仿绵羊距骨。这一时期距骨经常将中间挖空，灌以铅或锡铸成。或以距骨为本，脱出模型，注以铜，翻砂铸出铜质距骨。铜灌和铜铸的距骨，多半是为了加重分量，这可能和当时流行击髀石的游戏有关。

　　辽代此类遗物出土较多，且形制极为丰富。除了绵羊、山羊的外，还有猪、牛、鹿等其他动物的。2005年，通辽市科尔沁左翼后旗伊和浩坦塔拉辽代遗址发现有带有火炕的房址和窖穴、灰坑等遗迹，其中一处窖穴内藏有一件泥质灰陶罐，罐内存放有161件动物距骨[①]（图四）。其中绵羊距骨78件、山羊距骨33件、猪距骨43件、牛距骨7件。这些距骨部分有人为修整痕迹，有的打磨平整，有的在中心钻一孔或两孔。其中有一件牛距骨上下两面磨平，中间残存铁铆钉。推测此处为一处专门加工距骨的遗存，大量距骨被加工成玩具或者工具，从距骨上有铁铆钉的现象推测其可能作为纺轮

　　① 内蒙古自治区文物考古研究所：《通辽市科尔沁左翼后旗伊和浩坦塔拉遗址发掘简报》，《内蒙古文物考古文集（第四辑）——配合国家基本建设专集》，科学出版社，2013年。

图四　辽代遗址窖藏内出土距骨

来使用。《元史·太祖纪》："复前行，至一山下，有马数百，牧者唯童子数人，方击髀石为戏。"[①]《元朝秘史》卷三："札木合将一个麀子髀石与铁木真，铁木真却将一个铜灌的髀石回与札木合。"[②]李文田注："《契丹国志》曰：宋真宗时，晁迥往贺生辰，还，言国主皆佩金玉锥，又好以铜及石为槌以击兔。然则髀石乃击兔所用，以麀鹿之骨角或铜灌而成也。"依此来看，距骨在辽代亦作为狩猎工具。

　　辽代发现的铜羊距骨形器物数量较多，且集中在辽文化中心区域及周边地区，尤以东北地区最为集中。外形模仿距骨，呈铜饼状，有的刻有文字或马纹图案、中间有穿孔和不穿孔之分。有研究辽代金融货币史的学者认为其功用可分为三类：一类作为货币使用，因其外形与金银锭相近，很有可能也与金银锭一样参与流通贸易。如黑龙江省克东县宝泉镇发现了一枚貌似羊距骨的小铜饼[③]，上有"万贴货泉"四字（图五，1、2），文字风格与常见辽钱相同。一类是无契丹文字有马纹的器物，可能是契丹朝廷特铸的专用于祭祀、殉葬、赏赐的特用钱币。还有一类铭刻有契丹文政治宣传口号的器物，文字内容有"一统万年""大辽万年""清宁万年""太康永寿""天朝万岁"等。研究者认为辽代统治者通过此类形似铜距骨货币的流通功能和其游戏器具的强大的传播功能，来迅速地传达其统治思想。笔者在呼伦贝尔市陈巴尔虎旗博物馆的藏品中也发现相同的飞马纹饰的距骨造型器物（图五，3）。而宾夕法尼亚大学博物馆

---

①　《元史》卷一《太祖纪》，第3页。

②　《元朝秘史》，商务印书馆，1929年，第51页。

③　杨若龄、唐友钦、刘晓东：《黑龙江省克东县发现"万贴货泉"》，《中国钱币》2002年第1期。

藏文物中有一批形制与之相同的器物，其一面铸有飞马纹饰（图五，4~6）。此类距骨形的青铜器物应该已经超出一般距骨的娱乐功能①。

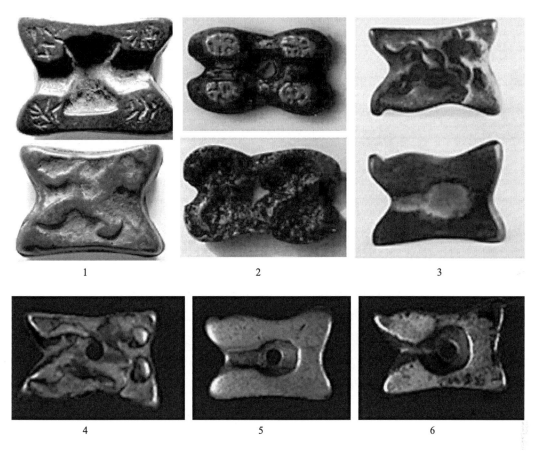

图五　辽代仿距骨形铜器

1、2.黑龙江省克东县出土　3.陈巴尔虎旗博物馆藏品　4~6.宾夕法尼亚大学博物馆藏

　　除此之外，还有一些使用玛瑙、玉、水晶等材质制作的距骨形饰品，多见于墓葬之中，中间有圆形穿孔，作为墓主人的佩饰。考虑到中国古代很多最初为工具、玩具或者其他用途的物品在使用过程中，具体的使用价值逐渐上升为礼仪、身份、财富等象征，就比如辽代的蹀躞带上悬挂的各种材质的剪刀、耳勺、锥等，成为辽代上层社会的佩饰或者身份的象征。

　　金代距骨类器物主要发现在金上京及其周边地区的墓葬之中。黑龙江阿城的双城村金墓②，除了发现大量铁质生活用具、武器、生产工具外，还有青铜马具及陶、瓷、银质生活器皿等。共发现距骨41枚，除1枚为铜质外，其余40枚均为羊距骨，其中23枚

---

①　程方毅、江然婷：《中国北方的草原遗珍：宾大博物馆所藏鄂尔多斯式青铜器》，《紫禁城》2015年第1期。

②　阎景全：《黑龙江省阿城市双城村金墓群出土文物整理报告》，《北方文物》1990年第2期。

不见穿孔，9枚为一端穿孔，5枚为中间穿孔，2枚为侧面穿孔，1枚既有中间穿孔又有侧面穿孔（图六，1）。大庆市大同区老山头宝山二村发现的2座金代平民墓葬①，出土遗物较少，出土陶器和铁质生产工具等。另发现2枚羊距骨，均在正中钻较大的椭圆形穿孔（图六，2）。此外，黑龙江及吉林部分地区的金代平民墓葬，也多见用羊距骨、羊肢骨随葬的葬俗。高等级的墓葬中也有发现，如绥滨县奥里米古城金代墓葬②中发现有玉距骨（图六，4）；绥滨县中兴古城金代墓群③共发掘墓葬12座，其中M3随葬品较多，有金银器物和饰品、押印及一枚水晶距骨等（图六，5）。这些出土的玛瑙、水晶、白玉的距骨显然已成为具有一定财富或地位的人群的佩饰。

元代墓葬发现数量较少，元上都一带大多为汉人墓葬，距骨发现较少。1996年对上海法华塔地宫进行发掘清理时，先后发现了明代和元代两个地宫，共清理出宋元和明代文物近百件（组）。元代地宫中发现玛瑙羊距骨1件，中间钻一椭圆形孔④（图六，3）。元代相关的史书、文献也多有相关记载，如《元史·太祖纪》："复前行，至一山下，有马数百，牧者唯童子数人，方击髀石为戏。"⑤《元朝秘史》卷三："札木合将一个麅子髀石与铁木真，铁木真却将一个铜灌的髀石回与札木合。"⑥

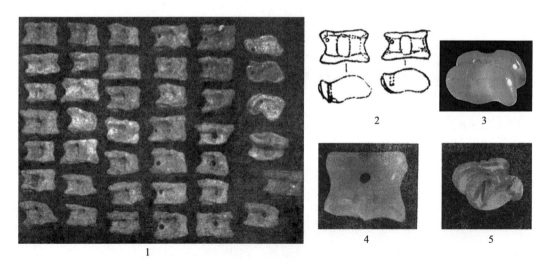

图六　金、元时期墓葬出土的距骨及距骨形器物
1.黑龙江阿城的双城村金墓出土　2.黑龙江大庆市大同区老山头宝山二村金墓出土
3.上海法华塔元代地宫出土　4.绥滨县奥里米古城金代墓葬出土　5.绥滨县中兴古城金代墓葬M3出土

① 大庆市文物管理站：《大庆市发现两座古墓》，《北方文物》1994年第2期。
② 景爱：《松花江下游奥里米古城及其周围的金代墓群》，《文物》1977年第4期。
③ 黑龙江省文物考古工作队：《黑龙江畔绥滨中兴古城和金代墓群》，《文物》1977年第4期。
④ 上海文物管理委员会：《上海嘉定法华塔元明地宫清理简报》，《文物》1999年第2期。
⑤ 《元史》卷一《太祖纪》，第3页。
⑥ 《元朝秘史》，第51页。

二、境外发现的羊距骨

已知的考古发掘见于内蒙古自治区文物考古研究所在蒙古国进行的数次发掘中，发现了分属不同民族或文化的距骨制品。2014年，对蒙古国境内的詹和硕遗址进行考古发掘[①]。其中的ⅠH1出土器物中有羊肩胛骨工具1件和羊距骨1枚，羊距骨一角还有钻孔。根据灰坑内出土的水波纹陶片，推断为匈奴文化遗存（图七，1）。ⅠM5为一座长方形竖穴土坑墓，木棺葬具，葬式为单人仰身直肢葬，墓主为男性，随葬有青铜头饰和铁工具、骨制工具和漆耳杯、木质鸠杖等。头右侧上方随葬有鹿的椎骨，左右小臂侧及腹部有羊肋骨。此外还发现残破的狗距骨1枚（图七，2）。根据出土遗物形制特点推断为两汉时期。另在后杭爱省三连城遗址1号城址处的一处建筑台基顶部发现一座竖穴土坑木棺墓，墓主人腰间挂的皮革袋中装有半枚青铜羊距骨（按延长轴被切锯掉一半）和1件

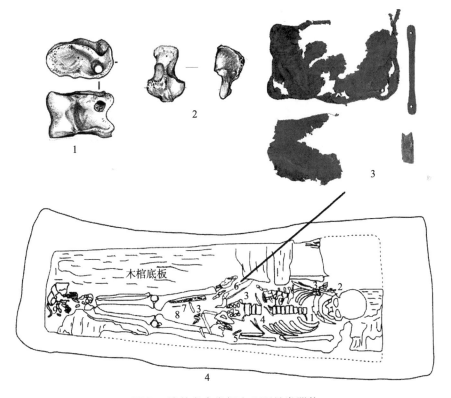

图七　境外考古发掘出土距骨类器物
1. 布尔干省达欣其楞苏木詹和硕遗址ⅠH1出土钻孔羊距骨　2. 布尔干省达欣其楞苏木詹和硕遗址ⅠM5出土残破狗距骨　3. 后杭爱省和日门塔拉三连城城址ⅠA-M1出土皮袋及内置器物铜距骨
4. 和日门塔拉城址ⅠA-M1墓葬平面图（图中6即皮袋出土位置）

---

①　内蒙古自治区文物考古研究所、蒙古国游牧文化研究国际学院：《蒙古国布尔干省达欣其楞苏木詹和硕遗址发掘简报》，《草原文物》2015年第2期。

小木棒。刻意锯开的半枚青铜距骨被放置于随身的袋子里（图七，3、4），可见其对于墓主人的意义非同一般。根据出土器物推断其为鲜卑时期墓葬[①]。与此同时，在后杭爱省浩腾特苏木发掘的M1 封石堆下，发现墓主人头骨左侧放置羊距骨1块和少量碎关节骨，腰部下方放置羊椎骨3块，腰部右侧出土铁刀 1 件。根据两座墓葬内出土的器物特征推测其年代为蒙元时期[②]。随葬动物包括距骨在元代前后的蒙古族墓葬中也有所见。

　　我们再将视野放大到域外才发现类似的游戏在上古时期其实已遍布世界各地。起初至少在公元前5000年即发源于两河流域，后流行于古希腊、古罗马世界，现代英语中"Knucklebones"（或称Jacks），即掷距骨这类活动，有研究指出很可能是今日骰子游戏的滥觞，玩家同掷五到十个绵羊距骨，由各面代表的不同意涵以比较大小，并能够加总这些数字，以求得最后的胜负；也有另外的文献记载，某种掷距骨游戏的胜败取决于投掷之后，距骨的某一面朝上则为胜者，距骨的外形特色使得它落下后能像后世的骰子般快速固定。几千年来，相似的规则、相同的玩具，这游戏就这样在全世界范围内流传至今。已知的大英博物馆、美国纽约大都会博物馆（图八，4、5）、约翰·霍普金斯大学博物馆等都有收藏，且时代不一、材质多样（图一，3、6）。

　　其他从雕塑和绘画中可见的实物信息也很多。如大英博物馆收藏的咬人的男孩雕塑，其身旁地上就是游戏的距骨（图八，1）。另外还有公元前4世纪少女玩距骨的雕像（图八，3）；那不勒斯国家考古博物馆收藏的一幅古罗马时代意大利赫库兰尼姆古城墙壁上的绘画作品就有抛掷距骨的画面。该女子手背上稳稳地放着一块距骨，手掌朝下，下面是两块坠落中的同样大小的距骨（图八，2），这一场景与笔者幼时的玩法颇为相似。其时代为公元1世纪，大致相当于中国的西汉时期。

　　地中海沿岸很多地点都出土过距骨，大多经过人工打磨、焚烧，有的还刻有古希腊神灵的名字（图一，6）。意大利中部公元前3～前2世纪瓦伦诺墓地（Varranone cemetery），一成年女性身体靠近墓口的一侧散布了超过100块距骨（图八，6）；意大利南部路西法罗一座古希腊墓地发现的双人合葬墓，发现了约1400块距骨，将墓主人从头到脚全部覆盖，显然具有护佑意义。而在古希腊文化中，两名好友分别保留距骨切开后的一半以表示友谊长存，这一实物现象在蒙古国后杭爱省和日门塔拉三连城址墓葬中也有发现。其意义与蒙古史中曾记载成吉思汗与札木合互赠羊距骨作为友谊象征的意义相同。古希腊人还用距骨进行占卜，根据点数解读神谕。这与近现代蒙古族中

---

　　① 内蒙古自治区文物考古研究所、蒙古国游牧文化研究国际学院：《2014年蒙古国后杭爱省乌贵诺尔苏木和日门塔拉城址IA-M1发掘简报》，《草原文物》2015年第2期；吉林大学考古学院、内蒙古自治区文物考古研究所、蒙古国游牧文化研究国际学院等：《蒙古国后杭爱省乌贵诺尔苏木和日门塔拉城址发掘简报》，《考古》2020年第5期。

　　② 山西大学历史文化学院、内蒙古文物考古研究所、蒙古国游牧文化研究国际学院：《蒙古国后杭爱省赫列克斯浩莱山谷6 号回鹘墓园发掘简报》，《考古》2016年第4期。

图八　境外各地发现的距骨

1.男孩与距骨雕塑（1世纪，大英博物馆藏）　2.古罗马壁画（1世纪，那不勒斯国家考古博物馆藏）
3.玩距骨雕塑（公元前4世纪，大英博物馆藏）　4.古埃及发现距骨（公元前1550~前1458年，美国纽约
大都会博物馆藏）　5.古希腊文化琉璃距骨（公元前3世纪，美国纽约大都会博物馆藏）　6.意大利中部
随葬距骨的瓦伦诺墓葬（公元前3~前2世纪）

仍然流传的占卜方式相似，根据抛掷后不同面朝上的组合与数量相互结合来占卜吉凶。

有学者走访诸多国家、博物馆、民族区域距骨的研究对其功能和玩法有非常详细的调查和研究，其功能也被总结为占卜、游戏、护身符等[①]。根据以上考古发掘和文献记载，距骨作为一种特殊意义的物品，其存在由来已久，其功用大致可归纳如下：

①卜骨。大的牛距骨有的作为占卜用骨，与肩胛骨、龟盖等卜骨相近，存有刻辞或神谕。②占卜。根据抛掷出来的不同面的组合来判断要占卜的内容的吉凶。③护身符或象征物。尤其是狼之类的距骨被赋予护身符的意义。打猎所得来的鹿、狼之类的野生动物距骨与羊之类的家畜距骨具有不同的意义。而护身的意义也是由其象征勇敢、友谊、诚信等意义延伸而来的。④上升为具有独特寓意的佩饰。辽金元时期，玉、水晶、玛瑙等材质制成的即有此作用。⑤娱乐器具。有抛掷、击打等多种玩法。这一功能方面的论文及研究最多。⑥一面浮雕飞马纹或文字的铜距骨有作为流通钱币来达到政治宣传目的的意义。⑦生产或生活工具。洋海墓地所出中心钻孔的确不同于其他距骨的钻孔，孔径较大且位于正中。另见内蒙古赤峰市辽代遗址窖藏中出土的附有铁钉的距骨，应为工具一类，可能有当作纺轮或纺线工具使用。

距骨制品的分布范围主要为游牧生活方式所覆盖的地区，与这一区域人们于生活、生产中与家养或野生动物的接触较多，对动物骨骼的加工使用可以做到极致有关。农业为生业方式的地区少见，与之毗邻的北方甘青、陕西、山西等地所见也是人群和文化的迁徙、互动、融合的体现。且根据不同地域和文化特点的差异，其制作材料和使用方法也发生了较大的差异。

人类对动物骨骼的加工与认识伴随着打猎、动物饲养与驯化就开始了。将大型形状独特的可以简单加工就能使用的先行使用，如肩胛骨稍加打磨制成骨铲，肢骨截取打磨可以作为针筒，牙齿、贝壳等小型的可以钻孔打磨成为饰品，其他的骨骼需要劈裂、截取、打磨等多道工序加工成骨锥、针、笄等。而距骨本身形状较为规整，直接被孩童当成玩具抛玩，后来逐渐被打磨、刻划、钻孔等，而其玩法越来越多样。其被人们越来越赋予更多的意义，随着人类对材质的不断扩展，制作材质也越来越丰富，直至近现代仍然在民间文化中占据一定位置。近年来笔者在呼伦贝尔地区工作，发现旗县博物馆中就收藏有近现代的距骨制作而成的玩具，为使用羊距骨、肢骨及线绳组装起来的智力玩具，需要仔细地将羊距骨顺着线绳逐渐移动到另一根线绳之上，有点类似我们玩的九连环。据此可见，距骨类器物及其制品在整个亚欧草原地带的以畜牧经济为主的文化圈内广泛流行，有广大的地域和文化价值，是这一地区人群交流、互动的重要见证。

---

① 约翰·文森特·贝勒扎：《羊距骨：西藏最古老的博具和占卜工具的考古学和民族史初探》，《藏学学刊》2019年第2期。

近二十年来中国大陆的《魏书》研究

艾晓晨[1,2]　高　然[2]

（1.四川博物院，成都，610072；2.西华师范大学历史文化学院，南充，637009）

　　《魏书》是由北齐魏收等人所著的一部纪传体断代史书，记载了4世纪末至6世纪中叶北魏王朝的历史，被列为二十四史之一。近年来，随着史学史学科的发展、文献材料整理工作的推进，学界对《魏书》研究的热度持续增加。2017年中华书局点校本修订本《魏书》的出版，不但标志着《魏书》的勘误校补工作取得重要成果，也为学者们更好地利用传世文献开展研究奠定了基础。值得注意的是，在此次点校本《魏书》修订的过程中，参考了以往学界所提出的有关校勘、标点方面的诸多意见，反映出《魏书》研究成果的丰硕。粗略统计，21世纪以来，《魏书》研究已发表论文60余篇，出版相关专著多部。本文拟对近二十年来中国的《魏书》研究情况进行概述，希望能有助于这一领域研究的进一步开展。

一、《魏书》"秽史"问题研究

（一）《魏书》"秽史"之名的由来

　　北齐时期所撰成的《魏书》，从成书之日起就饱受争议，在相当长的一段时间内，《魏书》曾被一些史学家视为"秽史"，受到了极大的批判。关于《魏书》"秽史"之名的由来，一些学者试图以宏观的视角从北朝后期政治环境方面寻找原因。张莉《〈魏书〉"秽史"说必须推翻》提出"秽史"之说产生的真正原因是：北齐少数门阀子弟不满意《魏书》对其祖辈家世职位、门第郡望的记述，反映了魏晋南北朝门阀制度对史书编撰的影响[①]。与张莉的观点类似，杨必新《门阀制度与〈魏书〉"秽史"之名》认为《魏书》被污为"秽史"，实质上是门阀制度在史学上的反映[②]。张芳在《〈魏书〉价值再认识》中也指出，北齐官员和古代史家将《魏书》视为"秽史"都根源于政治，前者因为《魏书》难以满足全体士族的要求，后者则由于《魏书》将

---

　　① 张莉：《〈魏书〉"秽史"说必须推翻》，《运城学院学报》2006年第1期，第44～49页。

　　② 杨必新：《门阀制度与〈魏书〉"秽史"之名》，《合肥学院学报（社会科学版）》2008年第6期，第43～47页。

东魏、北齐奉为正统的做法与隋唐以后统治者的正统观产生了矛盾①。

　　除了在历史发展的大背景下进行考察，学者们还以魏收本人为中心进行了探讨。王秀彦《浅谈〈魏书〉的毁誉与魏收之是非》从魏收的性格、行为入手进行分析，指出魏收心胸狭窄、性格偏执、言行张狂是导致《魏书》"秽史"问题产生的直接原因。研究视角较为新颖②。柴芃《〈魏书〉"秽史"问题新证》则推断《魏书》"秽史"之名源自魏收"好抵阴私"，与叙事是否属实无关③。张云华《〈魏书〉号为秽史的历史原因》认为《魏书》号"秽史"既是当时士人谤史的结果，也与魏收秉承良史直笔的思想传统密切相关④。

（二）《魏书》价值的再认识

　　近二十年来，学者们已经普遍重视《魏书》官修正史的地位，认为应该客观地分析《魏书》的价值，不能简单地把《魏书》归为"秽史"之列。张莉《〈魏书〉编撰性质考论》与《〈魏书〉"秽史"说必须推翻》两篇文章均认为《魏书》的官修背景毋庸置疑，是一部经得起历史检验的优秀史学著作，较为客观地反映了鲜卑拓跋部发展兴盛、统一北方的过程，具有重要的史学价值⑤。张芳《〈魏书〉价值再认识》从史书体例、史料内容、外界评论三个层面入手进行了考察，全面肯定了《魏书》的史书价值⑥。秦莺莺《魏收与〈魏书〉》指出《魏书》为保存史料做了巨大贡献，能被列为正史并流传至今，其作用不言而喻⑦。

　　张芳还以《魏书·高句丽传》为中心，对其史料价值进行了系统性的研究。张芳《〈魏书·高句丽传〉研究》一书是对这一问题的整体性研究成果，揭示了《魏书·高句丽传》具有的神话学、考古学以及史料学价值⑧。其在《〈魏书·高句丽传〉史料学价值探析》《〈魏书·高句丽传〉口述史料探析》两篇文章中指出，《魏书·高句丽传》在高句丽史研究中发挥了重要作用，其中的口述史料可以分为高句丽

　　① 　张芳：《〈魏书〉价值再认识》，《黑河学院学报》2013年第4期，第90～92页。

　　② 　王秀彦：《浅谈〈魏书〉的毁誉与魏收之是非》，《邢台学院学报》2014年第3期，第99、100页。

　　③ 　柴芃：《〈魏书〉"秽史"问题新证》，《中华文史论丛》2017年第4期，第101～129、392、393页。

　　④ 　张云华：《〈魏书〉号为秽史的历史原因》，《社会科学战线》2019年第6期，第126～137页。

　　⑤ 　参见张莉：《〈魏书〉编撰性质考论》，《晋阳学刊》2006年第1期，第81～84页；张莉：《〈魏书〉"秽史"说必须推翻》，《运城学院学报》2006年第1期，第44～49页。

　　⑥ 　张芳：《〈魏书〉价值再认识》，《黑河学院学报》2013年第4期，第90～92页。

　　⑦ 　秦莺莺：《魏收与〈魏书〉》，《沧桑》2007年第5期，第157、158页。

　　⑧ 　张芳：《〈魏书·高句丽传〉研究》，黑龙江大学出版社，2015年。

建国传说与高句丽基本概况两个部分，魏收将此类史料归入正史，使文献的可信度与真实性进一步增强，丰富了史料研究的价值[①]。

　　有关《魏书》史料价值的研究还有，乔霞《〈魏书·灵征志〉的历史价值初探》考察了《魏书·灵征志》在史学史、思想史、自然科学史、生态环境史方面的研究价值，认为应对其在学术史上的地位和价值给予肯定[②]。姚志远《〈魏书·食货志〉的史料价值》指出其对研究北魏时期的经济制度、社会生产等方面的问题具有较大意义[③]。

二、《魏书》编纂研究

　　《魏书》编纂研究方面，张莉《〈魏书〉研究》一书涉及了魏收与《魏书》编纂、《魏书》的编纂体例等诸多内容，是关于《魏书》编纂的整体性研究成果[④]。除此之外，学者们还从《魏书》志目门类的设置入手，探讨了其编纂价值与意义。王志刚《试论〈魏书〉典志的历史编纂学价值》认为《魏书》在典志撰述上，继承和发展了汉晋以来的传统，准确地记录和反映了北朝社会发展、民族融合以及文化交融的历史进程，其中《官氏志》《食货志》《释老志》的编纂突出反映了魏收等史家卓越的史识、史才以及开创精神，使中国史学重视典志撰述的传统得到继承与发展[⑤]。张芳在《〈魏书〉价值再认识》中提出，《魏书》的史书价值主要表现在典志方面，《魏书》十志较为准确记述了魏晋南北朝典章制度[⑥]。王朝海《〈魏书〉之正统观》指出《魏书》在体例上，采取了不同于《史记》等以往纪传体史书的范式，开篇以"序纪"追述拓跋鲜卑的先世，从族源关系等方面使拓跋鲜卑融入华夏体系当中[⑦]。张峰《〈魏书〉的编纂特色与史学价值》指出《魏书》设置"十志"，弥补了自《汉书》撰成后长期以来正史无志或有志而重要内容缺乏的不足；《魏书》新设《官氏志》

---

　　① 参见张芳：《〈魏书·高句丽传〉史料学价值探析》，《通化师范学院学报》2013年第9期，第19~22页；张芳：《〈魏书·高句丽传〉口述史料探析》，《唐山师范学院学报》2014年第1期，第111~114页。

　　② 乔霞：《〈魏书·灵征志〉的历史价值初探》，《鸡西大学学报》2012年第3期，第153、154页。

　　③ 姚志远：《〈魏书·食货志〉的史料价值》，《南阳理工学院学报》2019年第5期，第121~124页。

　　④ 张莉：《〈魏书〉研究》，华文出版社，2009年。

　　⑤ 王志刚：《试论〈魏书〉典志的历史编纂学价值》，《史学集刊》2008年第2期，第81~86页。

　　⑥ 张芳：《〈魏书〉价值再认识》，《黑河学院学报》2013年第4期，第90~92页。

　　⑦ 王朝海：《〈魏书〉之正统观》，《哈尔滨师范大学社会科学学报》2015年第4期，第154~156页。

《释老志》，在编纂体例方面较前史已有所突破，反映了北魏门阀观念浓厚、尊崇佛教的时代特点①。

三、《魏书》史论研究

21世纪以来，随着中国民族史研究学术体系的发展与完善，研究的领域进一步拓展，学者们纷纷以《魏书》为中心，对其中的民族思想、大一统思想、门阀思想等史论特点进行了广泛而深刻的探讨。

（一）民　族　思　想

关于《魏书》所蕴含的民族思想，学者主要从民族史撰述的特点与成就、正统观念的转变、民族理论的革新等方面进行了考察②。在这个背景下，有学者就提出"《魏书》是一部皇朝史与民族史相结合的杰作"③，更有学者认为"《魏书》首先是一部民族史，其次才是一部王朝史"④。

北朝后期，在诸政权并立的形势下，《魏书》的编撰具有为本民族所建立的政权争夺"正统"的目的，因此魏收等人在撰史过程中，特别注意到了鲜卑民族起源的问题，进行了一系列改造和攀附⑤。学者们将《魏书》当中的这一做法归纳为"民族同源"思想的实践，对此进行了探讨，普遍认为其反映出了少数民族对华夏祖先的认同与对华夏文明的向往。马艳辉《论〈魏书〉史论的特点及价值》《魏晋南北朝时期民族论的时代特点及理论价值》两篇文章分析了《魏书》中这一撰史特点形成的历史背景与原因，以及其背后折射出的民族融合趋势⑥。李红艳在《魏收民族史观初探》中对魏收民族同源思想的内容与来源进行了详细考述，提出，魏收认为黄帝是各民族的共同先祖，因此各民族都有机会成为正统，为少数民族取得中原统治权找到了理论依

---

① 张峰：《〈魏书〉的编纂特色与史学价值》，《求是学刊》2017年第2期，第148~154页。

② 周倩：《近三十年来二十四史民族史撰述研究述评》，《廊坊师范学院学报（社会科学版）》2015年第3期。

③ 马艳辉：《论〈魏书〉史论的特点及价值》，《黑龙江民族丛刊》2006年第4期，第89~94页。

④ 王文光、王玖莉：《魏晋南北朝时期正史中的民族传记及其特点研究》，《云南民族大学学报（哲学社会科学版）》2013年第5期，第85~90页。

⑤ 参见董文武：《魏晋南北朝时期的民族史撰述与民族一统、同祖同源观》，《河北学刊》2007年第6期，第94~97、102页。

⑥ 参见马艳辉：《论〈魏书〉史论的特点及价值》，《黑龙江民族丛刊》2006年第4期，第88~94页；马艳辉：《魏晋南北朝时期民族论的时代特点及理论价值》，《兰州学刊》2010年第11期，第196~199页。

据①。董文武指出《魏书》对鲜卑族先世缘起的记述,反映了鲜卑族对华夏民族的认同,是《魏书》民族思想中积极的一面②。汪高鑫认为《魏书·序纪》载鲜卑与汉族血缘相同,为拓跋氏入主中原、占据正统提供了理论依据,反映了这一时期少数民族认同华夏的客观事实③。许殿才指出《魏书》强调民族同源,企图证明鲜卑族政权的合法性,反映了民族融合的趋势不可阻挡④。王文光与王玖莉两位学者也认为《魏书》强调拓跋远祖是黄帝之子,是华夷共祖思想的体现,反映了南北朝时期民族融合的历史潮流⑤。王朝海《〈魏书〉之正统观》指出魏收在撰述《魏书》时从族源方面叙述拓跋鲜卑与华夏汉族本是兄弟关系,以此强调北魏政权之正统合法⑥。

此外,马艳辉还注意到了魏收非平等的民族观,指出魏收在将北魏奉为"正统"的同时,对东、西、西北、北部诸少数民族的评论则充满了偏见和歧视,忽视少数民族间的平等交往,主张以羁縻政策解决民族纷争⑦。

(二)大一统思想

张莉提出魏收将大一统的国家观念寓于《魏书》的编纂体例当中,其中的夷夏观和正统观体现了北齐史家对汉文化的认同⑧。王志刚在对《魏书·序纪》进行分析后,也认为《魏书》作为一部鲜卑民族通史有着非常鲜明的大一统民族史观,较为全面、深刻地反映鲜卑民族和汉族等各民族走向融合的过程⑨。董文武认为《魏书》在民族史撰述上能顺应时代发展潮流,反映出民族一统的要求和趋势,《魏书》继承了孝文帝汉化改革的传统,意图打破鲜卑与汉族的隔阂,反映了魏收对于华夏文化的认同⑩。

---

① 李红艳:《魏收民族史观初探》,《山东教育学院学报》2007年第3期,第71~74页。

② 董文武:《魏晋南北朝时期的民族史撰述与民族一统、同祖同源观》,《河北学刊》2007年第6期,第94~97页。

③ 汪高鑫:《魏晋南北朝民族关系与夷夏之辨》,《史学集刊》2010年第6期,第48~53页。

④ 许殿才:《魏晋南北朝隋唐正史民族史撰述与统一多民族国家的整合》,《求是学刊》2012年第2期,第146~150页。

⑤ 王文光、王玖莉:《魏晋南北朝时期正史中的民族传记及其特点研究》,《云南民族大学学报(哲学社会科学版)》2013年第5期,第85~90页。

⑥ 王朝海:《〈魏书〉之正统观》,《哈尔滨师范大学社会科学学报》2015年第4期,第154~156页。

⑦ 参见马艳辉:《魏晋南北朝时期民族论的时代特点及理论价值》,《兰州学刊》2010年第11期,第196~199页;马艳辉:《魏晋南北朝史论的发展及其时代特点》,《东北师大学报(哲学社会科学版)》,2012年第2期,第78~84页。

⑧ 张莉:《〈魏书〉在民族史撰述上的成就》,《山西大学学报》2005年第4期,第92~97页。

⑨ 王志刚:《北朝民族史撰述的发展》,《史学史研究》2007年第1期,第24~29页。

⑩ 董文武:《魏晋南北朝时期的民族史撰述与民族一统、同祖同源观》,《河北学刊》2007年第6期,第94~97页。

汪高鑫则认为魏收以"岛夷"此来蔑称南朝，斥南方汉族政权为"僭伪"，显然是要树立北魏政权的正统性，蕴含着对华夏文化的认同①。与汪高鑫类似，王文光、王玖莉两位学者也对《魏书》中"岛夷"的指代进行了分析，提出，魏收在《魏书》用"岛夷"指代南朝政权，对统一的多民族国家发展具有一定的积极意义，反映出少数民族统治集团把建立统一多民族国家当作自己的政治理想②。

（三）门 阀 思 想

庞天佑《论魏收的门阀士族思想》认为魏收具有浓重的士族门阀意识，喜欢在史论中对士族人物进行品评和赞扬③。李传印《魏晋南北朝时期历史撰述与现实政治》指出魏收生活的时代正处于门阀势力居主导地位的历史时期，他在撰史中受到门阀制度的影响是毋庸置疑的，在《魏书》当中会反映其门阀意识④。马艳辉在《论〈魏书〉史论的特点及价值》与《制度·兴亡·人物评价：南朝北朝史论异同辨析》两篇文章中提出，《魏书》史论中包含的鲜明的历史文化认同观念、统一意识、门阀观念等特点，反映了魏晋南北朝时期由分裂到统一、由民族对抗到民族融合的历史进程⑤。杨必新《门阀制度与〈魏书〉"秽史"之名》指出《魏书》发挥了为门阀制度辩护的作用，表现为《魏书》以谱牒作为重要材料⑥。

四、《魏书》用词研究

李丽是《魏书》用词研究的集大成者，其《〈魏书〉词汇研究》《〈魏书〉、〈北史〉异文语言比较研究》两书是对《魏书》词汇的整体性研究成果。前者对《魏书》的特色词、语义进行了研究；后者对《魏书》的语法与词汇进行了全面的考察，

---

① 汪高鑫：《魏晋南北朝民族关系与夷夏之辨》，《史学集刊》2010年第6期，第48~53页。

② 王文光、王玖莉：《魏晋南北朝时期正史中的民族传记及其特点研究》，《云南民族大学学报（哲学社会科学版）》2013年第5期，第85~90页。

③ 庞天佑：《论魏收的门阀士族思想》，《常德师范学院学报（社会科学版）》2003年第4期，第29~33页。

④ 李传印：《魏晋南北朝时期历史撰述与现实政治》，《南都学坛（南阳师范学院人文社会科学学报）》2004年第1期，第34~38页。

⑤ 参见马艳辉：《论〈魏书〉史论的特点及价值》，《黑龙江民族丛刊》2006年第4期，第88~94页；马艳辉：《制度·兴亡·人物评价：南朝北朝史论异同辨析》，《江海学刊》2008年第2期，第163~168页。

⑥ 杨必新：《门阀制度与〈魏书〉"秽史"之名》，《合肥学院学报（社会科学版）》2008年第6期，第43~47页。

阐释了汉语从北朝到唐代的发展演变过程，视角颇为独到①。

除整体性研究外，学者们还对《魏书》的用词进行了专题性研究。在《魏书》词汇价值方面，李丽《〈魏书〉单音多义词的词汇价值》以《魏书》中的单音多义词为例，探讨了中古时期汉语单音多义词的发展变化②。李丽《试论〈魏书〉在中古汉语词汇史上的研究价值》指出《魏书》在中古词汇研究方面有重要价值，表现为《魏书》具有大量的口语俗语成分、外来语、新词新义和具有鲜明地域特征的方言词③。

李丽还对《魏书》中官职类词语的使用情况进行了考察。其《从〈魏书〉〈宋书〉授官语义场的比较看南北朝时期汉语的南北差异》从语义场的角度出发，对《魏书》授官词汇进行考察，指出南北朝时期在使用语言的规范性上，北方胜过南方④。其另一篇文章《南北朝时期汉语词汇的南北差异研究——以〈魏书〉、〈宋书〉任职语义场的比较为例》则对《魏书》中任职类语词的使用特点进行了分析⑤。

邓奇、曾志宏《衔接的语篇功能：〈魏书〉与〈北史〉中卷一的对比试析》与李丽、邓奇《〈魏书〉〈北史〉本纪部分衔接系统对比研究》两篇文章都以衔接系统理论为理论框架，对《魏书》当中进行衔接的语篇做了分析，认为《魏书》更多依赖词汇手段达到衔接，特点明显⑥。

常志伟集中对《魏书》中的副词使用进行了研究。其在《〈魏书〉时间副词研究》中指出《魏书》中沿用上古汉语的时间副词总数多于中古时期新兴、盛行的副词⑦。常志伟《历时视域下的〈魏书〉副词探析》还以《魏书》中的新兴副词为中心，进行了较为全面的分析，提出，《魏书》副词不仅对上古汉语的词汇有大量继承，也体现了中古时期汉语的副词特点以及近代汉语副词的萌芽，其中的双音副词在构成方

---

① 参见李丽：《〈魏书〉词汇研究》，人民日报出版社，2006年；李丽：《〈魏书〉、〈北史〉异文语言比较研究》，巴蜀书社，2011年。

② 李丽：《〈魏书〉单音多义词的词汇价值》，《燕山大学学报（哲学社会科学版）》2010年第1期，第46~48页。

③ 李丽：《试论〈魏书〉在中古汉语词汇史上的研究价值》，《燕山大学学报（哲学社会科学版）》2015年第4期，第91~95页。

④ 李丽：《从〈魏书〉〈宋书〉授官语义场的比较看南北朝时期汉语的南北差异》，《燕山大学学报（哲学社会科学版）》2007年第2期，第43~47页。

⑤ 李丽：《南北朝时期汉语词汇的南北差异研究——以〈魏书〉、〈宋书〉任职语义场的比较为例》，《西南交通大学学报（社会科学版）》2012年第4期，第15~20页。

⑥ 邓奇、曾志宏：《衔接的语篇功能：〈魏书〉与〈北史〉中卷一的对比试析》，《吉林省教育学院学报》2008年第8期，第89、90页；李丽、邓奇：《〈魏书〉〈北史〉本纪部分衔接系统对比研究》，《石家庄铁道学院学报（社会科学版）》2010年第1期，第60~64页。

⑦ 常志伟：《〈魏书〉时间副词研究》，《南京师范大学文学院学报》2015年第1期，第170~175页。

式和分布范围上，与现代汉语相较，都已相当成熟①。

　　有关《魏书》用词的研究还有：黄征《〈魏书〉俗语词辑释》对《魏书》中使用的俗语词进行了考察②；肖丽容《〈魏书〉人物品评用语的结构类型》考察了《魏书》中主词与谓词的搭配类型③。

　　此外，《魏书》文学研究方面，杨朝蕾《〈魏书〉纪传后论之艺术特征》认为魏收《魏书》纪传后论具有三大文学特色，语言风格方面古朴典雅、质实刚劲；论辩特征上就事发论、寓情于理；理论与实践层面务本求实、钩深致远④。

五、《魏书》的勘误与考释

　　1974年由中华书局出版的点校本《魏书》，采用不主一本的校勘方法，通校了多种善本，并吸收了前人的校勘成果，出版以后受到了学界的推崇与广泛好评。近二十年来，学者们通过进一步研读史料，又对点校本的《魏书》做了一系列勘误。这类成果有：罗新本《〈魏书〉、〈陈书〉勘误二则》、王化昆《〈魏书〉勘误一则》、东波《〈魏书〉〈通鉴·梁纪〉勘误各一则》、钱松《〈魏书〉校勘札记》、毋有江《中华书局点校本〈魏书〉地理勘误》、孔祥军《中华书局本〈魏书·地形志〉标点献疑》、李海叶《〈魏书〉校勘一则》、常志伟《〈魏书〉点校献疑》、王铭《〈魏书〉孝文帝太和十五年改易庙号诏考订》、李丽《〈魏书〉〈北史〉对读札记》、李玉顺《〈魏书〉勘误一则》、刘亚男《中华书局点校本〈魏书·乐志〉校勘及标点商榷》、刘东升《中华书局点校本〈魏书〉勘误一则》、刘东升《〈魏书〉标点勘误一则》、高贤栋《〈魏书·本纪〉与〈北史·魏本纪〉点校商正20则》、张芳《〈魏书·高句丽传〉史料勘误》、何德章《〈魏书〉校读丛札》、孙艳京《〈魏书〉校勘拾遗》、段锐超《〈魏书〉〈北史〉标点勘误各一则》等⑤。

---

　　① 常志伟：《历时视域下的〈魏书〉副词探析》，《南京师范大学文学院学报》2016年第4期，第167~171页。

　　② 黄征：《〈魏书〉俗语词辑释》，《语文研究》2003年第2期，第20、21页。

　　③ 肖丽容：《〈魏书〉人物品评用语的结构类型》，《牡丹江大学学报》2015年第7期，第64~66页。

　　④ 杨朝蕾：《〈魏书〉纪传后论之艺术特征》，《广东广播电视大学学报》2011年第5期，第77~81页。

　　⑤ 参见罗新本：《〈魏书〉、〈陈书〉勘误二则》，《西南民族学院学报（哲学社会科学版）》2000年第4期，第17页；王化昆：《〈魏书〉勘误一则》，《中国史研究》2001年第1期，第27页；东波：《〈魏书〉〈通鉴·梁纪〉勘误各一则》，《中国史研究》2002年第4期，第10页；钱松：《〈魏书〉校勘札记》，《古籍整理研究学刊》2006年第3期，第54~59页；毋有江：《中华书局点校本〈魏书〉地理勘误》，《中国史研究》2006年第3期，第74页；孔祥军：（转下页）

　　曾晓梅《〈魏书〉校正——以碑刻为材料》、吴明冉《〈魏书〉人物姓名补正》、郭洪义《出土碑志补正〈魏书〉举隅》三篇文章则利用新出土的碑志文献，对《魏书》进行了校补①。

　　值得一提的是，中华书局点校本二十四史修订本《魏书》已于2017年出版，成为《魏书》整理修订的最新成果。周启《〈魏书〉〈北史〉辨误二则》、周东平《〈魏书·刑罚志〉点校问题评议》、刘振刚《〈魏书·地形志〉阳邑县"徐水"辨》也对此本做了勘误②。

　　学者们还对《魏书》当中存疑的历史地名进行了考证。李志敏《关于〈魏书〉两个重要地名地望的考实》考证了《魏书·帝纪·序纪》中记载的"大泽""匈奴故地"两处地名，认为其指代的分别是河套地区以及鄂尔多斯高原③。王天航《〈魏书·地行志〉考辨一则》认为《水经·汾水注》之汾阳非《魏书·地行志》中沾县之汾阳④。莫久愚《〈魏书〉木根山地望疏证》推断《魏书》中所载"木根山"应是今内

_____

（接上页）《中华书局本〈魏书·地形志〉标点献疑》，《南京晓庄学院学报》2006年第5期，第29～31页；李海叶：《〈魏书〉校勘一则》，《中华文史论丛》2008年第4期，第374页；常志伟：《〈魏书〉点校献疑》，《牡丹江教育学院学报》2009年第2期，第36、167页；王铭：《〈魏书〉孝文帝太和十五年改易庙号诏考订》，《中国史研究》2009年第3期，第98页；李丽：《〈魏书〉〈北史〉对读札记》，《唐山师范学院学报》2010年第6期，第5、6页；李玉顺：《〈魏书〉勘误一则》，《东疆学刊》2011年第4期，第109、110页；刘亚男：《中华书局点校本〈魏书·乐志〉校勘及标点商榷》，《西华师范大学学报（哲学社会科学版）》2013年第1期，第31～34页；刘东升：《中华书局点校本〈魏书〉勘误一则》，《江海学刊》2013年第2期，第110页；刘东升：《〈魏书〉标点勘误一则》，《江海学刊》2014年第1期，第207页；高贤栋：《〈魏书·本纪〉与〈北史·魏本纪〉点校商正20则》，《古籍整理研究学刊》2014年第4期，第41～45页；张芳：《〈魏书·高句丽传〉史料勘误》，《兰台世界》2014年第23期，第147、148页；何德章：《〈魏书〉校读丛札》，《文史》2015年第4期，第245～260页；孙艳京：《〈魏书〉校勘拾遗》，《安阳师范学院学报》2017年第3期，第57～60页；段锐超：《〈魏书〉〈北史〉标点勘误各一则》，《古籍整理研究学刊》2017年第4期，第44、45页。

①　参见曾晓梅：《〈魏书〉校正——以碑刻为材料》，《北方文物》2010年第1期，第81～87页；吴明冉：《〈魏书〉人物姓名补正》，《前沿》2014年第C7期，第218、219页；郭洪义：《出土碑志补正〈魏书〉举隅》，《阿坝师范学院学报》2017年第2期，第56～59页。

②　周启：《〈魏书〉〈北史〉辨误二则》，《中国历史地理论丛》2020年第1期，第110页；周东平：《〈魏书·刑罚志〉点校问题评议》，《古籍整理研究学刊》2020年第6期，第21～27页；刘振刚：《〈魏书·地形志〉阳邑县"徐水"辨》，《江海学刊》2020年第2期，第209页。

③　李志敏：《关于〈魏书〉两个重要地名地望的考实》，《中国历史地理论丛》2000年第2期，第155～162页。

④　王天航：《〈魏书·地行志〉考辨一则》，《陕西师范大学学报（哲学社会科学版）》2005年第5期，第97页。

蒙古自治区鄂尔多斯市西部的桌子山①。

<h1 style="text-align:center">六、结　语</h1>

　　纵观近二十年来的《魏书》研究，《魏书》的"秽史"问题、勘误补正等传统研究的热度不减，由此带来的还有学界对《魏书》编纂特点、历史价值的深入探讨，实现了对《魏书》价值的再认识。在对传统问题进行研究时，学者们的视角也更加多样化。例如，以魏晋南北朝时期门阀政治的大背景或魏收本人的行为、性格为切入点，考察《魏书》"秽史"之名的成因。又如，学者们对《魏书》经济史、思想史、科技史史料价值的挖掘。而《魏书》的用词与文学特点，则是近二十年来《魏书》研究中兴起的一个新热点，受到了学界的广泛关注。随着民族史研究的日趋热烈，学者们对《魏书》的民族史撰述特点以及其中蕴含的民族思想进行了深入分析，也为考察北朝后期民族融合与发展的趋势提供了新视野。此外，《魏书》的校勘与考释也取得了可观的成果，碑志材料的发现与整理以及中华书局点校本修订本《魏书》的出版为学者们研究的深入奠定了基础。

　　但《魏书》研究也存在一些问题，首先，学界对于《魏书》的研究主要还是集中在传统热点问题上。例如，在对《魏书》编纂特点与史论特点进行探讨时，学者们关注的问题较为单一，研究的方法也较为相似，存在对一个问题反复研究的情况。

　　其次，学者们习惯于将研究的目光集中于一些标志性史料条目。例如，学者们普遍注意到了《魏书·序纪》的价值，纷纷以其为中心，考察了《魏书》的编纂特点、民族思想、大一统思想等问题，但对其他史料的利用却较为缺乏。

　　最后，新史料的冲击导致传世文献不被重视。例如，随着考古材料的大量出现与碑刻墓志的整理收录，学者们在对《魏书》进行校补时广泛运用了碑志材料，但却忽视了对《北史》《资治通鉴》等传世文献的继续深研。学界应重视《魏书》与新出史料的互证互补，以更好地推动历史研究的深化。

　　总而言之，21世纪以来，《魏书》研究的发展趋势总体良好，相关问题的研究正持续深入，期待学者们在后续研究中取得更多成果。

---

　　①　莫久愚：《〈魏书〉木根山地望疏证》，《内蒙古社会科学（汉文版）》2011年第4期，第68~71页。

1921～2021年响堂山石窟研究史回顾与展望

石雅铮

（河北师范大学　石家庄　050000）

响堂山石窟位于河北省邯郸市峰峰矿区境内，分南响堂、北响堂、小响堂（水浴寺石窟）三处，石窟群处在晋阳与邺城两地的交通要道——滏口陉陉关处。开凿于东魏北齐时期，相传由北齐皇室贵族开凿兴建。北齐处在南北朝晚期，550年取代东魏建立，577年被北周攻灭，其都城邺城也随之彻底衰落。这个王朝只存在了短暂的20余年，但是佛教繁炽，整个社会上到皇亲贵戚下到黎民百姓大多对佛教狂热崇拜，随着邺城的衰落，其作为北方佛教中心的痕迹也湮灭在浩瀚的时间长河里，偶尔零星可见于一些史料记载。响堂山石窟是这一历史时期的重要见证。甚至可以说，响堂山石窟是一部凝固的史书，一个艺术的宝库，记载展示着邺城政治、佛教、雕刻、绘画、书法、建筑、中外交流等多姿多彩的面貌，为我们认识那个遥远的时代提供了不可多得的窗口。

关于响堂山石窟的调查研究开始于20世纪20年代初，时至今日已走过百年历程，兹就百年以来响堂山石窟研究做一回顾，并略加展望。

一、石窟考古勘察与研究

早在20世纪20年代初，国内学者顾燮光实地踏查响堂山及其他河北、河南古迹，并与范寿铭合编《河朔古迹志》，后来缩印成《河朔访古新录》等一组著作出版[①]。顾燮光的调查记录了北响堂三洞的形制、窟龛、刻经等详细信息，难能可贵的是还有摄影图版[②]。1925年11月，营造学社对响堂山石窟进行了考察，这次考察鲜为人知。2001年，赵立春先生发现了这次考察的实测记录资料，共5张，使用的是营造学社的实测记录纸。1927年，樱井一郎出版《亚东·响堂山专号》，收入常盘大定《初踏响堂山》、八木奘三郎《磁州彭城响堂寺的石窟》和樱井一郎《南北响堂山石窟踏查报告》。

---

① 顾燮光、范寿铭编：《河朔访古随笔》二卷，《河朔访古新录》十四卷附《河朔金石目》十卷、待访一卷。刊《石刻史料新编》（第二辑），第12册，台北新文丰出版社，1979年，第8863～9023页。

② 《河朔古迹图识》中有两三幅响堂石窟图版。

　　1935年，由北平研究院史学研究组徐炳旭、顾颉刚负责对响堂山及附近石刻进行调查整理，并由何士骥等人撰写《南北响堂寺及其附近石刻目录》。1936年11月，营造学社刘敦桢考察了南北响堂山遗存的寺庙（常乐寺和南响堂寺）建筑和石窟，介绍了南北响堂山石窟主要石窟的内部形制和外立面建筑遗存，同时附有若干图片。凭借建筑学家的敏锐观察，刘敦桢注意到北响堂南洞外立面被后来修补的石台一分为二，其实上面的小洞和下面的刻经洞应为一体，呈墓塔状[①]。同年，来自日本的学者水野清一和长广敏雄在响堂山展开了为期七天的调查，进行了系统的调查、测绘、拍摄。对响堂山石窟布局和单个洞窟窟形都绘有线图。遗憾的是，在这次考察中，日本学者未能注意到北响堂刻经洞和上层小洞一体的关系，将上层小洞编号为第3洞。这次勘察的结果于1937年在日本出版，即日文版《河北磁县河南武安响堂山石窟》[②]。

　　20世纪50年代，由刘慧达带领北京大学历史系考古学专业实习队，对响堂山石窟进行了测量、绘图，其资料于"文化大革命"中遗失，甚为可惜，现发现当时三份记录手稿，十分珍贵。

　　响堂山石窟的考古研究以20世纪80年代为界。1982年邯郸市文物保管所发表《河北邯郸常乐寺遗址清理简报》，1987年邯郸市文物保管所发表《邯郸鼓山水浴寺石窟调查报告》。1986~1987年相关文物部门出于对石窟保护的需要，对南响堂山石窟进行了大规模清理，拆迁了清代靠山阁和明清时代在石窟前加固的券洞，经过彻底的清理，北齐的石窟原貌再次展现在世人面前。这进一步推动了南响堂石窟的考古研究，让世人对这个古老的石窟群有了更全面的认识。在第2窟门前两侧清理出来的隋碑确定了开窟的年代是北齐天统元年（565年），另外，南响堂石窟独具特色的"塔形窟"随着研究的深入也逐渐清晰起来。

　　1988年，马世长带领北京大学考古系实习队对南响堂石窟进行了全面的测绘和文字记录，并在1992年发表简报《南响堂石窟新发现窟檐遗迹及龛像》，首次披露出清除后石窟原貌图版和细部数据，为研究者提供了翔实的材料[③]。

　　同年，曾参与最初清理工作的孟繁兴发文《南响堂石窟清理记》，文中提到了南响堂石窟地形地貌问题，他同样认为"原设计可能是将第3窟开凿在第1窟之上，成为楼阁式的建筑"[④]。

---

　　① 刘敦桢：《河北、河南、山东古建筑调查日记》，《刘敦桢文集》（三），中国建筑工业出版所，2007年，第187~190页。

　　② 〔日〕水野清一、长广敏雄：《河北磁县河南武安响堂山石窟》，东方文化学院京都研究所，1937年。

　　③ 邯郸市峰峰矿区文管所、北京大学考古实习队：《南响堂石窟新发现窟檐遗迹及龛像》，《文物》1992年第5期，第1~15页。

　　④ 孟繁兴：《南响堂石窟清理记》，《文物》1992年第5期，第16~19页。

紧接着1993年，赵立春发文对响堂山石窟的"塔形窟"做了系统的论述。文中，他将塔形窟分为"覆钵式"和"楼阁式"两种，并按演变规律分为三期。北响堂为"覆钵式"，南响堂为"楼阁式"，后者1、3窟属于第三期代表①。

钟晓青则对南响堂石窟能否称得上"楼阁式"塔形窟持不同意见。但她也认为"响堂山石窟的洞窟数量虽然不多，却可以说是总体规划意识表现得最为强烈的一处"。塔形窟应该是当时的一种佛殿建筑的石窟化②。2000年赵立春发文《响堂山石窟的编号说明及内容简录》，明确石窟大小窟龛的编号问题，方便了学界的后续研究。

二、石窟始凿年代与中心柱成因

响堂山石窟的开凿顺序是北响堂在前南响堂在后，且北响堂的开凿顺序是北洞、中洞、南洞。这些学界已经达成一致意见，但是石窟的始凿年代却是学界争论的焦点。

响堂山石窟的始凿年代大致分为东魏说和北齐说，东魏说见于李裕群[3]、张惠明[4]、赵立春[5]，北齐说见于索珀[6]、李文生[7]、刘东光[8]、曾布川宽[9]、苏铉淑[10]。

但是因为东魏北齐两个朝代跨度并不大，所以学界达成了普遍统一的认识，即开凿于东魏末北齐初[11]。之所以出现这两种说法主要是因为相关传世典籍文献记载的抵牾。

东魏说主要出自北宋司马光《资治通鉴》，其中卷一百六十《梁纪十六》记载："东魏武定五年……虚葬齐献武王于漳水之西；潜凿成安鼓山石窟佛寺之旁为穴，纳其柩而塞之。"[12]还有一些辅助的推测材料，比如同样出自道宣《续高僧传》的释僧

---

①　赵立春：《响堂山北齐塔形窟述论》，《敦煌研究》1993年第2期，第37～45页。

②　钟晓青：《响堂山石窟建筑略析》，《文物》1992年第5期，第19～32页。

③　李裕群：《北朝晚期石窟寺研究》，文物出版社，2003年。

④　张惠明：《响堂山和驼山石窟造像风格的过渡特征》，《敦煌研究》1989年第2期，第35～50页。

⑤　赵立春：《从文献资料论响堂山石窟的开凿年代》，《文物春秋》2002年第2期，第27～30页。

⑥　〔美〕Alexander C. Soper: Imperial cave-chapels of the Northern Dynasties: donors, beneficiaries, dates, *Artibus Asiae*, 1996 (4): 241-270.

⑦　李文生：《响堂山石窟造像的特征》，《中原文物》1984年第1期，第30～34页。

⑧　刘东光：《响堂山石窟的凿建年代及分期》，《华夏考古》1994年第2期，第97～108页。

⑨　曾布川宽：《响堂山石窟考》，《东方学报》1990年第62册，第165～208页。

⑩　〔韩〕苏铉淑：《东魏北齐庄严纹样研究：以佛教石造像及墓葬壁画为中心》，文物出版社，2008年，第50～53页。

⑪　赵立春：《从文献资料论响堂山石窟的开凿年代》，《文物春秋》2002年第2期，第27～30页。

⑫　司马光撰，胡三省注：《资治通鉴》，中华书局，1956年，第4957页。

稠、释道丰和释圆通的传记中就提到在北齐初鼓山（北响堂山）一带就已经有石窟寺了，那么只可能是在东魏甚至更早时期开凿的。

北齐说最早出自唐道宣《续高僧传》卷二六《隋京师大兴善寺释明芬传》："……仁寿下敕，令置塔于磁州之石窟寺。寺即齐文宣之所立也。大窟像背文宣陵藏，中诸雕刻骇动人鬼……"[1]在道宣的记载里，北响堂石窟是北齐高洋的陵藏。北响堂常乐寺内金正隆四年（1159年）《磁州武安县鼓山常乐寺重修三世佛殿记》碑文对此记载更加详细。

不论东魏说还是北齐说，其成立的基础都是北响堂大佛洞具有陵藏性质，也正是这样特殊的性质，让研究者思考响堂山特殊中心柱成因时，往往将两者联系起来。

马可·古列尔米内蒂·特里韦认为："在响堂山的中心柱后面只留出一条甬道的原因可能是放弃了绕塔礼拜的例行仪式。中心柱本身只是一个突出的结构，来强调中心柱正壁的大龛，以及加强洞窟的结构。"这正是瘗窟需要突出埋葬者地位的需要。另外，通过梳理碑刻资料和传统史料，认为北洞应是高洋的虚葬之所，而非高欢[2]。

赵立春提出北响堂的北洞、中洞、南洞分别对应着高欢、高澄、高洋灵庙，这直接影响了中心柱窟的形制[3]。持类似观点还有刘东光，他认为北响堂三窟是高氏以佛教转轮王身份建的转轮王灵塔[4]。

唐仲明认为："响堂山中心柱窟后甬道低矮的形制只能在新疆克孜尔石窟找到源头，而这一形制已不是河西至中原地区中心柱窟的主流形制，表现出明显的'西方'因素。这一形制的出现，当与东魏—北齐皇室崇尚胡风有一定关系。"[5]

陈未不同意这种观点，他认为响堂山中心柱窟的变异当与石窟功能的变化密切相关，与"西方"因素关系不大。同时他指出，北齐的高僧灵塔是响堂山石窟设计的重要摹写对象之一。并通过与前后时代瘗窟风格相比较，认为中洞、北洞应该具有陵寝性质[6]，在赵立春结论的基础上提出中心柱后方甬道应该是放置死者生前衣冠用品的小室。

---

① 道宣撰，郭绍林点校：《续高僧传》，中华书局，2014年，第1094页。

② 〔意〕马可·古列尔米内蒂·特里韦著，唐仲明译：《"高欢墓窟"——北响堂北洞的图像学和建筑学特征考察》，《东方考古》（第5集），科学出版社，2008年，第50～86页。

③ 赵立春：《响堂山北齐塔形窟述论》，《敦煌研究》1993年第2期，第37～45页。

④ 刘东光：《试论北响堂石窟的凿建年代及性质》，《世界宗教研究》1997年第4期，第67～76页。

⑤ 唐仲明：《响堂山石窟北朝晚期中心柱窟的"西方"因素》，《故宫博物院院刊》2014年第2期，第88～96页。

⑥ 陈未：《从设计布局角度看响堂山中心柱窟的变异》，《建筑学报》2017年第A1期，第100～103页。

三、石窟造像研究

20世纪50～60年代，从石窟艺术的角度来研究南北响堂的文章问世。1955年，华东艺专美术史教研组调查了南北响堂，从石窟艺术的角度，研究了北朝石窟艺术中"响堂山期"风格特点[①]。这是最早对响堂山石窟造像艺术风格做出研究的文章专著。

进入80年代，造像艺术风格研究继续发展。马忠理在其文《北齐雕塑艺术的宝库——响堂寺石窟》中仔细分析了响堂山造像的面目、造型、服饰特点[②]。李文生[③]、张惠明[④]等人分别撰文，从横向、纵向比较的角度，论证了响堂山石窟造像艺术凸显出的北齐隋代过渡性特征，前承北朝后启隋唐。郑礼京不仅仅对响堂石窟造像的风格，而且对整个北齐造像的风格进行细致的分析，论证了印度南部、东南亚及梁朝造像对北齐造像的影响[⑤]。陈悦新将麦积山与响堂山石窟做了横向比较，认为响堂山石窟的造像风格主要受到南朝的影响[⑥]。2010年，赵立春主编《响堂山石窟艺术》，大篇幅介绍了石窟造像艺术风格，李鹏硕士论文《响堂山石窟艺术研究》不同于前人集中在北朝时期的造像研究，这篇文章对北朝至唐代的响堂山造像风格进行了整体研究，做出了一定的学术贡献[⑦]。

以上都是从造像整体风格层面来探究的文章。随着响堂山研究的深入以及邺城其他地区大量单体造像的出土，关于造像艺术的研究开始多面开花。

一些文章以佛衣雕刻为研究重心，使用图像学、类型学的方法研究响堂山地区的佛衣样式，并进行纵向与横向的比较，论证了以响堂山石窟为代表的邺城地区佛衣雕刻对前代的继承和自身的独特性。比如陈悦新2014年著文《响堂山石窟的佛衣类型》[⑧]，2018年陆一发表的硕士学位论文《北魏中后期至北齐邺城及周边地区造像佛衣样式及风格分析》[⑨]，2020年唐仲明、王亚楠的《东魏北齐响堂石窟与邺城造像比较研

① 罗叔子：《北朝石窟艺术》，上海出版公司，1955年。
② 马忠理、李喜红：《北齐雕塑艺术的宝库——响堂寺石窟》，《河北学刊》1983年第2期，第155～160页。
③ 李文生：《响堂山石窟造像的特征》，《中原文物》1984年第1期，第30～34页。
④ 张惠明：《响堂山和驼山石窟造像风格的过渡特征》，《敦煌研究》1989年第2期，第35～50页。
⑤ 〔韩〕郑礼京：《中国北齐北周佛像研究》，慧眼出版社，1998年；引自〔韩〕苏铉淑：《东魏北齐庄严纹样研究：以佛教石造像及墓葬壁画为中心》，文物出版社，2008年，第15页。
⑥ 陈悦新：《麦积山与响堂山石窟差异》，《北京理工大学学报》2005年第4期，第3～5页。
⑦ 李鹏：《响堂山石窟艺术研究》，南京大学硕士学位论文，2012年。
⑧ 陈悦新：《响堂山石窟的佛衣类型》，《华夏考古》2014年第1期，第114～120页。
⑨ 陆一：《北魏中后期至北齐邺城及周边地区造像佛衣样式及风格分析》，北京服装学院硕士学位论文，2019年。

究》①，皆对此有系统的归纳和研究。

　　还有一些以装饰纹样为研究专题。苏铉淑的专著《东魏北齐庄严纹样研究：以佛教石造像及墓葬壁画为中心》，集中研究了响堂山石窟出现的特色纹饰，从艺术史佛教史的角度解读纹样含义和出现原因，她认为这些纹样多少带着西域化、胡化的风格，而他们共同的作用是庄严佛国净土②。聂书法的硕士学位论文《响堂山佛教石窟装饰纹样的分类研究》对响堂山石窟装饰纹样做了系统性的梳理归纳③。卢林林的《浅析南响堂山石窟的飞天图案》专门研究了南响堂山石窟中的飞天图案④。李雪山、聂书法《响堂山石窟装饰艺术简论》中提出响堂山石窟的装饰纹样处在动物装饰向植物装饰过渡的阶段⑤。刘明虎专门研究了邺城地区石窟菩萨佩饰，探讨了菩萨佩饰与空间秩序的关系⑥。

　　造像研究最直接的作用就是使用图像类型学进行分类进而作为断代分期的依据。这方面集大成者是李裕群2003年出版的专著《北朝晚期石窟寺研究》，这本书从窟龛性质、造像特点、装饰纹样等方面对邺城地区的石窟进行类型学分析，并结合碑刻典籍，将北响堂大佛洞定为第一期，开凿时间在东魏早期（534~547年）；中洞定为第二期，时间在东魏末（549年）至北齐乾明元年（560年）左右；北响堂南洞和南响堂石窟则属于第三期，时间约在北齐后主时期（565~577年）⑦。

　　南响堂1、2窟浮雕西方净土变历来被学界关注，因为这是中国现存最早的西方净土变，历史、艺术、宗教价值不言而喻。张同标认为南响堂山净土变相与印度"穆罕默德那利造像"基本图式和构成要素非常接近，其与古印度的渊源值得注意⑧。王治《中国早期西方净土变造像再考》综合比较了成都、麦积山、响堂山的三处净土变，得出南响堂山净土变注重尊像刻画的观点，并认为这与当时邺城"既赞弥陀又颂净土"的净土法门有着莫大的关系⑨。笔者的《河北南响堂第2窟净土变向心式构图分

　　①　唐仲明、王亚楠：《东魏北齐响堂石窟与邺城造像比较研究》，《故宫博物院院刊》2020年第12期。

　　②　〔韩〕苏铉淑：《东魏北齐庄严纹样研究：以佛教石造像及墓葬壁画为中心》，文物出版社，2008年。

　　③　聂书法：《响堂山佛教石窟装饰纹样的分类研究》，苏州大学硕士学位论文，2008年。

　　④　卢林林、高阳：《浅析南响堂山石窟的飞天图案》，《艺术教育》2014年第7期，第236、237页。

　　⑤　李雪山、聂书法：《响堂山石窟装饰艺术简论》，《飞天》2011年第8期，第46、47页。

　　⑥　刘明虎：《邺城区域北朝石窟菩萨造像佩饰类型与空间秩序研究》，《南京艺术学院学报（美术与设计版）》2016年第5期，第119~123页。

　　⑦　李裕群：《北朝晚期石窟寺研究》，文物出版社，2003年，第8~48页。

　　⑧　张同标：《中国早期净土变相的形制与渊源》，《武陵学刊》2011年第5期，第99~103页。

　　⑨　王治：《中国早期西方净土变造像再考》，《故宫博物院院刊》2019年第4期，第92~107页。

析》着重分析了南响探第2窟净土变构图特点，并与敦煌净土变构图做了比较[①]。

四、石窟刻经题记研究

响堂山石窟群存有大面积刻经，学界普遍认为北朝邺城地区的石窟刻经开隋唐房山石刻经风气之先。

20世纪30年代，由北平研究院史学研究组徐炳旭、顾颉刚负责对响堂山及附近石刻做了调查整理，并由何士骥等人撰写《南北响堂寺及其附近石刻目录》[②]，但是这篇整理记录详于造像题记、造像铭而略于刻经。

中华人民共和国成立后，较早研究邺城地区刻经的是马忠理，在其《邺都近邑北齐佛教刻经初探》一文中，详细地介绍了邺城周边地区刻经遗存现状，认为"末法思想"和灭佛运动是刻经的主要原因，论证了刻经的历史、宗教、艺术价值[③]。虽然是初探，但资料搜集全面、论证扎实有力，体现了深厚的学术素养，为后辈的研究开拓了道路。

其后赵立春[④]、李裕群、罗炤[⑤]、张总、崔红芬[⑥]等人先后有关于邺城石窟刻经研究的文章、专著面世。

李裕群将邺城地区石窟分为两种类型，其一为节选经文窟，刻经与造像统一规划，南响堂第1窟即为此型。其二为完整经文窟，主要目的是刻经，北响堂刻经洞是典型代表。至于刻经原因，在马忠理结论基础上，李裕群注意到了当时僧俗的需求[⑦]。但一些结论还是有些片面化简单化。2007年《响堂山石窟碑刻题记总录》出版，这本专著收录了南北响堂和水浴寺石窟所有已知的刻经、题记、碑刻拓片并进行录文，其中刻经录文与《大正藏》进行校对，是研究响堂山刻经的重要工具书[⑧]。张总2004年发

---

①　石雅铮：《河北南响堂第2窟净土变向心式构图分析》，《北朝研究》（第十三辑），科学出版社，2021年，第105～117页。

②　何士骥、刘厚滋：《南北响堂寺及其附近石刻目录》，《石刻史料新编》（第三辑·三六），新文丰出版社，1979年，第327～496页。

③　马忠理：《邺都近邑北齐佛教刻经初探》，《北朝摩崖刻经研究》，齐鲁书社，1991年，第153～190页。

④　赵立春、卢合亭：《响堂山石窟刻经及其书法艺术》，《文物春秋》1992年第1期，第38～43页；赵立春：《响堂山石窟北朝刻经试论》，《文物春秋》2003年第4期，第28～41页。

⑤　罗炤：《小南海及香泉寺石窟刻经与僧稠学行——"南朝重义理，北朝重修行"论驳议兼及净土宗祖师》，《石窟寺研究》（第8辑），科学出版社，2018年，第106～129页。

⑥　崔红芬：《邺城遗存北齐石刻〈华严经〉考略》，《少林寺与北朝佛教》，宗教文化出版社，2018年。

⑦　李裕群：《邺城地区的石窟与刻经》，《考古学报》1997年第4期，第443～479页。

⑧　张林堂、许培兰：《响堂山石窟碑刻题记总录》，外文出版社，2007年。

表文章《北中国刻经中的般若、华严、唯识经系区划——以冀鲁豫地区北朝石刻佛经
形态为中心》，进一步从义理角度出发，将北朝刻经划分为般若、华严、唯识经三大
系。响堂山即划入华严区系。关于刻经的原因，除了护法思想，这篇文章更多是从当
时邺城不同地区佛教思想潮流方面进行考察[1]。赵立春《中国北朝刻经中的地论学派
因素》系统论述了邺城地区石窟刻经所蕴含的地论学因素，该文还原了北朝晚期邺城
佛教背景，认为邺城石窟刻经直接体现了地论南道系的佛学理念，刻经以防法灭的目
的则在其次[2]。

　　还有一类文章从刻经书法艺术的角度切入。如赵立春主编《河北响堂山北朝刻经
书法》、赖非《谈中皇山、鼓山、滏山石窟刻经的书写者》从书法艺术风格的考察推
测刻经书写者[3]。文质彬的《〈滏山石窟之碑〉“过渡形态”之美》[4]，2019年李子娴
硕士学位论文《北齐响堂山刻经书法研究》也同此。另一类文章侧重刻经中特殊的文
字现象。于亚龙的硕士学位论文《响堂山北齐石刻经研究》将响堂山现存刻经与《大
正藏》进行细节比较，重点关注了其中的异体字现象[5]。其后，从刻经文字方面考察的
文章还有刘征的《响堂山石窟文字保留古文字现象》[6]。

　　响堂山碑刻题记研究方面，有1993年赵立春《南响堂新发现的纪年碑》，2005年
张林堂《北响堂山石窟山东东平郡寿张县人曹礼造像题记考》、张林堂、许培兰《南
响堂山石窟新发现“大齐河清二年”造像铭文及龛像》，2018年朱建路《明清时期响
堂山的修造活动——以现存碑刻题记为中心的考察》，2021年于亚龙与武绍卫《响堂
山唐代双束碑复原研究》等。

五、石窟营建思想研究

　　石窟营建思想往往针对某一石窟做比较深入具体的研究，营建思想包含石窟开凿
目的、设计构想等，是解密石窟最根本的钥匙。这类研究偏重综合研究，将写本与图

---

① 张总：《北中国刻经中的般若、华严、唯识经系区划——以冀鲁豫地区北朝石刻佛经形态为
中心》，《纪念中国社会科学院建院三十周年学术论文集·世界宗教研究所卷》，方志出版社，2007
年，第165～175页。

② 赵立春：《中国北朝刻经中的地论学派因素》，《法音》2021年第1期，第63～66页。

③ 赖非：《谈中皇山、鼓山、滏山石窟刻经的书写者》，《中国书法》2016年第12期，第
124～137页。

④ 文质彬：《〈滏山石窟之碑〉“过渡形态”之美》，《艺术市场》2017年第23期，第118、
119页。

⑤ 于亚龙：《响堂山北齐石刻经研究》，河北师范大学硕士学位论文，2015年。

⑥ 刘征、郑振峰：《响堂山石窟文字保留古文字现象》，《中华文化论坛》2017年第1期，第
13～22页。

像联系起来考察。

1986年，芝加哥大学博士蒋人和以响堂山作为博士论文主题，写就《响堂山石窟中的佛与帝王像——北齐佛教艺术中的图像、文本和塔》，这是较早对响堂山石窟进行综合研究的论著。

南响堂现在保存比较完好的有第1窟、第5窟和第7窟。因为第1窟内有丰富的造像和大面积刻经，所以学者对此窟的关注也比较多，学界普遍认为第1窟和第2窟属于双窟开凿，所以对两窟的研究往往放置在一起。

台湾学者颜娟英关注到了北齐邺城佛教遗迹，使用佛教史、图像学方法分析了石窟内刻经义理和造像题材，1991年发表《河北南响堂石窟寺初探》，1998年再度发文《北齐禅观窟的图像考——从小南海石窟到响堂山石窟》，她认为"邺都高僧所提倡的教义及禅修主宰了石窟的形制，使响堂山石窟的表现与前朝的大石窟寺颇不相同"[①]。南响堂第1、2窟所刻经文与邺城地区其他石窟相比偏重禅观、修行观念，并刻简短的经文、偈赞语，以供诵读。北响堂刻经洞整篇刊刻经文用意是在末法时期保存佛法，而南响堂摘要式刻经的用意不仅是保存佛法，更是出于实际的诵持禅修需求。关于造像和刻经的宗教内涵，颜娟英认为窟内图像和文本结合，十分明显地体现了"菩萨道"的修行主题。以上研究颇有深度和开创性。

李裕群对于邺城地区石窟群也做了很多研究，他仔细考证了南响堂第1窟刻经安排的布局，认为洞窟开凿与刻经是同时考虑的。刻经原本安排的内容至少包括了《华严经·四谛品》的全品[②]。从考古实证的角度论述了研究南响堂第1窟使用文本图像相结合的方法是十分必要的。这些都为后来研究者进一步探索打下了基础。

赖鹏举在颜娟英的基础上，从历代禅修方法变迁的角度认为安阳小南海石窟群是北齐僧稠"庐舍那"禅法的实例，并且影响了同一地区的南响堂山石窟群。这些在其2002年出版的专著《丝路禅法与图像》里得到了详尽的阐释[③]。

2003年罗炤聚焦到北齐僧人法洪在山东洪顶山的刻经和南响堂第2窟刻经的一致性，认为第2窟刻经和造像完美融合了般若空观和华严思想，是北朝晚期华严融会般若思想的典范[④]。这篇文章让人们注意到了不同地区之间的思想文化交流现象，颇有借鉴价值。2004年唐仲明针对南响堂第1、2窟的布局与题材再次发文做了探讨，不同于罗炤的观点，他认为第2窟的刻经与造像属于两个经典系统，体现了石窟开凿并非只有一

---

① 颜娟英：《河北南响堂石窟寺初探》，《考古与历史文化——庆祝高去寻先生八十大寿论文集》（下），台北正中书局，1991年，第331~362页。

② 李裕群：《邺城地区的石窟与刻经》，《考古学报》1997年第4期，第443~479页。

③ 赖鹏举：《丝路佛教的图像与禅法》，圆光佛学研究所，2002年，第2226~2236页。

④ 罗炤：《从洪顶山到响堂山》，《石窟寺研究》（第四辑），文物出版社，2013年，第303~325页。

个施主[①]。井上尚实考察了南响堂第2窟的《文殊般若》刻经和西方净土变后对本窟的营建思想提出新观点，认为这二者的组合体现了"一行三昧"的两种解释，融合了禅观与念佛的北朝佛教的精华[②]。

2003年由芝加哥大学东亚艺术中心运作的国际项目"响堂山石窟：复原和还原"正式启动。此项目的开展极大地促进了响堂山石窟的综合调查研究。2013年由峰峰矿区文物保管所和芝加哥大学东亚艺术中心合著《北响堂石窟刻经洞——南区1、2、3号窟考古报告》（文物出版社）出版，填补了响堂山石窟没有全面考古报告专著的空白。这本书是关于北响堂刻经洞的综合研究专著，包括刻经洞的考古报告、数字还原成果、刻经洞的艺术与历史、刻经洞所存佛典、偈颂、佛名研究。其资料之翔实、论述之深刻全面加上先进科学技术保障，使得这本专著成为响堂山单个洞窟研究不可多得的精品。

王振国的《关于邯郸水浴寺石窟的几个问题》对水浴寺西窟的造像题材和性质做了充分探讨，水浴寺西窟与南北响堂显著不同的一点是其由当地邑社邑子组织开凿，因此窟内的造像布局也与南北响堂差异较大[③]。

2018年，张俊沛的博士学位论文《响堂山石窟大佛洞研究》是为数不多的对响堂山单个洞窟的综合研究，从石窟的外形、窟内形制、造像题材、图像艺术风格多个维度进行研究，具有一定的学术价值。2021年，笔者的硕士学位论文《河北南响堂第1窟研究》，对南响堂第1窟进行了整体个案研究，将造像与刻经结合起来，探讨了南响堂第1窟的营建思想。

六、流失海外造像的追寻与复原

进入21世纪后，一些国内外学者开始致力于对流失海外造像的追寻以及石窟造像的还原工作。

张林堂、孙迪联合编著《响堂山石窟流失海外石刻造像研究》，此书是1949年以来海内外首部探讨流失响堂山石窟造像的专著，虽然此研究受限于技术发展，但已然是一个有益的初步尝试[④]。

2003年由芝加哥大学东亚艺术中心运作的国际项目"响堂山石窟：复原和还原"

① 唐仲明：《响堂石窟诸问题再探》，《2004年龙门石窟国际学术研讨会论文集》，河南人民出版社，2006年，第405页。

② 〔日〕井上尚实著，李贺敏译：《北齐禅与净土 ——南响堂山第二窟所见一行三昧的二种解释》，《佛学研究》2019年第1期，第170～182页。

③ 王振国：《关于邯郸水浴寺石窟的几个问题》，《中原文物》2002年第2期，第65～73页。

④ 张林堂、孙迪：《响堂山石窟流失海外石刻造像研究》，外文出版社，2004年，

正式启动。此项目致力于在全球范围内搜寻响堂山流失海外的造像，同时使用三维建模技术对这些海外造像和国内洞窟进行信息扫描，通过数字化信息化处理，系统记录和还原被破坏的古代石窟寺[①]。

2011 ～ 2013 年国家文物局与北京大学签署委托合同，展开了对响堂山石窟流失文物的调查，其项目成果是这一领域最全面最权威的调查报告。

2015 年达微佳《故宫博物院藏河北响堂山石窟北齐石畏兽考》介绍了北响堂大佛洞四壁畏兽流散情况[②]。2018 年唐仲明的《基于三维技术的海外收藏"响堂"造像研究——以南响堂石窟第 2 窟为例》从洞窟复原角度出发，利用建模技术和流失海外疑似本窟的造像复原了第 2 窟中心柱的正龛造像[③]。

流失海外造像确认与复原工作的意义有如下几点。

第一，可以帮助研究者进一步认识响堂山石窟造像艺术。以前响堂山造像研究往往集中于纹饰和服饰，佛首和大量单体造像的缺失让研究者很难整体把握响堂山石窟的造像艺术风格，窟内流失海外单体造像和佛、菩萨、弟子头的确认，能够有力改变这一局面。同时，与北吴庄出土造像研究形成合力，共同深化完善邺城造像模式的论述和研究。

第二，有助于确认造像题材。石窟研究主要造像题材的确认至关重要，造像头部特征集中反映了造像的神格、题材。北响堂刻经洞东壁（正壁）造像头部全部丢失，而且没有任何题记文字留存，如此，很难判定造像题材。经过海外追寻、造像扫描和虚拟复原实验，东壁造像头部终于得以确认，胁侍菩萨头冠特征明显，分别有宝瓶和坐佛，所以这两尊胁侍菩萨是大势至菩萨和观音菩萨，那么中间的主尊就是阿弥陀佛。由此，刻经洞正壁造像题材明确，刻经洞的研究也迈出重要一步。

第三，文物数字化有利于长期保存文物。历经千年岁月磨洗，石窟群还在不可避免地自然风化，加之工业污染、火车轨道震动等，即使有人为保护措施，也只是有限延长其寿命，将文物数字化，建立图像数据库，采用 VR 游览洞窟等科技手段让古老的文物重获新生甚至永生，也留给后人宝贵的财富。

---

① 此项目的成果有二：其一，2011 年在华盛顿赛克勒美术馆举办了"昔日回响：响堂山佛教石窟寺展"，展示了 33 件流散海外的响堂山造像和该项目的研究成果。其二，是峰峰矿区文物保管所与芝加哥大学东亚艺术中心合著的《北响堂石窟刻经洞——南区 1、2、3 号窟考古报告》（文物出版社，2013 年）。

② 达微佳：《故宫博物院藏河北响堂山石窟北齐石畏兽考》，《故宫博物院院刊》2015 年第 3 期，第 104 ～ 110 页。

③ 唐仲明：《基于三维技术的海外收藏"响堂"造像研究——以南响堂石窟第 2 窟为例》，《故宫博物院院刊》2018 年第 4 期，第 22 ～ 29 页。

七、展望未来研究

综上，响堂山石窟的研究非常丰富，到目前为止已经有许多成果，尤其在考古学领域的踏查和研究，几乎贯穿了响堂山石窟百年研究历程。这也给后来研究者提出了新的挑战和课题，即清理、记录了石窟遗存后，面对这些千年历史遗迹该何去何从。在笔者看来，虽然关注响堂山石窟的学者日增，学界对响堂山石窟的兴趣日浓，2018~2021年几年间相关文章更是呈井喷之势，研究方向也是多面开花，不一而足，但也暴露出越来越多的问题。最突出的一点就是考古学和艺术史之间"暧昧不清"的拉扯，以及历史学和宗教史的缺位失语，让响堂山石窟相关研究难以做到最大限度的资源整合，形成自身的叙事体系。

笔者在此基础上对未来研究做一展望：

第一，以问题为导向，打破学科界限，加强跨学科综合研究。巫鸿先生曾指出："（响堂山）一些窟寺内外所刻的大量佛经进而使这处遗址的意义超出了美术史的范围，不仅对研究中古佛学极为重要，而且为了解北朝宗教思想和仪轨、书法，以及图像与书写的关系提供了重要资料。"[①] 响堂山作为历史遗迹包含着丰富的信息，单单集中某一个点都很难还原其整体历史面貌，我们可以将石窟作为中间环节，将很多不同层面打通，艺术史、宗教史、历史学在其中可以起到衔接作用，追溯石窟原境。郑岩先生将"原境"分为两个层面，第一个层面是物质性、空间性的原境；第二个层面是非物质的原境，如将墓葬放置于社会语境中讨论也是一种原境。这就要求研究者不能固守学科意识，闭门造车。比如，考古学学者处理图像材料时还应注意其宗教含义，艺术史学者关注艺术风格的同时也要注意材料与历史背景的照应，宗教史研究者不能脱离石窟材料，陷入纯历史、宗教书写……不同学科间互为桥梁而非壁垒沟壑，加强综合研究意识，"专"与"通"并存。

第二，关注邺城地区石窟反映的不同地域文化、艺术交流与融合。覆钵塔形窟龛带有明显的中亚印度风格，而且位置显眼，已多为研究者所关注。近年来，开始有研究者注意到窟内伎乐飞天所反映的粟特文化，将研究的落脚点放到祆教中国化，胡啸、罗佳琳的文章率先深入探讨这一问题[②]，可为后来者借鉴。此外，随着流失海外造像的虚拟回归，研究响堂山乃至邺城地区造像风格的演变可以有更好的切入点。东魏

---

① 峰峰矿区文物保管、芝加哥大学东亚艺术中心：《北响堂石窟刻经洞——南区1、2、3号石窟考古报告》，文物出版社，2013年，第2页。

② 胡啸：《祆教"中国化"在地呈现——南响堂山石窟乐舞图像考释》，《中国音乐》2018年第2期，第55~63页；罗佳琳：《邺城地区音乐图像研究——以南响堂山石窟、灵泉寺石窟及小南海石窟为例》，《齐鲁艺苑》2020年第2期，第19~25页。

北齐佛教虽直接承自北魏，但造像风格却在短短十几年中有了很大变化，其中除本土因素外，自然少不了外部审美标准的介入，尤其这种异域审美对上层统治者的影响更是巨大。

第三，充分利用响堂山地区丰富的摩崖、碑刻研究北朝以后此地的宗教信仰和社会生活。除了北朝开凿的窟龛碑刻，北响堂、南响堂、水浴寺、老爷山现存从隋至民国丰富的摩崖造像、碑刻以及大小不等的窟龛，为研究者提供了丰富的历史图文资料。这类研究早期有袁虹《南响堂山石窟唐代小龛初探》[①]、篠原典生《南响堂山石窟隋唐小龛分期研究》，使用考古类型学的方法对响堂山隋唐小龛进行分期，随后沉寂，鲜少有人问津，近年来陆续有文章关注：2018年朱建路《明清时期响堂山的修造活动——以现存碑刻题记为中心的考察》[②]，以明清碑刻为材料，详细考察了明清时期响堂山的修造活动，发现清代乡里士绅、商贾阶层迅速崛起，取代了僧人的主导地位。2019年姜颖君《北响堂文官洞石作考》[③]关注了学界鲜有论著的北响堂明代所凿文官洞，2021年于亚龙与武绍卫《响堂山唐代双束碑复原研究》[④]，将目光投向天宫殿的唐代残碑，还原了一段唐代皇室与响堂山鲜为人知的过往。此类研究或可成为日后新的增长点。

① 袁虹：《南响堂山石窟唐代小龛初探》，《华夏考古》1995年第1期，第91～100页。
② 朱建路：《明清时期响堂山的修造活动——以现存碑刻题记为中心的考察》，《邯郸学院学报》2018年第3期，第54～57页。
③ 姜颖君：《北响堂文官洞石作考》，《文物鉴定与鉴赏》2019年第18期，第14～19页。
④ 于亚龙、武绍卫：《响堂山唐代双束碑复原研究》，《中国国家博物馆馆刊》2021年第2期，第106～117页。

百年来九品中正制学术编年（1922～2021年）

胡耀飞　整理

（陕西师范大学历史文化学院　西安　710062）

凡例：

（1）本文取学术史上有其或大或小意义的论著，按年份进行编排，略无学术价值者不录。

（2）本文所列刊物论文发表情况不标注月份，盖刊物并非都是月刊，然出版物尽量标注月份。

（3）本文所列会议论文尽量标明会议召开时间，并附会议论文后续发表情况。

（4）本文所列各个学校的学位论文，一并附列指导老师，以示渊源有自。

1930年

12月，杨筠如：《九品中正与六朝门阀》，商务印书馆。

1931年

9月，光旦（潘光旦）发表《书评：〈九品中正与六朝门阀〉（杨筠如著）》，刊《优生月刊》第1卷第3期；后收入氏著《斯文悬一发：潘光旦书评序跋集》，群言出版社，2015年。

1932年

1月，许世瑛：《“九品中正”的研究（初稿）》，刊《清华周刊》第36卷第9、10期合刊。

8月，柳诒征：《中国文化史》（第二编），钟山书局，其中第六章为“选举与世族”，专论“九品官人之法”。

1933年

定域（夏定域）摘编杨筠如《九品中正与六朝门阀》主要观点，刊《浙江省立图书馆馆刊》第2卷第3期书报提要栏目。

1936年

谷霁光：《中正九品考》，天津《益世报》副刊，3月31日；该文主要观点为《史地社会论文摘要月刊》第2卷第7期（4月）摘编，摘编人署名"炽"。

10月，许同莘：《论魏晋九品用人之制》，《河南政治月刊》第6卷第10期。

1937年

7月，金兆丰：《中国通史》，上海中华书局，其中卷七《选举编》有"魏晋九品中正与六朝门阀"一章。

1940年

9月，周谷城：《中国政治史》，上海中华书局，其中第三篇"门阀藩镇之交替"第一章"支配政治之门阀"第三节为"九品中正之制度"。

1942年

1月，大经：《从周代乡举里选说到魏晋九品中正制度》，刊《经纬月刊》第2卷第1期。

1943年

11月，王伊同：《五朝门第》，金陵大学中国文化研究所，其中上册第三章第一节为"九品中正"。

1944年

9月，侯绍文：《论九品中正制》，刊《考政学报》创刊号。

1948年

5月，翦伯赞：《"九品中正"与西晋的豪门政治》，刊《时代批评》第5卷总第102期。

5月，李源澄：《论九品中正》，刊《云南论坛》第1卷第5期。

10月，严耕望：《北朝地方政府属佐制度考》，刊《国立中央研究院历史语言研究所集刊》（第十九本），其中第四部分为《州都与郡县中正》。

10月，吕思勉：《两晋南北朝史》，开明书店，其中第二十二章第四节"选举"，开首即论九品中正制。

1949年

12月，宫川尚志：《九品中正制度に関する考察》，刊《漢文學紀要》第4期。

1950年

宫川尚志：《魏・西晋の中正制度》，刊《東方學報》第18期。

1951年

唐长孺：《九品中正制度试释》，武汉大学编译委员会。

1952年

9月，宫川尚志：《東晋南北朝の中正制度》，刊《岡山大學法文學部學術紀要》第1期。

1954年

严耕望：《北朝中央中正与地方中正》，刊《大陆杂志》第8卷第10期；后收入大陆杂志社编印《秦汉史及中古史前期研究论集》，大陆杂志社，1970年。

1955年

7月，唐长孺：《魏晋南北朝史论丛》，生活・读书・新知三联书店，收录《九品中正制度试释》一文。

1956年

2月，宫川尚志：《六朝史研究・政治社會篇》，日本學術振興會，其中第四章為"中正制度の研究"。

3月，宫崎市定：《九品官人法の研究：科舉前史》，東洋史研究會。

10月，守屋美都雄：《〈九品官人法の研究：科學前史〉，宫崎市定著》，刊《東洋史研究》第15卷第2號。

1957年

2月，河地重造：《宫崎市定著「九品官人法の研究——科舉前史」》，刊《史學雜誌》第66卷第2號。

3月，越智重明：《宫崎市定著「九品官人法の研究——科舉前史」》，刊《歷史學研究》第205期。

6月，木嶋孝文：《宫崎市定著「九品官人法の研究——科举前史」》，刊《大谷史學》第6期。

侯思孟（Donald Holzman）： "Les débuts du système médićval de choix et de classement des fonctionnaires: Les Neuf Catégories et l'Impartial et Juste", 刊*Mélanges publiés par l'Institut des Hautes Études Chinoises*, Paris: Presses Universitaires de France, 1957, pp. 387-414。

1959年

5月，唐长孺：《魏晋南北朝史论丛续编》，生活·读书·新知三联书店，收录《南北朝后期科举制度的萌芽》一文。

10月，杨树藩：《魏晋九品中正制度及其对政风之影响》，刊《大陆杂志》第19卷第8期；后收入大陆杂志社编印《秦汉史及中古史前期研究论集》，大陆杂志社，1970年。

1960年

9月，方炳林：《魏晋南北朝之九品中正制度》，刊《台湾省立师范大学教育研究所集刊》第3卷。

1961年

7月，王仲荦：《魏晋南北朝隋初唐史》，上海人民出版社，其中第一章第五节有"九品官人制度的产生"。

1963年

3月，矢野主税：《魏晋中正制の性格についての一考察——郷品と起家官品の対応を手掛りとして》，刊《史學雜誌》第72卷第2期。

11月，中国科学院历史研究所翻译组编译：《宫崎市定论文选集》，商务印书馆，两册，其中上卷节译了《九品官人法的研究》。

1964年

2月，越智重明：《九品官人法の制定について》，刊《東洋學報》第46卷第2號。

8月，越智重明：《魏晋時代の州大中正の制》，刊《東洋史學》第26期。

1965年

矢野主税：《門閥社會史》，長崎大學史學會，其中第二部分第二节为"魏晉南朝の中正制と門閥社會"。

6月，荒木敏一：《官吏任用法——郷挙里选·九品官人法·科挙》，刊《历史教育》第13卷第6号。

越智重明：《州大中正の制に関する諸問題》，刊《史淵》第94期。

10月，越智重明：《清議と郷論》，刊《東洋學報》第48卷第1號。

1967年

2月，矢野主税：《状の研究》，刊《史學雜誌》第76卷第2號。

3月，狩野直禎：《陈羣伝试论》，刊《东洋史研究》第25卷第4号。

1968年

3月，堀敏一：《九品中正制度の成立をめぐって——魏晋の貴族制社会にかんする一考察》，刊《東洋文化研究所紀要》第45期。

12月，越智重明：《九品官人法の制定と貴族制の出現》，刊《古代學》第15卷第2號。

1969年

3月，矢野主税：《九品の制をめぐる諸問題》，刊《長崎大學教育學部社會科學論叢》第18期。

1970年

8月，沈任远：《论九品中正》，刊《中华文化复兴月刊》第3卷第8号。

1971年

3月，矢野主税：《本貫地と土断，秀孝及び中正について》，刊《長崎大學教育學部社會科學論叢》第20期。

10月，沈任远：《魏晋南北朝政治制度》，台湾商务印书馆，其中第四章第二节为"九品中正"。

1973年

12月，中村圭爾：《九品中正法における起家について》，刊《人文研究》第25卷第10期。

1975年

4月，中村圭爾：《南朝の九品官制における官位と官歴——梁18班制成立をめぐって》，刊《史學雜誌》第84卷第4號。

1976年

2月，矢野主税：《門閥社會成立史》，國書刊行會，其中結語部分為"後漢社會から魏晉社會へ——中正制を手掛りとして"。

7月，中村圭爾：《九品官制における清官について》，刊《東方學》第52期。

毛汉光：《从中正评品与官职之关系论魏晋南朝之社会架构》，刊《"中央研究院"历史语言研究所集刊》，第46本第4分。

1979年

12月，王仲荦：《魏晋南北朝史》（上册），上海人民出版社，其中第一章第五节有"九品官人制度的产生"。此书为《魏晋南北朝隋初唐史》的增补版。

1980年

陈清泉、郑天禄：《略论"九品中正"制度的弊病及其影响》，刊《学术月刊》第9期。

1981年

汪征鲁以《九品中正制在两晋选官实践中的地位与作用》取得福建师范大学历史学硕士学位，指导老师刘学沛。

张旭华以《试论九品中正制由萌芽到确立的历史演变》取得郑州大学历史学硕士学位，指导老师高敏。该文收入郑州大学科研处编《郑州大学研究生毕业论文汇编·文史分册（1981～1982）》，1983年。

1982年

张旭华：《九品中正制萌芽探讨》，刊《中国古代史论丛》（第2辑），福建人民出版社。

6月，中村圭爾：《「郷里」の論理——六朝貴族社會のイデオロギー》，刊《東洋史研究》第41卷第1號。

8月，郑钦仁：《九品官人法——六朝的选举制度》，刊郑钦仁主编：《立国的宏规——中国文化新论·制度篇》，联经出版事业公司；后收入氏著《中国政治制度与政治史》，稻禾出版社，1996年。

　　8月，杨树藩：《中国文官制度史》，黎明文化事业股份有限公司，其中第二篇第二章第二节为"九品中正"。

　　同月，吕思勉先生遗著整理小组：《吕思勉读史札记》，上海古籍出版社，其中丙帙《魏晋南北朝》部分收有"考绩之法"上下、"才不中器"、"访问"、"山涛"、"限年入仕"、"九品官人之始"、"九品中正"、"中正非官"等条。

　　10月，越智重明：《魏晋南朝の貴族制》，研文出版，其中第二章为"曹氏政權と九品官人法"。

　　12月，川勝義雄：《六朝貴族制社會の研究》，岩波書店，其中第三章为"魏・西晋の貴族層と郷論"。

1983年

　　刘访师：《九品中正制》，刊《重庆师院学报》第1期。

　　周一良：《两晋南朝的清议》，刊《魏晋隋唐史论集》（第二辑），中国社会科学出版社。

　　4月，韩国磐：《魏晋南北朝史纲》，人民出版社，其中第一章第一节有"曹魏政权的建立及其政治措施"，包含关于九品中正制的内容。

　　8月，万绳楠：《魏晋南北朝史论稿》，安徽教育出版社，其中第五章第二节有"九品官人法和才性、儒道同异的争论"，第六章第一节有"选举制度和职官制度"，第十一章第三节有"南朝选举制度的变革"。

1984年

　　胡宝国以《魏晋南北朝的九品中正制》取得北京大学历史系硕士学位，导师周一良。

　　中村圭爾：《九品官人法における郷品について》，刊《人文研究》第36卷第9號。

1985年

　　3月，周一良：《魏晋南北朝史札记》，中华书局，其中"相辈与清谈""七第与六品""北朝之中正"等条与九品中正制有关。

　　3月，沈任远：《乡举里选与九品中正》，刊《铭传学报》第22期。

　　汪征鲁：《略论"九品中正制"在两晋选官实践中的地位与作用》，刊《学术月刊》第6期。

　　10月，越智重明：《魏晋南朝の人と社會》，研文出版，其中第一章为"陳群・司馬懿と郷論"。

1986年

1月，葭森健介：《魏晋革命前夜の政界：曹爽政権と州大中正設置問題》，刊《史學雜誌》第95卷第1號。

张旭华：《曹操用人"核之乡间"试释》，刊《郑州大学学报》第1期。

罗新本：《两晋南朝入仕道路研究之一——两晋南朝的"直接入仕"》，刊《西南民族学院学报》第4期。

逯钦立：《魏晋的清谈任达与九品中正制》，刊《东北师大学报》第5期。

耿升翻译侯思孟1957年文章，题《"九品中正"考》，收入李范文主编：《国外中国学研究译丛》（第1辑），青海人民出版社。

1987年

2月，李则芬：《两晋南北朝历史论文集》（全三册），台湾商务印书馆，其中册有《九品中正制度》一文。

胡宝国：《魏西晋时代的九品中正制》，刊《北京大学学报（哲学社会科学版）》第1期。

胡宝国：《东晋南朝时代的九品中正制》，刊《中国史研究》第4期。

陈琳国：《两晋九品中正制与选官制度》，刊《历史研究》第3期。

6月，甘芳兰：《曹魏九品官人法的研究》，刊（台）《史学会刊》第14期。

1988年

胡宝国：《关于九品中正制的几点意见》，刊《历史研究》第1期。

阎步克：《从任官及乡品看魏晋秀孝察举之地位》，《北京大学学报》第2期。

张旭华：《试论国子学的创立与西晋门阀士族的形成》，刊《郑州大学学报》第4期。

1989年

方北辰：《释九品中正制度之一品虚设问题》，刊《许昌学院学报》第1期。

杨希珍：《北魏的中正选官制度》，刊《山东大学学报（哲学社会科学版）》第2期。

萧少秋：《浅谈九品中正制》，刊《党校论坛》第4期。

汪征鲁以《魏晋南北朝选官体制（系统）研究》取得首都师范大学历史学博士学位，指导老师宁可。此文不久呈阅毛汉光，毛为之撰写《汪著〈魏晋南北朝选官体制（系统）研究〉综评》一文。

张旭华：《北魏州中正在定姓族中的地位与作用——兼论孝文帝定姓族的意

义》，刊《郑州大学学报（哲学社会科学版）》第6期；后收入氏著《九品中正制略论稿》时改题《北魏中正职权的扩大与分定姓族》。

12月，吴慧莲：《九品官人法——魏晋南北朝时期选用官吏的方式》，刊（台）《国文天地》第5卷第7期。

1990年

2月，侯绍文：《魏晋南北朝九品中正制》，刊（台）《人事行政》第92期。

吴慧莲以《六朝时期的选任制度》取得台湾大学历史学博士学位，导师郑钦仁。

汪征鲁：《中国古代选官系统及其演化析论》，刊《学术月刊》第4期。

陈长琦：《魏晋南朝的资品与官品》，刊《历史研究》第6期。

1991年

张旭华：《西魏、北周时期的九品中正制及其作用》，刊《北朝研究》上半年刊。

张旭华：《关于曹魏九品中正制的几个问题》，刊《郑州大学学报（哲学社会科学版）》第3期。

张旭华：《略论两晋时期的司徒府典选》，刊《许昌师专学报（社会科学）》第3期。

1992年

1月，陈长琦：《两晋南朝政治史稿》，河南大学出版社，其中第四章第四节为"世族把持下的九品官人法——资品与官品间联系的考察"。

汪廷奎：《九品中正制对岭南文化的消极作用》，刊《广东史志》第1期。

张旭华：《从孝文帝清定流品看北魏官职之清浊》，刊《北朝研究》第1期。

6月，宫崎市定：《宫崎市定全集》第6卷《九品官人法》，岩波书店，重刊旧作《九品官人法の研究——科举前史》。

12月，唐长孺：《魏晋南北朝隋唐史三论——中国封建社会的形成和前期的变化》，武汉大学出版社，其中第二章第二节为"九品中正制与门阀制度的形成"。

1993年

张旭华：《关于东晋南朝清议的几个问题——与周一良先生商榷》，刊《郑州大学学报（哲学社会科学版）》第1期。

张旭华：《谈谈南朝清议的发展演变》，刊《文史哲》第3期。

张旭华：《梁代无中正说辨析——与万绳楠先生商榷》，刊《许昌学院学报》第

3期。

6月，佐藤達郎：《曹魏文·明帝期の政界と名族層の動向——陳羣·司馬懿を中心に》，刊《東洋史研究》第52卷第1期。

吴慧莲：《曹魏的考课法与魏晋革命》，刊《台湾大学历史学报》第21期。

1994年

张旭华：《试论北魏的九流三清与官职清浊》，刊《郑州大学学报》第1期。

游为民：《九品中正制创立原因辨析》，刊《贵州文史丛刊》第2期。

张旭华：《魏晋时期的上品与起家官品》，刊《历史研究》第3期。

张旭华：《萧梁经学生策试入仕制度考述》，刊《史学月刊》第6期。

石荣伦：《九品中正制二题》，刊《连云港教育学院学报》第4期。

1995年

1月，汪征鲁：《魏晋南北朝选官体制研究》，福建人民出版社，其中上编第六章为"九品中正体制"，下编乙为《两晋南北朝时期各类型中正状况定量分析表》。

张旭华：《萧梁官品、官班制度考略》，刊《中国史研究》第2期。

张旭华：《论魏晋时期的清途与非清途两大任官体系》，刊《许昌师专学报》第4期。

范子烨：《论中国古代的"九品文化"》，《求是学刊》第4期。

5月，张兆凯：《汉—唐门荫制度研究》，岳麓书社，其中第二章"三国时期门荫入仕的迥异"第一节"曹魏门荫入仕的考察"有"九品中正制的实行与门荫入仕的加强"一小节。

9月1～4日，中国魏晋南北朝史学会第五届年会暨国际学术讨论会在湖北襄樊召开，张旭华提交《南朝勋品制度试释》一文；后刊《魏晋南北朝史研究：中国魏晋南北朝史学会第五届年会暨国际学术研讨会论文集》，湖北人民出版社，1996年。

陈长琦：《魏晋九品官人法再探讨》，刊《历史研究》第6期。

12月，草野靖：《魏晉の九品官人法》，刊《福岡大學人文論叢》第27卷第3號。

川合安：《九品官人法創設の背景について》，刊《古代文化》第47卷第6號。

12月，白寿彝：《中国通史》第五卷《三国两晋南北朝时期》，上海人民出版社，其中乙编第一章第四节中有"九品中正制和封国制"，丙编第三章为"门阀制度"。

1996年

吴霓：《论魏晋九品中正制与私学的关系》，刊《华东师范大学学报（教育科学版）》第1期。

1997年

石荣伦：《九品中正制二题》，刊《江海学刊》第3期。

毛汉光：《中国中古政治史研究的新收获——汪征鲁著〈魏晋南北朝选官体制（系统）研究〉综评》，刊《历史研究》第3期。

6月，中村圭爾：《六朝貴族制と官僚制》，刊《魏晉南北朝隋唐時代史の基本問題》，汲古書院。

11月，宫崎市定：《九品官人法の研究——科举前史》再版，中央公论社。

1998年

尚志迈：《"九品中正制"称谓辨析》，刊《张家口师专学报》第1期。

张旭华：《南朝九品中正制的发展演变及其作用》，刊《中国史研究》第2期。

谢佳能：《论我国封建社会的人才选拔制度——察举、九品中正、科举的合理内核》，刊《广西教育学院学报》第3期。

冯济泉：《汉魏六朝的选官制度》，刊《贵州文史丛刊》第4期。

9月6～10日，六朝文化国际学术研讨会暨中国魏晋南北朝史学会第六届年会在南京召开，张旭华提交《两晋时期的"资品"与官职升迁制度》一文。后刊《东南文化》，1998年增刊2，即《六朝文化国际学术研讨会暨中国魏晋南北朝史学会第六届年会论文集》。

胡宝国：《必然的走向：九品中正制》，刊《文史知识》第11期。

12月，佐藤達郎：《九品官人法成立の再檢討》，刊《東洋史研究》第57卷第3號。

1999年

3月，阎步克：《察举制度变迁史稿》，辽宁大学出版社，其中第八章为"察举制与九品中正制"。

3月，葭森健介：《西晋における吏部官僚：西晋期における政治動向と吏部人事》，刊《名古屋大學東洋史研究報告》第23期。

赵昆生：《九品中正制与西晋初期政治》，刊《重庆师院学报（哲学社会科学版）》第1期。

陈长琦：《魏晋南北朝史研究的重要成果——评汪征鲁著〈魏晋南北朝选官体制研究〉》，刊《福建论坛》第4期。

武沐：《对九品中正制让步之说的置疑》，刊《甘肃理论学刊》第5期。

张旭华：《试论西晋九品中正制的弊病及其作用》，刊《郑州大学学报（哲学社会科学版）》第6期。

景有泉：《近年来九品中正制研究综述》，刊《中国史研究动态》第8期。

2000年

马志冰：《从魏晋之际官僚贵族世袭特权的法律化制度化看士族门阀制度的确立》，刊《中国文化研究》春之卷。

李昭毅以《魏西晋选举制度、问题与对策之研究》取得台湾中正大学历史学硕士学位，导师雷家骥。

于涛：《东曹、魏尚书的选举与中正的形成》，刊《文史哲》第6期。

7月，熊德基：《六朝史考实》，中华书局，其中有《九品中正制考实》一文；后收入中国社会科学院历史研究所编：《古史文存·秦汉魏晋南北朝卷》，社会科学文献出版社，2004年。

2001年

张旭华：《东吴九品中正制初探》，刊《郑州大学学报（社会科学版）》第1期。

张旭华：《魏晋九品中正制名例考辨》，刊《中国史研究》第2期。

张旭华：《汉末东吴时期的江南名士清议》，刊《江海学刊》第2期。

张旭华：《略论西魏、北周的九品中正制》，收入郑州大学历史研究所编：《高敏先生七十华诞纪念文集》，中州古籍出版社。

范志军：《从刘毅论"九品有八损疏"看九品中正制的流弊》，刊《濮阳教育学院学报》第3期。

张叔宁：《士族门阀政治与九品中正制》，刊《南京理工大学学报（社会科学版）》第3期。

王仕举：《九品中正制再探》，刊《重庆师院学报（哲学社会科学版）》第4期；又刊《中国文化月刊》2001年第256期。

9月，李昭毅：《魏明帝时期人事结构、人事政策与政局变化》，刊《中正历史学刊》第4期。

罗新本：《蜀汉秀才孝廉察举考略》，刊《西南民族学院学报（哲学社会科学版）》第6期。

2002年

2月，阎步克：《品位与职位：秦汉魏晋南北朝官阶制度研究》，中华书局。

3月，渡邊義浩：《九品中正制度における『孝』》，刊《大東文化大学漢学会誌》第41號。

6月，中村圭爾：《「風聞」の世界——六朝における世論と體制》，刊《東洋史研究》第61卷第1號。

张旭华：《北齐流内比视官分类考述》上、下篇，分别刊于《郑州大学学报（哲学社会科学版）》第3、4期。

张旭华：《吴简"户调分为九品收物"的借鉴与创新》，刊《许昌师专学报》第4期。

9月，福原啟郎：《魏晋時代における九品中正制批判の議論に関する考察　訳注篇》，刊《京都外国語大学研究論叢》第59號。

2003年

3月，李昭毅：《从汉末西晋清议质变与礼的法制化看九品官人法的精神转变》，刊《东方人文学志》第2卷第1期。

4月，李昭毅发表《从西晋选举问题看九品官人法的精神转变》，刊《中国中古史研究》第2期。

胡舒云：《"九品官人法"名称考辨》，刊《求是学刊》第2期。

胡舒云：《"九品官人法"性质辨析》，刊《东北师大学报（哲学社会科学版）》第6期。

张旭华：《后赵九品中正制杂考》，刊《许昌师院学报》第6期。

7月，张海鹏主编：《中国考试史文献集成》第一卷《先秦至南北朝卷》，高等教育出版社，其中第三编第一、二、三章皆有与九品中正制相关史料存录。

9月，胡舒云：《九品官人法考论》，社会科学文献出版社。

2004年

陶新华：《北魏后期的中正制新论》，刊《历史教学》第1期。

胡舒云：《中国古代选举制度发展的基本趋向》，刊《北京电子科技学院学报》第1期。

张旭华：《北魏中央与地方中正组织的分张及其意义》，刊《郑州大学学报（哲学社会科学版）》第5期。

王东洋以《魏晋北朝考课制度探讨》取得郑州大学历史学硕士学位，导师张旭华。其中第五部分为"九品中正制———一种特殊的考课形式"。

范兆飞以《北朝的九品中正制研究》取得山西大学硕士学位，导师李书吉。

10月22～24日，社会与国家关系视野下的汉唐历史变迁国际学术研讨会在华东师范大学召开，张旭华提交《北魏中正职权考略》一文；后刊《社会与国家关系视野下的汉唐历史变迁》，华东师范大学出版社，2006年。同时，福原启郎提交《魏晋时代言及九品中正制度的论述特征》一文，后亦刊于该书。

10月，张旭华：《九品中正制略论稿》，中州古籍出版社，该书收录九品中正制相关论文20篇，其中未刊稿三篇：《魏晋时期的下品与任职官品之关系》《试论晋代九品中正制主导地位的确立》《东魏、北齐九品中正制述论》。

胡舒云、李晨光：《"九品官人法"中的"中正"》，刊《史学月刊》第10期。

李海林：《浅谈九品中正制和科举制之差异》，刊《太原城市职业技术学院学报》第6期。

范兆飞：《论北魏中正身世的变迁》，刊《沧桑》增刊。

2005年

胡克森：《九品中正制度再评价》，刊《贵州社会科学》第1期。

王铚：《山简乡品考——以〈北堂书钞〉版本异文为线索》，刊《中国史研究》第3期。

陈长琦：《魏晋九品官人法释疑》，刊《中国史研究》第4期。

吴擎华、何洁：《论南朝中正品第与吏部铨选的关系》，刊《西南民族大学学报（人文社会科学版）》第11期。

川合安：《門地二品について》，刊《集刊東洋學》第94期。

2006年

姚培锋、齐陈骏：《魏晋南北朝选举用人制度述论》，刊《兰州大学学报（社会科学版）》第1期。

陈金凤、方潜龙：《魏晋南朝九品中正制与皇权政治》，刊《临沂师范学院学报》第1期。

杨映琳：《九品中正制名称的由来及其演变——兼与张旭华、阎步克两先生商榷》，刊《韩山师范学院学报》第2期。

吴擎华：《从南朝中正的地位看中正品第与吏部铨选的关系》，刊《南都学坛（人文社会科学版）》第5期。

张旭华：《〈魏官品〉产生时间及相关问题试释——兼论官品制度创立于曹魏初年》，刊《郑州大学学报（哲学社会科学版）》第5期。

王春雨：《"周处自新"与世族门阀、乡品择士》，刊《安康师专学报》第5期。

何德章：《从察举到科举——读阎步克〈察举制度变迁史稿〉》，刊《中国图书评论》第6期。

4月8日，1～6世纪中国北方边疆·民族·社会国际学术研讨会在吉林大学召开，张旭华提交《前燕、前秦、南燕九品中正制拾零》一文；后刊《"1～6世纪中国北方边疆·民族·社会国际学术研讨会"论文集》，科学出版社，2008年。

2007年

何银发：《九品官人法建立让步之说之质疑》，刊《安徽广播电视大学学报》第1期。

10月19～21日，魏晋南北朝史国际学术讨论会暨中国魏晋南北朝史学会第九届年会在武汉大学召开，张旭华提交《九品中正制性质刍议》一文；后刊《魏晋南北朝史研究：回顾与探索——中国魏晋南北朝史学会第九届年会论文集》，湖北教育出版社，2009年。

杨璐：《皇权与士权消长中的九品中正制度》，刊《沧桑》第5期。

王晓毅：《曹魏九品中正制的历史真相》，刊《文史哲》第6期；收入范学辉主编：《制度、文化与地方社会：中国古代史新探》，商务印书馆，2019年。

王晓毅：《〈人物志〉形成的政治文化背景》，刊《东岳论丛》第6期。

举人：《九品中正制创立的时间》，刊《南京理工大学学报（社会科学版）》第6期。

韩昇：《宫崎市定和〈九品官人法的研究〉》，刊《学术研究》第9期；又刊《文史知识》第12期。

2008年

杨璐以《皇权与士权消长中的九品中正制度研究》取得山西大学历史学硕士学位，导师卫广来。

洪然升以《六朝"文士/文艺"品鉴论》取得台湾成功大学博士学位，导师陈昌明。

3月，宫崎市定著，韩昇、刘建英译：《九品官人法研究——科举前史》，中华书局。

王珺节译宫崎市定《九品官人法の研究》中胥吏部分，发表译稿《關於胥吏——〈九品官人法の研究〉（節譯）》，刊《南都学坛》第3期。

李俊恒：《曹操用人之道与曹魏"九品官人法"的关系》，《南都学坛》第4期。

张旭华：《汉末襄阳名士清议》，刊《襄樊学院学报》第10期。

张旭华：《曹魏九品中正制再探讨——与王晓毅先生商榷》，刊《文史哲》第6期。

2009年

单明星以《探析九品中正制》取得西南政法大学硕士学位，导师吕志兴。

黄缘逢以《魏晋人品论——以〈世说新语〉为考察中心》取得台湾玄奘大学硕士学位，导师柯金虎。其中第四章第三节为"曹魏九品中正法"。

仇鹿鸣：《〈司马芳残碑〉补释——以中正成立的年代为中心》，刊《史林》第1期。

韦冲：《由乱世之教育看九品中正制》，刊《江苏工业学院学报》第2期。

陈长琦：《两晋南朝的赐位制度》，刊《史学月刊》第3期。

张旭华：《隋及唐初九品中正制的废除》，刊《史学月刊》第8期。

张旭华：《魏晋南北朝皇帝征召制度述略》，刊《华北水利水电学院学报（社科版）》第6期。

5月，川合安：《书评　张旭华著〈九品中正制略论稿〉》，刊《集刊东洋学》第101期。

渡邊義浩：《〈山公啓事〉にみえる貴族の自立性》，刊《中國文化》第67期。

12月，杨晏州：《青龙浮华案探微》，刊《政大史粹》第17期。

2010年

张旭华：《名称与内涵——简评宫崎市定〈九品官人法研究〉》，刊《史林》第1期。

王晓毅：《再论曹魏九品中正制的历史真相》，刊《文史哲》第2期。

张小稳：《独树一帜的制度史研究——阎步克先生〈品位与职位〉、〈从爵本位到官本位〉评介》，刊《史学月刊》第5期。

2011年

郭明富以《论九品中正制及其对校长实名推荐制的启示》取得四川师范大学硕士学位，导师刘远碧。

李毅婷：《20世纪以来九品中正制研究综述》，刊《中国史研究动态》第1期。

王明前：《从"唯才是举"到九品中正——魏晋之际的"才"、"德"之辩》，刊《苏州科技学院学报（社会科学版）》第2期。

6月，伊沛霞著，范兆飞译：《早期中华帝国的贵族家庭：博陵崔氏个案研究》，上海古籍出版社，其中有第二章"贵族家庭的历史发展"有"九品中正制的影响"一节。

10月18～21日，中国魏晋南北朝史学会第十届年会暨国际学术研讨会在山西大学召开，王东洋提交《从中正与吏部之关系看九品中正制之考课功能》一文；后刊《中国魏晋南北朝史学会第十届年会暨国际学术研讨会论文集》，北岳文艺出版社，2011年。

11月，张旭华：《魏晋南北朝官制论集》，大象出版社，内分职官制度、选官制度（上）、选官制度（下）三大类，其中第二类专论九品中正制，凡八篇；未刊稿有

《九品中正制的发展演变与历史分期》。

张旭华：《两晋时期的丧礼实践与中正清议》，刊《史学月刊》第12期。

12月，张旭华：《关于九品中正制"九品"等级的一点意见》，刊《魏晋南北朝隋唐史资料》（第27辑），武汉大学人文社会科学学报编辑部。

周健：《中正官的设置和称谓》，刊《魏晋南北朝隋唐史资料》（第27辑）。

2012年

1月，徐连达：《徐连达评说中国历史的205个细节》，上海大学出版社，其中第四章"典制"有"九品中正与选官"一节。

赵宏伟以《九品官人法评述》取得西南政法大学硕士学位，导师袁春兰。

徐正林：《中国古代三种考试制度变迁之动力探究——基于察举制、九品中正制和科举制的分析》，刊《顺德职业技术学院学报》第1期。

段锐超：《十六国北朝九品中正制的发展演变》，刊《北华大学学报（社会科学版）》第2期。

胡鸿：《北魏初期的爵本位社会及其历史书写——以〈魏书·官氏志〉为中心》，刊《历史研究》第4期。

杨恩玉：《萧梁官班制的形成考论——以流外七班、三品勋位及蕴位为中心》，刊《南京师大学报（社会科学版）》第4期。

张旭华：《"周氏以降，选无清浊"辨》，刊《史学集刊》第4期。

张旭华：《"州郡皆置中正"与"晋宣帝加置大中正"辨正》，刊《郑州大学学报（哲学社会科学版）》第5期。

李济沧：《九品官人法中的乡品称谓考论》，刊《江海学刊》第6期。

2013年

2月，林家锺：《林家锺文史选集》，海风出版社，其中收录《试论三国曹魏之九品中正制》一文。

杨恩玉：《萧梁官班制渊源考辨》，刊《历史研究》第4期。

陈泽萍：《试论九品中正制创立的原因》，刊《湖南科技学院学报》第5期。

吉素丽：《魏晋南北朝九品中正制的流弊及其原因分析》，刊《洛阳师范学院学报》第9期。

李佳静：《九品中正制与魏晋南北朝人物品评的发展》，刊《大众文艺》第20期。

12月，严耕望遗著：《中国政治制度史纲》，上海古籍出版社，其中第三编"魏晋南北朝时代"第四章"人才选拔制度"有"九品中正制成立之背景""九品中正制之影响与时人对于此制度之态度"两节。

2014年

崔亚鹏以《关于九品中正制的几个问题研究》取得南京师范大学硕士学位，导师李济沧。

徐鹏以《西魏北周官员选任与督课述论》取得扬州大学硕士学位，导师王永平。

王东洋：《论魏晋南北朝九品中正制与考课制之关系》，刊《河南科技大学学报（社会科学版）》第1期。

陈焱：《清谈与猎官——对〈九品官人法研究〉的一个商榷》，刊《理论界》第2期。

梁健：《魏官品令考》，刊《苏州大学学报》第3期。

郭丛：《〈司马芳残碑〉碑主司马芳新考》，刊《中华文史论丛》第4期。

黄寿成：《北周政权是否实行九品中正制？》，刊《文史哲》第4期。

2015年

1月，张旭华：《九品中正制研究》，中华书局。

郝虹：《德与才的较量：从"唯才是举令"到九品中正制》，《孔子研究》第1期。

刘军：《论北朝官品序列中的"五品"界线》，《史学集刊》第3期。

张旭华、孙险峰：《萧梁官班制的渊源、创立原因及性质考释》，《史学集刊》第3期。

黄寿成：《北齐政权选官制度辨析》，《厦门大学学报（哲学社会科学版）》第6期。

王庆卫：《再论〈司马芳残碑〉刊刻的年代及其背景》，《文博》第6期。

5月，徐连达：《隋唐史与政治制度研究论集》，漓江出版社，其中收录《魏晋南北朝的九品中正制度》一文。

2016年

1月，李济沧：《东晋贵族政治史论》，江苏人民出版社，其中第一编收录作者三篇关于九品中正制的论文。

过超：《北朝九品中正制度研究三题》，南京师范大学硕士学位论文，导师李济沧。

张旭华、张斯嘉：《魏晋清官探源：贵势垄断"秘著"新论》，《史学月刊》第2期。

李济沧：《六朝贵族的自律性问题——以九品官人法中乡品与官品、官职的对应关系为中心》，《文史哲》第4期。

黄寿成：《北周政权察举制度考释》，《北京师范大学学报（社会科学版）》第5期。

洪卫中：《魏晋政权的演变与颍川地区士族及人才的发展——兼论九品中正制的影响》，《江汉论坛》第10期。

10月，陈长琦：《官品的起源》，商务印书馆。

2017年

李正君：《评陈长琦教授新著〈官品的起源〉》，《许昌学院学报》第3期。

张金龙：《"魏官品"、"晋官品"献疑》，《文史哲》第4期。

周群：《把真实的历史还给九品官人法——读陈长琦先生〈官品的起源〉有感》，《中国史研究动态》第4期。

黄寿成：《再论北周政权未实施九品中正制》，《陕西师范大学学报（哲学社会科学版）》第5期。

张仲胤：《两晋时期的皇帝征召入仕与九品中正制》，《郑州师范教育》第5期。

8月，张旭华：《中古时期清浊官制研究》，人民出版社。

2018年

范兆飞：《亦汉亦魏：〈司马芳残碑〉的时代及意义》，《史学月刊》第1期。

周升华：《试论九品中正制创立之由及其蜕变》，《开封教育学院学报》第2期。

3月，李济沧：《南朝における贵族制と皇帝权力再考——「二品才堪」と「门地二品」をめぐって》，刊《东洋史研究》第76卷第4号。

10月，张旭华：《制度、经济与中原历史：魏晋南北朝史研究文集》，人民出版社，内有"典章制度篇"，收录十篇关于九品中正制和清浊官制的论文。

2019年

吴杰：《结构功能主义视角下两晋九品中正选官系统初探》，《开封教育学院学报》第2期。

张旭华：《魏晋时期中正品评与考察乡论再探讨》，《史学集刊》第2期。

庄亮亮：《六朝九品中正制与家训之兴》，《惠州学院学报》第4期。

苟忠英：《试述九品中正制对后世的借鉴意义》，《中国地名》第7期。

11月，过超：《论北周中正的发展与演变》，《魏晋南北朝隋唐史资料》（第40辑），上海古籍出版社。

11月，张旭华：《魏晋南北朝史文存》，中州古籍出版社；内有"政治制度与历史人物"编，收录七篇关于九品中正制和清浊官制的论文。

2020年

杨恩玉：《魏晋九品官人法之上品的演变与起家官制度》，《社会科学》第2期。

张旭华：《魏晋南北朝辟召制度述略》，《河北师范大学学报（哲学社会科学版）》第2期。

黄寿成：《论隋文帝并未施行科举制度》，《文史哲》第4期。

李磊：《九品中正制与士族的崛起》，《人民论坛》第26期。

6月，宫崎市定著，王丹译：《九品官人法研究——科举前史》，大象出版社。

9月，杨筠如：《九品中正与六朝门阀》，上海人民出版社。

10月，宫崎市定著，韩昇、刘建英译：《九品官人法研究——科举前史》再版，生活·读书·新知三联书店。

2021年

肖丽容：《魏晋南北朝史书人物品评用语研究》，《乐山师范学院学报》第3期。

郝玉明：《魏晋南北朝的九品中正制》，《学习时报》8月30日第3版。

　　　　　　　　　　　　　　　2012年10月初稿于沪上武川居
　　　　　　　　　　　　　　　2017年5月增补于长安无名堂
　　　　　　　　　　　　　　　2020年5月再补于长安无名堂
　　　　　　　　　　　　　　　2021年10月三补于长安述黄阁

《北朝研究》稿约

　　《北朝研究》作为断代史学术辑刊，专门登载十六国北朝时期的政治、经济、文化、民族、宗教、战争、人物、综述、书评等内容的学术文章，约定由科学出版社出版发行。欢迎国内外专家学者赐稿。

　　1. 来稿字数不限，完整的文稿应包括题目、作者姓名、工作单位、邮政编码、正文；

　　2. 注释应随文标注，一律使用自动生成格式，置于页脚，每页重新编号，序号格式为①②③……

　　3. 注释标注格式要求完整规范；

　　4. 投稿一经采用，即赠送作者样刊两册和相应的稿酬。

　　联系人：马志强

　　电话：13935233750

　　投稿邮箱：zqiangm@126.com

　　纸质稿请寄：山西大同大学《北朝研究》编辑部

　　　　　　（山西省大同市兴云街　邮政编码：037009）